国家社会科学基金项目成果（项目号：16BJY135）

劳动力成本上升背景下
中国加工贸易产业升级和国际转移研究

赵 玲 著

中国商务出版社
CCTP
CHINA COMMERCE AND TRADE PRESS

图书在版编目（CIP）数据

劳动力成本上升背景下中国加工贸易产业升级和国际转移研究 / 赵玲著 . -- 北京 : 中国商务出版社 ,2021.12（2023.3 重印）

ISBN 978-7-5103-3355-2

Ⅰ .①劳… Ⅱ .①赵… Ⅲ .①加工贸易—产业结构升级—研究—中国②加工贸易—产业转移—研究—中国Ⅳ .① F752.68

中国版本图书馆 CIP 数据核字 (2021) 第 276071 号

劳动力成本上升背景下中国加工贸易产业升级和国际转移研究

LAODONGLI CHENGBEN SHANGSHENG BEIJING XIA ZHONGGUO JIAGONG MAOYI CHANYE SHENGJI HE GUOJI ZHUANYI YANJIU

赵 玲 著

出　　版：	中国商务出版社	
地　　址：	北京市东城区安外东后巷 28 号	邮　编：100710
网　　址：	http：//www.cctpress.com	
电　　话：	010-64212247（总编室）　010-64241423（事业部）	
	010-64208388（发行部）	
责任编辑：	杨　云	
印　　刷：	宝蕾元仁浩（天津）印刷有限公司	
开　　本：	787 毫米 × 1092 毫米　1/16	
印　　张：	15	
版　　次：	2022 年 1 月第 1 版	印　次：2023 年 3 月第 2 次印刷
字　　数：	305 千字	定　价：75.00 元

凡所购本版图书如有印装质量问题，请与本社印制部联系（电话：010-64248236）

前　言

　　我国加工贸易经历了近30年的高速发展，在进出口贸易和经济增长、劳动力就业中扮演着十分重要的角色，其加工贸易额一度占出口贸易额的55%。自2008年金融危机以来，随着优惠政策条件改变，劳动力成本上升和土地、环境资源的约束加剧，加工贸易进入调整、升级转型期。由于全球第四次产业技术革命和国内外新一轮产业调整步伐的加快，产业创新、产业升级和国内外产业转移问题成为我国经济结构优化调整中备受学术界、政府和产业界关注的重大问题，加工贸易创新发展成为经济全球化背景下国内外产业革命和全球价值链地位竞争的重要一环。

　　根据党的十九届五中全会通过的《中共中央关于制定国民经济和社会发展第十四个五年规划和二〇三五远景目标的建议》，我国将加快构建"以国内市场循环为主、国内国际市场双向循环相互促进"的新发展格局。在新的历史条件下，加工贸易还将扮演更加重要的角色。一方面，加工贸易应引导我国过度集中于沿海的加工产业向中部、西部梯度转移，在促进国内产业区域分布更加合理化的基础上加快中部崛起、西部振兴，以及成为带动乡村振兴和扩大中等收入群体规模，从而增进内需的有力引擎；另一方面，加工贸易还应通过促进我国加工工业与装备制造业的上下游衔接，形成有助于装备制造业引进关键技术、加强自主创新的桥梁和纽带，为建设制造强国、贸易强国提供必要的规模经济基础与物质技术条件，进而驱动制造业产业与市场一体化升级。由此可见，加工贸易是"双循环"的重要节点，具有战略联结的重大意义。

　　本研究采用了开放宏观经济理论、新新贸易理论和新经济地理理论相结合的分析方法。从政府产业规划、企业异质性和全球产品价值链层面进行综合评价，分析了我国加工贸易产业及其现存的比较优势，我国作为产业承接国和产业移出国的经济贸易效应，以及其他国家作为我国移出产业承接国的优势以及将获得的利益。在实现以上创新的基础上，在科学认识加工贸易地位、增强加工贸易创新发展的自主性、加工贸易创新发展动力与路径、加工贸易产业国际转移等问题研究上形成新的结论。同时，提出一套系统的加工贸易创新发展与产业国际转移的合理政策建议。

囿于国内外一些数据的可获得性，本研究在资料收集上存在不全面、不完整的问题，并由此带来了分析中的局限性，本课题的某些理论模型未能一一得到实证检验。而且本研究中的产业转移承接国又涉及东南亚、中东欧、拉丁美洲和非洲的多个国家和地区，要全面收集到相关的数据具有一定的困难。

在本研究形成初步成果的过程中，国内外经济形势发生了诸多深刻的变化，错综复杂的因素变化增大了课题研究的难度，包括中美贸易摩擦，以及突如其来的新冠肺炎疫情影响等，本书尚未能够及时充分地进行综合关联研究。

中国已经进入了全面深化改革的新阶段，国际经贸格局和趋势存在一定的不确定性，国际学术前沿在不断发生变化，课题研究的深度和内涵也需要不断地拓展。例如，新冠肺炎疫情给加工贸易发展带来的挑战和机遇、如何利用数字经济发展加工贸易、国家提出加快形成"双循环"新发展格局中加工贸易能够发挥的节点和联结作用，等等，需要课题组成员在未来的研究中不断地去探索并攻坚克难。

作　者

2021 年 12 月

目　录

第一章 绪 论

第一节 研究背景和研究意义

我国加工贸易经历了近30年的高速发展，在进出口贸易和经济增长、劳动力就业中扮演着十分重要的角色，加工贸易额一度占出口贸易额的55%。自2008年金融危机以来，随着优惠政策条件的改变，劳动力成本的上升和土地、环境资源的约束加剧，加工贸易进入调整、升级转型期，在进出口贸易中的比重持续下降。随着世界第四次工业革命和国内外新一轮产业调整的步伐加快，产业创新、产业升级和国内外产业转移问题成为我国经济结构优化调整中备受学术界、政府和产业界关注的重大问题。《中国制造2025》提出加快制造业转型升级，力争迈入制造强国行列的战略目标；中共中央十八届五中全会通过的"十三五"规划建议更加明确地提出了调整优化产业结构的目标。国务院印发的《关于促进加工贸易创新发展的若干意见》（国发〔2016〕4号）也强调逐步实现境内外产业的合理布局。这种形势及趋势表明，加工贸易创新发展已经成为经济全球化背景下国内外产业革命和全球价值链地位竞争的重要一环。

人们通常认为，加工贸易包括"三来一补"是一国或地区开放经济发展的初期形态，是与一国或地区劳动力严重过剩和经济发展存在明显的"双缺口"（资本、外汇）约束条件相联系的初级经济发展模式，当一国资本与外汇短缺的情形缓解后，加工贸易的重要性逐渐降低。笔者认为这种看法是片面的。从世界先进国家的历史经验可以看出，加工贸易是实现资本输出、促进国内产业升级的重要战略手段。跨国公司借此实现国际产能的优化布局，有效降低资源供给、劳动力使用和市场销售甚至是技术开发的综合成本，在全球生产网络格局下巩固既有的产业竞争优势。从新兴工业化国家和地区的历史经验来看，加工贸易是实现要素与产业升级的重要战略途径。新兴工业化国家和地区善于以加工贸易为基础，利用外部高级技术形态资本的不断流入和本国产业资本的有序流出，实现自身产业基础的更新和技术升级。

加工贸易在我国改革开放40多年经济与社会发展中的战略地位及其历史意义是毋庸置疑的。从我国现阶段经济发展的现实需要来看，加工贸易同样具有多层次的重要战略意义。首先，我国加工贸易体现的外部刚性需求十分重要。目前，加工贸易约占据我国出口贸易的25%～30%，这部分出口产品主要是适应国际需求，基本上无法由国内需求替代。其次，我国加工贸易承载着以非熟练劳动力为主的约5000万人的就业，以一家三口计，它关乎1.5亿人的生计，因此加工贸易承载的就业对于经济转型期的社会稳定意义重大。再次，加工贸易是我国利用外资和承接外部技术溢出的主要渠道。我国是发展中国家中首屈一指的利用外资大国，利用外资是我国诸多产业在"干中学"后实现国际水平超越的重要"孵化器"。复次，加工贸易是我国产业嵌入全球价值链并逐渐实现价值链位置攀升，最终提高工业化水平的有效手段。最后，根据"十三五"规划建议的"去产能""去库存""降成本"等供给侧结构性改革要求，加工贸易将是我国沿着"一带一路"和其他方向实现资本输出，实施国际先进产能合作的基本途径。由此可见，在我国劳动力成本不断上升的背景下，对以劳动密集型为主的加工贸易如何实现创新发展和国际转移进行深入研究，具有重大的理论意义与实践价值。

根据党的十九届五中全会通过的《中共中央关于制定国民经济和社会发展第十四个五年规划和二○三五远景目标的建议》，我国将"加快构建以国内大循环为主体、国内国际双循环相互促进的新发展格局"。在新的历史条件下，加工贸易除继续发挥前述重要作用外，还将扮演更加重要的角色。一方面，加工贸易应引导我国过度集中于沿海的加工产业向中部、西部实现梯度转移，在促进国内产业区域分布更加合理化的基础上加快中部崛起、西部振兴，以及成为带动乡村振兴和扩大中等收入群体规模的有力引擎；另一方面，加工贸易还应通过促进我国加工工业与装备制造业的衔接，形成有助于装备制造业引进关键技术、加强自主创新的桥梁和纽带，为制造强国建设提供必要的规模经济基础与物质技术条件，进而驱动制造业产业与市场一体化升级。由此可见，加工贸易是"双循环"的重要节点，具有战略联结的重大意义。

本书的目的在于综合运用开放宏观经济学、劳动经济学和国际经济学等前沿理论，构建层次递进的理论与实证研究模型；深入剖析在我国劳动力成本上升背景下，加工贸易创新发展与国际转移所面对的各个主要条件及其动态演变关系；全面评估劳动力成本上升对加工贸易产业产生的总体与结构、静态与动态、近期与远期、确定与不确定影响；运用实证模型进行数值模拟分析和预测，探讨我国加工贸易产业创新发展及其沿着全球价值链实现持续有效攀升的中长期发展趋势。在此基础上，从经济效率与社会公平、国内发展与国际协调，以及成本与收益相对平衡的原则出发，从经济全球化和以国家、企业、产品为主体的分析视角，为政府、行业和企业提供分层级的政策设计与对策建议。

本研究将梳理中国劳动力成本长期变化的相关事实，研究开放经济条件下中国劳动力工资变动的经济机制，分析劳动力市场工资上升对中国加工贸易产业及其中长期发展的作用机理，并分别从国家、区域、产业、企业、产品等多个维度检验劳动力成本上升对中国加工贸易产业及其国际转移的可能影响渠道，探讨劳动力成本上升背景下加工贸易发展及其与其他国和地区进行产能合作的政策框架。

第二节　文献综述

在国内外已有的研究中，与本课题研究最直接相关的文献不多。因此，基于劳动力成本上升背景的中国加工贸易产业创新发展及其国际转移研究仍然是待开拓的具有重大理论价值和实践意义的领域。为此，对以下研究现状的梳理是分别基于劳动力成本上升、加工贸易发展和产业国际转移的视角来展开的。

一、关于劳动力成本变动与加工贸易产业及其发展的研究

国内外已有不少文献对工资成本上升的效应进行了深入的研究。国外文献主要从最低工资角度分析工资上升的影响。比如，Brecher（1974）的研究结果表明，若本国为资本密集型国家，则最低工资的上升将减少资本密集型产品出口，增加劳动密集型产品进口。类似的研究发现包括 Neary（1985）、Inoue 和 Itsumi（1992）。Flug 和 Galor（1986）引入最低工资对一国要素禀赋结构的影响分析，发现最低工资对贸易结构的作用取决于最低工资水平调整前后一国要素禀赋结构的变化。事实上，自20世纪90年代以来，新新贸易理论的大量研究主要基于企业生产率差异解释企业的出口行为（Bernard 和 Jensen，1995，1997），但是基于行业层面的研究甚少，更遑论关注到最低

工资标准对异质劳动密集型企业的影响这一问题。

国内文献主要围绕以下几个方面展开：①考察我国劳动力成本的现状及其变动趋势；②分析劳动力成本变动的经济效应；③研究人口红利与我国加工贸易产业及其发展的关系。许多学者认为，虽然近年来我国劳动力工资成本上升较快，但与国外特别是与发达国家和新兴市场经济体相比，我国劳动力成本仍具有比较明显的比较优势，尤其是我国劳动力成本的快速上升伴随的是劳动生产率的更快增长。代表性的研究有都阳和曲玥（2009）、陈俊（2009）。当然从发展趋势来看，我国劳动力成本的上升是大势所趋，因为我国劳动力市场的供需结构已经发生根本性的变化。代表性的研究有蔡昉（2009）等。在劳动力成本变动的经济效应方面，孙楚仁、田国强和章韬（2013）的研究结果显示最低工资上升不仅降低了我国企业出口的可能，而且缩小了我国企业出口的规模。就人口红利与我国加工贸易产业及其发展的关系研究而言，蔡昉和王德文（1999）的估算发现，中国经济增长中23.71%是人口红利的贡献。与之相反的是，车士义和郭琳（2011）认为，以往对人口红利的研究没有考虑制度和结构因素，可能高估人口红利对经济的影响。金三林、朱贤强（2013）的研究表明，农村剩余劳动力每减少1%，次年的农民工实际工资就会上涨1.68%。预计，在"十四五"期间我国普通劳动力工资仍将保持较快上涨速度，年均增速在14%左右。

国内也有一些文献在分析我国工资上升问题时，主要考察"用工荒"现象对中国经济转型的可能影响。蔡昉（2010）、郑秉文（2010）和张敬伟（2010）认为，在劳工荒和涨工资的夹逼之下，低附加值的企业为了生存必然转变经营模式。佟家栋和周燕（2011）认为农村剩余劳动力的转移不是单向和线性的，"民工荒"仅仅是就业市场中的摩擦性现象。岳振和刘志彪（2011）认为"刘易斯拐点"的到来意味着我们必须扬弃依赖低端要素发展出口导向的经济模式。事实上，这些研究都忽略了我国企业用工模式上普遍存在的粗放事实，即过早地抛弃40～60岁民工而转向掠夺下一代农民工，造成我国劳动力总体供给不足的假象及其区域、部门、劳工类型分布、收入及保障成本等一系列结构性的矛盾。

国外许多学者还基于贸易模型来研究人口结构变化的贸易效应问题。比如，Jelassi和Sayan（2004，2005）以及Sayan（2005）在传统的H-O贸易模型中，引入了新老交替的人口变量，他们的数值模拟结果显示，老龄化国家出口资本密集型产品，而贸易也会降低老龄化国家的福利水平。

二、关于劳动力成本上升背景下国际直接投资（FDI）、产业转移与加工贸易产业发展的研究

国际产业转移涉及的是国际资本转移，从我国利用FDI以及对外FDI的角度分析如何通过技术转移和溢出来抵消要素成本上升的冲击，通过构建国内价值链以实现加工贸易产业及其长期稳定的发展。国际产业转移的模式主要有：国际直接投资、业务外包、OEM、对外设立销售网点等，其中，对外直接投资是国际产业转移的主要方式。基于劳动力成本上升的背景来考虑FDI、产业转移与我国加工贸易产业及其发展的关系具有重要的意义。国内的一些文献已经开始注意劳动力成本上升对FDI进而对贸易所产生的影响。比如，吴湘频（2008）的研究发现，劳动力成本上升后，外商投资企业减少了对广东加工贸易的投资。吴勇（2012）认为廉价劳动力是吸引外商投资的重要因素。

近几年，在国内劳动力成本不断上升的背景下，我国对外FDI有加快发展的趋势。理论和实证研究均表明，对外FDI也会产生贸易创造效应。我国对外FDI大多是资源需求型投资，互补效应尤为明显。比如，莫莎、刘芳（2008）以非洲33个国家为样本，实证研究结果表明我国对非洲国家直接投资与贸易存在互补效应。因此，对外FDI不仅扩大了我国外贸交易量，还改善了产品贸易结构和贸易条件，促进我国企业进一步参与国际分工与合作，取得长足发展。

近年来，我国产业区际转移的现象比较突出。这主要是因为要素成本在区域产业转移中发挥着至关重要的作用，而这种要素成本变动所引致的产业区际转移同样会对我国外贸产生重要的影响。国内一些文献就此进行了系列的研究。张少军和李东方（2009）指出全球价值链模式的产业转移在东部和中、西部地区之间能否实现转移取决于两地要素成本与交易成本的对比。周正柱和孙明贵（2012）的分析结果表明：产业转移与区域商务成本的构成、变动的相关性具有差异。罗勇和张倩倩（2015）的研究结果表明：东部地区部分加工贸易产业及其成本上升，亏损加剧，应当率先转移；中、西部各省份应选择性地进行产业承接。上述研究说明了劳动力成本对产业转移与升级具有重要的影响。从"十四五"期间我国加快形成"双循环"新发展格局的要求来看，这一视角的研究具有特别重要的意义，但目前已有的研究还没有很好地说明要素成本上升影响我国产业转移的具体机制与影响渠道。

三、关于产业国际转移理论的研究

（一）经济发达国家产业转移理论

早期的产业转移理论多是从经济发达国家的视角，主要研究经济发达国家产业向其他国家转移的经济动因、产业转移的客体演化模式、产业转移的效应等问题。赤松要（1935）提出的"雁行模式"总结了产业发展遵循的三个模式。小泽辉智（2001）在雁行模式的基础上发展出增长阶段模型。弗农（1966）提出的"产品循环说"认为，发达国家向发展中国家转移产业在于企业为了顺应产品生命周期的变化。Tan在产品生命周期理论基础上，从产品系列的角度来解释产业转移现象。刘易斯（1977）主要研究了产业转移机制问题，是建立在赫克歇尔-俄林的要素禀赋基础之上的。他把加工贸易产业作为产业转移的主体，并且把产业转移与比较优势的变化相联系。Pennings和Sleuwaegen（1999）认为在工业化程度较高的开放经济体系中，加工贸易产业比资金密集型产业更容易发生转移。小岛清（1978）在比较优势原理的基础上提出了"边际产业转移扩张理论"。

（二）经济不发达国家产业转移理论

普雷维什（1981）强调了发展中国家为迅速实现工业化而产生的被迫性产业移入需求。威尔斯（1983）的小规模技术理论认为，发展中国家产业的比较优势能够使生产者获得比较利益。拉奥（1983）认为对成熟技术或生产工艺的应用和改进，可以使发展中国家的企业形成和发展自己的特定优势，进而实施产业转移。坎特威尔和托伦惕诺（1990）认为发展中国家对外投资的产业分布和地理分布是随着时间的推移而逐渐变化的，并且是可以预测的。利柯鲁（1993）认为发展中国家的对外直接投资通常发生在产品周期的成熟期与学习曲线上升期的交点，并且是倾向于到经济发展水平相对较低的国家进行跨国生产。

综上所述，我们认为既有的研究文献已经基于不同视角从不同层面涉及劳动力成本上升对我国加工贸易产业，以及国际转移所产生的直接或间接影响，但以单一要素的视角居多，且多属于静态分析。对劳动力成本变动对中国产业转移的影响效应，还缺乏深入的机理分析和严谨的实证检验。此外还缺乏对国际经验的系统考察与充分借鉴。

本研究认为，中国加工贸易产业处在十分关键的发展转型时期，随着"一带一路"倡议的提出，我国应积极开展与国外的产能合作。2015年国务院发布的《关于推进国际产能和装备制造合作的指导意见》（国发〔2015〕30号）中梳理了12个"走出去"的重点行业。在借鉴国际经验的前提下，分析刻画中国加工贸易产业及其国际转移中长期动态的肇因、模式、结构、路径及发展趋势，是十分迫切和必要的。

第三节　研究方法和重点难点

一、研究方法

本研究将采用的分析方法包括：

（一）理论研究、政策研究与实证研究方法相结合

通过理论研究，设计出适合测定的计算方法。并运用这些方法对中国加工贸易产业及其国际转移路径和效应进行实证分析。

（二）宏观分析与行业分析相结合

不仅从宏观上总体把握劳动力成本上升对加工贸易产业及其国际转移的影响效应并对其进行测定，还将分析从中国向其他国家进行产业国际转移的状况与结构特点，对重度、中度和轻度劳动密集型企业进行分别测算；对其他国家与我国存在竞争的加工贸易产业进行分行业测算。

（三）多学科知识的交叉使用

将借助宏微观经济学、劳动经济学、国际经济学、区域经济学、计量经济学等多学科的知识和研究方法，多角度分析劳动力成本上升背景下的中国加工贸易转型升级，及其国际转移现象及规律。

二、研究重点和难点

（一）本研究的重点之一是在理论上准确地测定劳动力成本上升将会对加工贸易企业带来的各项影响效应

从现有的测定方法来看，存在多种方法上的选择。但由于每一种方法往往强调某一方面的特性，同时也存在一定的缺陷，因而只适用于特定的效应测定。因此，应该

根据不同企业的特点、不同国际转移的路径特性，合理选择不同的测定公式与方法。

（二）本研究的重点之二是厘清加工贸易创新发展中"转型""升级"与国际国内转移的具体内涵及其相互关系

"转型"和"升级"是不同的两个方面，但又是可以同步、同时达成的两个目标。所谓转型，是指从加工贸易向一般贸易逐步转变，或从简单要素（如土地、劳动力）密集型向复杂（如资本、技术）、综合要素（如制度、组织）密集型转变，或从加工出口贸易型向内贸型、内外贸结合型转变等。所谓升级，则是从简单的加工、装配向"微笑曲线"两端攀升的过程，即向研发、品牌、渠道、服务等方向跃升。因此，加工贸易转型升级是其创新发展的最为基础的内涵。所谓国际转移，是针对加工贸易目前面临的劳动力成本攀升、土地和环境资源约束强化、国内某些产业产能过剩等困难，开展加工贸易企业的分类指导和多方向布局优化，包括面向沿海与内地，面向国内与国外，面向发达国家与发展中国家，面向资源与市场，"引进来"与"走出去"等，进行因地制宜的产能配置转移。

（三）本研究的重点之三在于引导理论界和政策制定者重新科学认识加工贸易及其产业的重要地位

贸易的"原像"是其背后的产业，加工工业与基础工业（装备制造业）共同组成一国完整的工业体系。从欧美国家贸易与产业发展的经验来看，装备制造业是国家工业化之"根茎"，深植于这些发达国家的本土；而加工制造业则是工业化中的"枝叶"，可自由伸展于对其生长有利的世界各国。因此，发展中国家可以大力进口国外的加工制造设备来进行生产和出口贸易，但这种过程的持续化会造成技术依赖和产业依附，终将使发展中国家的工业化受制于人。长此以往，发展中国家可能面临陷入"比较优势陷阱"的危险境地。

对于发展中大国而言，加工贸易及其对应的加工制造业也是发展中大国工业体系与国际产业分工合作的连接点。动态的加工贸易及其对应的加工制造业固定设备的国产化能力，往往能够衡量一国装备制造业对本国工业的核心装备能力。若发展中大国加工贸易及其产业的自我装备能力较弱，其加工贸易主要和长期依赖于外来装备，则意味着该国工业体系处于"病态"，最典型地表现为一国自身加工制造业与装备制造业之间的联系"断裂"，一国加工贸易及其对应的产业沦为他国装备制造业的下游市场，成为生长在他国工业"根茎"上的"枝叶"。因此，在不断加快发展加工贸易的过程中，有效而持续地加强加工贸易及其产业基础的自主性是十分关键的。

（四）本研究的难点是资料收集上存在一定的难度

劳动力成本不仅包括工资收入部分，还包括社会保障部分。而且，本研究中的产业转移承接国又将涉及东南亚、中东欧、拉丁美洲和非洲的多个国家，要全面收集各国的数据具有一定的困难：①各国的经济状况和资源优势各有不同且分类缺乏标准；②一些国家法律法规不健全，信息公开程度有限。

第四节 研究的创新之处

一、分析视角的创新

现有文献大多是从中国企业或产品出口的全球价值链位置攀升视角，分析我国产业的转型升级路径及效果。这种基于微观视角的研究能够从要素禀赋发生变化的源头发现产业转型升级的动机和动力，但却难以从规模经济效应不断扩大这一事实基础刻画加工贸易相关产业转型升级的全貌。从而无法在宏观上解释日益频繁而复杂的中外贸易摩擦现象，以及国家加快产业升级与调整加工贸易占比结构的政策动机。

现有文献中以分析从发达国家向发展中国家的国际产业转移为主，极少对发展中国家向发展中国家的国际产业转移进行考量。而发展中国家特别是中国，在加工贸易产业及其国际转移中的角色已逐渐从承接国转变为转出国，如何在"一带一路"倡议下成功开展产能合作已成为一个重要的议题。本研究将结合中国当代的现实背景和经济发展目标进行相关研究。

二、理论选择的创新

本书的研究将采用开放宏观经济理论、新新贸易理论和新经济地理理论相结合的分析方法，从政府产业规划、企业异质性和全球产品价值链层面进行综合评价。分析我国加工贸易产业及其现存的比较优势，我国作为产业承接国和产业移出国的经济贸易效应，以及其他国家作为我国移出产业的承接国的优势以及将获得的利益，等等。

三、分析方法的创新

对于加工贸易产业的定义和分类，现在还没有一个统一的界定。本课题将参照联合国国际贸易标准分类（SITC）和海关贸易分类（HS）分析加工贸易产业在面临劳动力成本上升时所受到的影响，以及进行国际转移时的困难和对策。

四、数据应用的创新

本书的研究将主要运用世界银行数据、中国海关数据、中国工业企业数据以及中国国家统计局等的各项数据。另外，由于中国的劳动密集型企业大多集中在东部沿海地区，笔者以在珠三角地区对加工制造业企业进行的实地调研考察为依据，从取得的第一手资料切实了解劳动密集型企业面临的现状和进行产业国际转移的可行性方案。调研以问卷调查为主要形式，并配合小组或个人面谈的方法进行。

五、研究结论的创新

本书的研究在实现以上创新的基础上，在科学认识加工贸易地位、增强加工贸易创新发展的自主性、加工贸易创新发展动力与路径、加工贸易产业国际转移等问题研究上形成新的结论。同时，提出一套系统并切实可行的加工贸易创新发展与产业国际转移的合理政策建议。

第五节　总体框架

本书的研究对象主要集中在以下几个方面：劳动力成本上升对我国加工贸易产业创新发展及其国际转移的影响效应研究；我国现阶段承接国外加工贸易产业转移的必要性、可行性和存在的问题；我国加工贸易产业创新发展及其向国外转移的动因、优势和路径；我国加工贸易创新发展及其国际转移的总体战略与政策建议。

本书的研究遵循"典型事实与环境分析→理论解释与经验评估→核心要素分解分析与支撑体系构建→发展趋势分析与预测→战略与政策框架设计"的逻辑思路展开。

一、本书的主要内容

本书的主要内容包括以下五个部分：

第一部分：中国加工贸易产业及其中长期发展面临的要素成本约束以及国内外环境分析。

以国际环境为背景，分析当前中国加工贸易产业不得不面对的基本事实：中国主要依靠自身在劳动力等低端要素禀赋方面的优势，专业化于国际生产与贸易体系中低附加值的分工发展，由此产生了"被锁定""被导向"等比较优势陷阱倾向。

第二部分：劳动力成本上升的经济效应的理论分析与经验评估。

本书试图通过整合新开放宏观经济学、异质性企业贸易理论、劳动经济学等前沿理论，从全球价值链视角、企业主体视角与产品种类视角等方面分析劳动力成本上升对中国加工贸易产业及其发展的影响效应与传导机制，进而在国家层面、行业层面、企业层面与产品层面进行经验评估，为深入研究劳动力成本上升背景下中国加工贸易产业及其中长期发展问题提供分析框架和理论与实践基础。

第三部分：核心要素分解与中国加工贸易产业及其中长期发展的支撑体系构建。

在上述分析的基础上，本部分进一步分解分析劳动力成本变动及其约束强化对中国加工贸易产业及其中长期发展的影响机理和协调机制，进而构建起中国加工贸易产业"引进来"与"走出去"相结合的国际产业转移支撑体系。

第四部分：劳动力成本上升背景下我国加工贸易产业及其国际转移趋势分析与预测。

具体包括：①劳动力成本冲击对我国加工贸易产业及其比较优势的转变以及成本收益的影响机制；②劳动力成本上升对中国加工贸易产业及其中长期发展的政策评估；③劳动力成本上升对中国加工贸易产业及其国际转移的中长期发展的趋势预测。

第五部分：促进我国加工贸易产业及其国际转移的战略调整和政策设计。

在上述分析的基础上，提出构建包含国内政策体系、国际政策体系和各地方政府等在内的政策体系框架及其相关政策设计及论证。

二、本书的章节构成

本书共分为八章：

第一章即本章，为绪论部分，包括概述研究的背景和意义、重点以及难点，以及研究的创新之处，等等。介绍了相关的文献，包括劳动力成本变动与加工贸易产业及其发展、劳动力成本上升背景下产业转移与加工贸易产业发展、产业的国际转移。提出了研究的重点在于在理论上准确地测定劳动力成本上升将会对加工贸易企业带来的各项影响效应、厘清加工贸易创新发展中"转型"和"升级"与国际国内转移的具体内涵及其相互关系、重新科学认识加工贸易及其产业的重要地位。

第二章为高质量发展与加工贸易。围绕新时代高质量开放的若干关键问题，提出一些初步的分析意见和思路：从劳动力角度来看，现阶段我国人口红利逐渐消减，导致不同区域、不同程度的"民工荒"。供给侧结构性改革要达成以下效果：①增加劳动力的供给。要制定有效的政策，帮助尽可能多的、拥有技术能力和城市经验的第一代农民工延长在城市里的工作年限。②迅速形成人力资本。通过大量的教育和培训投入，设立短期技术学校和应用型大学、鼓励市场中介机构举办各类岗前资格培训等手段，形成可持续的高技术能力人员和熟练工人的供给能力。从技术角度来看，加快企业技术升级改造，使"中国制造"提质增效，形成竞争新优势，是改善供给和扩大需求的重要举措，不仅是当务之急，更是长远大计。应聚焦《中国制造2025》重点领域，发挥企业主体作用，按照有保有压的原则，以市场为导向，以提高质量效益为目标，启动实施一批重大技改升级工程。

第三章是劳动力成本上升的变化及其影响因素。从劳动力成本不可逆的快速上升已成为产业发展的特征入手进行分析。随着廉价劳动力禀赋催生的产业优势逐渐消弭，企业行为将被重新塑造。近十余年来，在中国人口结构不断老龄化的趋势下，制造业从业人口增速放缓，甚至部分年份呈现增量下降的态势，导致劳动成本进入不可逆转的快速上升通道。并通过对珠三角地区的实地调研数据分析，将导致工资差异的原因主要分为工人的个体特征差异，如教育程度、工作经验，以及不同户口性质的影响。从长期来看，劳动力成本上升使资本投入的相对价格下降，从而可能提高企业资本的投入，提升企业债务融资规模。不可逆转的劳动力成本上升侵蚀了部分企业的竞争优势，扩大了劳动力依赖程度较高企业的风险敞口。为了转移企业的经营风险，企业可能会通过资本性支出引入先进的制造设备进而降低对人工的依赖。尤其是在信息化与智能制造的时代背景下，对劳动力投入的减少或劳动、资本、技术的有效协调将成为中国企业转型升级的关键。

第四章分析了中国加工贸易的产业升级和国际转移。利用Antras et al.（2012）提出的产业上游度及Kee和Tang（2016）提出的企业出口国内增加值率指标，并首次将企业贸易方式纳入其中，从产业—企业层面讨论了中国制造业全球价值链嵌入位置和出口增值能力之间的"微笑曲线"关系。并利用较新较全面的2000—2011年中微观数据，展示了中国制造业全球价值链嵌入位置以及企业出口国内增加值率的动态演进特征。在区分贸易方式以及行业特征后，研究表明：①中国制造业产业上游度持续增加，"上游化"趋势明显，中国制造业参与国际分工的程度正不断加深，价值链长度正不断延伸。②中国制造业企业的出口国内增加值率持续攀升，出口增值能力不断提高。其中，一般贸易企业的出口国内增加值率在样本期内变动不大，而加工贸易企业是左右中国制造业企业出口国内增加值率"升"和"降"的主要动因。③中国制造业在总体层面上不存在产业"微笑曲线"，"微笑曲线"更多是存在于加工贸易企业中。

第五章为劳动力成本上升对中国加工贸易发展的影响分析。基于新新贸易理论模型，从劳动力要素成本变动入手，计算加工贸易增长的集约边际和扩展边际，从整体性和按技术复杂度分类两个方面对混合截面数据进行分析，研究发现：劳动力成本上升从数量和品种上均造成加工贸易出口的减少，但对中国加工贸易数量上的增长影响效果大于在产品品种上增长的效应，并且对中低技术加工贸易产品出口二元边际的影响均大于对中高技术加工贸易产品出口二元边际的影响，固定成本对扩展边际有着显著的负面作用，但对集约边际没有影响。当廉价劳动力不再充裕，按照要素禀赋来衡量的劳动力成本不再是中国的比较优势之际，中国加工贸易必须及时转型升级。

进一步通过借鉴Kee和Tang（2016）的模型分析了企业加成率对企业出口国内增加值率（DVAR）的影响效应并从产品价格和全要素生产率两部分着手剖析了企业加成率影响企业出口DVAR的内在机制，结果表明：企业加成率显著地提升了企业出口DVAR；在区分企业贸易方式和所有制属性后，企业加成率对企业出口DVAR的影响效应呈现出显著的异质性特征；加成率通过提升产品定价能力抬高了出口产品价格，进而提升了企业出口DVAR，即"产品价格效应"，同时，加成率带来的生产效率改进降低了企业的边际成本，同时也提升了企业出口DVAR，即"边际成本效应"，并且"边际成本效应"要大于"产品价格效应"。

第六章分析了服务贸易的发展与服务贸易自由化的作用。在服务贸易发展及其自由化程度对加工贸易规模、结构与模式形态变化具有直接的影响的前提下，选择服务贸易的一些重要的侧面展开了研究和分析。《中国制造2025》明确指出，制造大国迈向制造强国的重要路径是提升制造业的服务化、信息化水平，并通过比较中日韩三国服务贸易的发展规模、贸易结构、贸易竞争力指数和显性比较优势指数，以及对中日韩服务贸易竞争性和互补性的分析，研究发现中日韩服务贸易竞争力存在行业差异；中日韩服务贸易竞争性和互补性同时存在；中日韩服务贸易出口政策倾向不一致，所以中国的服务贸易战略应该长远布局，从而培育一批真正拥有强大竞争力的行业。

第七章为中国（上海）自由贸易试验区临港新片区建设与发展。重点分析了以临港新片区为例的中国上海自由贸易试验区建设和加工贸易发展，自贸区成了我国开放型经济新体制的重要基础、实践载体和行动平台。

在最后的第八章，基于前述各章的研究结论，对劳动力成本上升背景下我国加工贸易长期发展的前景、目标和路径进行了总体概括，提出了我国加工贸易产业及其国际转移的战略调整和政策。研究认为，我国加工贸易面对的要素成本上升是一个长期趋势，今后所面临的国际环境也将更加复杂，但是也不乏有利的因素。加工贸易发展的长期可行路径是：①产业政策与用工政策双管齐下，由内至外提升产业结构；②科技政策合理引导企业技术升级，丰富企业出口产品的多样性；③加速城镇化进展及适当调整移民政策，为加工贸易企业转型提供缓冲时间；④完善供应链，借助互联网的势头，促成加工贸易企业参与工业改革4.0；⑤加速资本积累，提高资本使用效率；⑥加大国际合作，借助国家政策将出口与投资结合；等等。

第二章 高质量发展与加工贸易

第一节 关于高质量开放若干问题的理论思考

党的十九大报告指出，中国特色社会主义进入新时代的战略指向是"激发全社会创造力和发展活力，努力实现更高质量、更有效率、更加公平、更可持续的发展"[①]。历史经验证明，高质量发展的基础是高质量改革，而高质量改革的重要动力则主要来源于高质量开放。"开放倒逼改革"已经成为全社会的基本共识和重要理念。高质量开放是一个创新性、高标准和高水平开放的复杂过程，本文拟围绕新时代高质量开放的若干关键问题，提出一些初步的分析意见和思路，以期对学界的研究及实际工作中的政策实践有所裨益。

一、"人类命运共同体"与"新矛盾论"的普适性

习近平总书记提出要构建"人类命运共同体"，其重要内涵是：在国内实现经济建设、政治建设、文化建设、社会建设、生态文明建设"五位一体"的中国特色社会主义伟大事业总体布局；在全球范围内积极推动"构建创新、活力、联动、包容的世界经济"[②]。此二者间具有高度统一的内在理论逻辑，是一个相互联系、相互促进、相辅相成而又相得益彰的实践过程。从经典的国际经济学理论入手，从经济全球化趋势不可

[①] 习近平：《决胜全面建成小康社会，夺取新时代中国特色社会主义伟大胜利——在中国共产党第十九次全国代表大会上的报告》，中国政府网，2017年10月27日，http://www.gov.cn/zhuanti/2017-10/27/content_5234876.htm.

[②]《二十国集团领导人杭州峰会公报》，中国政府网，2016年9月6日，http://www.gov.cn/xinwen/2016-09/06/content_5105602.htm.

逆转和全球价值链日益深化的世界经济趋势判断，从建设开放型经济新体制和坚持推动和引领全球化、反对单边主义、保护主义的立场出发，从我国过去40年改革开放中充分得益于全球化、多边经济贸易体制的历史经验和经济实力持续崛起、全球经济增长贡献率不断提升，已经成为世界经济"火车头"的现实条件着眼，进而从新兴经济体、广大的发展中国家的积极反响和大部分主要发达国家的热烈反应来看，构建"人类命运共同体"正在成为具有广泛普适性的理论主张与日益成熟的实践方案。

从经典的国际经济学理论入手，以要素禀赋为基础的国际分工理论和以技术进步、制度变迁为核心的动态比较优势理论，乃至以规模经济为条件的产业内贸易理论，直至以异质性企业为微观主体依据的新新贸易理论都已经充分证明，一个高度开放、公平竞争和富有效率的世界市场是现代国家经济增长的充分、必要条件，贸易自由化、投资便利化是生产要素或资源实现优化配置的内在要求，全球化或多边主义与区域、双边经济一体化是主流的市场运作、资源优化配置的实现模式。事实上，自第二次世界大战以来世界经济理论和各国经济演化的无数正、反面经验教训都已经反复证明，国际分工与合作正在将全球经济日益紧密地联系在一起，"人类命运共同体"已经是一个深入人心的普世价值观念。

从经济全球化趋势不可逆转和全球价值链日益深化的世界经济趋势判断，一方面，"人类命运共同体"正在成为不争的事实。在世界各国贸易与投资关系热络、对外依存度普遍提高的今天，"互联网+"和大数据技术迅速发展，跨国公司全球生产布局形成相当发达的"任务分工"和"工序外包"的全球价值链时代，制造业与服务业的产业链、供应链已经将各国经济紧密地联系在一起，经济周期波动下一荣俱荣、一损俱损的境况充分反映了"人类命运共同体"的客观事实。另一方面，构建"人类命运共同体"也已经成为世界各国普遍的发展要求。冷战结束以来，国际政治与经贸格局发生了剧烈的变化，多极化世界和制造业振兴、服务经济及数字经济兴起使各国经济增长的潜在空间加大，贸易自由化与投资便利化也不断扩大各国经济谋求发展和转型升级的机会，全球价值链地位的"嵌入"和"攀升"成为各国政策协调的主要内容。因此，推动全球化、构建"人类命运共同体"已然是后危机时代世界经济复苏和进一步发展的普遍要求。

经过40年的改革开放，中国特色的社会主义进入了新时代。随着我国经济实力持续增强和全球经济增长贡献率的不断提升，世界经济"火车头"的作用日益凸显。历史经验昭示了开放对于改革以及改革开放对于经济社会发展的特殊意义。我国经济高质量开放的目标，在内是形成东西互济、海陆联动，内外协同的开放型经济新体制，在外则是实现新的全球化与全球化治理结构变革。构建"人类命运共同体"正是实现高质量发展内外目标要求的高度统一和精辟概括。

党的十九大报告明确指出，中国特色社会主义新时代的主要矛盾是人民群众对美好生活的需求向往与不充分、不平衡发展之间的矛盾。从唯物辩证法的立场出发，这一新论断打破了"结构社会主义"和短缺经济形态的传统局限。它超越了"站起来""富起来"的历史阶段，从"强起来"的历史新方位上阐释了新时代中国特色社会主义政治经济学的基本原理；从全球治理改革与可持续发展的要求出发，它也反映了"创新、协调、绿色、开放、共享"的发展理念，为坚持参与、推动、引领全球化，"一带一路"倡议的加快实施以及全球治理变革的"中国方案"的形成，进而实现"人类命运共同体"的主张提供了普适的哲学思想，构成了超越西方主流意识的价值取向，为"人类命运共同体"奠定了坚实的政治经济学理论基础。

二、"高速度开放"向"高质量开放"转变中，内部与外部需求的制度属性

过去40年间，特别是党的十九大召开之前，我国经历了"高速度开放"时期。基于强劲的外部市场需求与国内为主的要素供给能力的全球化战略，中国经济实现了一轮飞跃式发展。鉴于过去多年粗放式、高速度发展遗留的种种资源耗费、要素与环境成本上升、社会收入分配不公和体制机制运行不畅等问题，从当前世界经济的现实和我国今后40年的新时代乃至更长远的新历史时期着眼，我国必须逐步推进基于内需市场为主的、依靠不断提升的全球资源配置能力的全球化战略，从而实现"高质量发展"的战略目标。

一个容易被理论界和实践忽略的问题是，人们通常只注意到过去多年我国经济赖以实现"高速度发展"的条件，是全球化背景下世界市场的迅速扩大和强劲的外部需求。事实上，现存的世界市场和外部需求并非简单的人口、劳动力数量增长与平均收入水平提高的交互乘积，换言之，它并非单纯的经济自然函数。从历史背景和现实状况来看，它更是一个经过战后国际经济与贸易秩序特别是世界贸易组织（WTO）、国际货币基金组织（IMF）和世界银行（WB）规则约束的世界市场。我们很难想象，若没有这些基于全球共识的秩序规则和普遍意识的制度约束，而任由世界各国高筑关税壁垒、肆意投资掠夺和任意设置各种市场分割的保护性屏障，包括我国在内的世界各国

如何能够获得相对公平的市场准入、"最惠国待遇"和"国民待遇"条件，进而实现有效的经济增长红利。同样难以想象的是，如若没有上述条件，2008年金融危机后的世界经济如何能够做到艰难复苏。因此，世界市场或外部需求的制度属性是一个不容忽视的政治经济学范畴。

正是因为世界市场或外部需求制度属性命题的重要意义，在由美国特朗普政府倒行逆施、肆意掀起的"反全球化"单边主义、保护主义浪潮面前，世界各国都应当记取20世纪30年代"大萧条"后不同国家以邻为壑、高筑关税壁垒引发的政治混乱、经济倾轧与战争灾难，在新一轮全球治理改革进程中共同努力、合理有效地重构国际经济新规则，实现"人类命运共同体"的愿景。近年来，世界范围内围绕世界贸易组织、国际货币基金组织和世界银行改革展开的行动，以及不同国家基于区域、双边一体化开展的贸易（包括服务贸易）、投资、中小企业发展和人力资源开发，乃至于包括跨国公司、国有企业、政府采购、竞争中立、劳工关系、环境气候保护、知识产权保障等领域在内进行的协调谈判，都是强化世界市场或外部需求制度属性的积极、可贵的探索。

我国在新的历史时期，必须逐步推进基于内需市场为主的、依靠不断提升的全球资源配置能力的全球化战略，从而在实现"高质量发展"目标的同时为世界经济稳定、健康和可持续发展作出大国应有的贡献。不可避免地，我国庞大的内部市场将不断扩大开放，通过深化改革和加强国际规则更广、更深地融入世界市场。那么很显然，我国面临着进一步改革内部市场体系与管理制度的艰巨任务。党的十八大以来，习近平总书记提出了建设"一带一路"的倡议和构建"人类命运共同体"的理念，中国政府积极推进了"金砖银行"（BRICS Bank）、"亚投行"（AIIB）、"丝路基金"（B & R Fundation）、自贸区（FTZ）与自贸港（FTP）、进口博览会等战略机制构建，还通过G20峰会和达沃斯论坛、金砖国家首脑会议、APEC、东盟与中国（10+1）、中东欧与中国（16+1）、"博鳌亚洲论坛""上合组织峰会""中非论坛""中阿部长级会议"、中欧、中美对话等平台积极倡导全球化及全球治理变革，以及通过双边自贸区的签订与升级谈判、加入WTO货物贸易便利化协定、积极参与服务与贸易协定（TISA）和"政府采购协议"谈判等推进改革开放。即便是在当前中美贸易发生激烈摩擦过程中，我国也积极展开贸易平衡、双向投资和知识产权保护的合作行动，以及落实自主性市场开放和投资负面清单缩减等实质性措施。这些都应视作提高内部市场制度属性的有效措施。当然，现阶段我国对外开放目标尚未达成，任务依然繁重，国家治理能力与治理体系尚不健全，防范系统性风险的能力有待提高，若干制度性"瓶颈"尚需克服，致使市场准入的制度现状与"高标准""最高水平的开放"要求之间还存在差距，这也是不争的事实。

很显然，在今后一个时期内，我国对外开放面临着双重任务。一方面，我们要积极参与推动和引领全球化，在全球治理体系改革中发挥发展中大国的作用，谋求在世界市场制度创新，即国际经贸规则重构中的话语权；另一方面，我们要进一步扩大开放，努力对接、有效提高内部市场与外部市场的制度合规性，实现内外市场一体化进程中的自主性与规范性。借助制度化内需实现对全球资源的整合配置，驱动高质量、高水平开放与发展。因此，在国家宏观调控体系建设与政策把握中，除了供给侧结构性改革需要兼顾国情、国内生产要素与外部资源条件变化外，还特别要统筹好内部需求端与外部需求端的总量、结构与制度因素关系。

三、"断裂带"的改革与"网络带"的开放及其相互关系

在我国改革开放与经济运行模式由高速度向高质量转变的过程中，已经初步形成了"长江经济带""粤港澳大湾区""京津冀一体化""杭州湾城市群"等"阳光地带"（Sun Belt），沿"一带一路"布局和全球网络化自贸区（FTA）建设形成若干"桥头堡"式的网络"节点"。但是很显然，这些"阳光地带"中还存在"中心—外围"辐射功能的"断裂带"，开放经济网络"节点"上的对外开放还处在探索阶段，总体上经济增长与开放水平、质量的能极不强。

所谓"断裂带"，是指经济一体化中缺乏有效的"增长极"，使得"发展极"的辐射功能无法高效率地发挥作用。例如，"京津冀一体化"中的北京市、天津市已经形成了较强的经济辐射力，但是在整个河北省域内，尚缺乏相应的城市能极来发挥京、津辐射功能的连接和承载、扩散作用，因而战略支撑点不足。换言之，现有的二级（线）城市经济总量、人口规模与产业结构，甚至行政体制等缺陷，制约了经济一体化的进程和功能作用发挥。在"长江经济带""粤港澳大湾区""杭州湾城市群"的一体化过程中，也存在类似的"断裂带"。因此，雄安新区建设不仅承担着分离北京的"非首都功能"作用，实际上更重要的是在"断裂带"上扮演了"京津冀一体化"的战略支撑点角色。以此逻辑推论，现有的各个自贸试验区几乎都包括有三个片区，而其中都有一个经济相对落后的片区，同样需要建立起具备雄安新区类似功能角色作用的支撑点。所以，在经济与体制改革中，要特别重视"断裂带"问题，突出在此类区域内选择有效

的战略支点开展顶层设计，尽快形成经济一体化的有力支撑。特别要提出的是，我们要在供给侧结构性改革中突出产业布局与区域发展的关系，通过《中国制造2025》规划的产业科技创新与综合区域布点，切实形成新的区域"发展极"和"增长极"优化效果。

所谓网络带"节点"，是指沿"一带一路"布局和全球网络化自贸区协定（FTA）建设形成的若干"桥头堡"，例如由"1+3+7"组成和在海南省实施建设的各自贸区（FTZ），以及迄今为止我国对外签订的"10+1"、中韩、中澳、中智、中瑞等十余个自贸协定（FTA），加上谈判中的诸多自贸协定。推广而论，也包括了原有的各类经济特区、沿海开放城市和海关特殊监管区，以及党中央、国务院批准设立服务外包城市、跨境电商试点城市等。这些对外开放中的网络化"节点"，既承担着制度创新、"压力测试"的"试验田"任务，也具有带动区域产业和经济加快发展的功能要求，海南省还被中央赋予探索建设"自贸港"的特殊使命。但是整体而言，它们与中央提出的实现高标准、高质量、"最高水平开放"的要求相差甚远。

概括起来，现有的开放"节点"普遍存在以下两方面的不足：在功能作用方面，功能单一，以货物贸易（转口）和简单的招商引资、加工制造为主，服务性、金融功能性缺陷突出；经济自由度低，人员与资本流动性差；政策差异性大，稳定性弱，同一国家的开放经济试验区政策不一且多变（例如前海、横琴现在都实施了企业所得税15%优惠政策）；区域隔绝性强，辐射范围有限等。在制度创新方面，企业主体缺位，政策拟定、制度创新与第三方评估结果中，缺乏对产业竞争力的检验与企业承受力的实际评价；选择性试验，表现为制度创新的"碎片化"；目标无限化，表现为加载型、叠加性、无边界延伸性绩效与目标要求，容易造成制度与功能紊乱；园区模式导致商务成本与管理成本虚高，往往"空壳企业"或"僵尸企业"较多；总体上看，开放网络"节点"上的"压力测试"与对接国际经贸最新规则的制度创新效果不明显。所以，我们建议下一步的开放创新要坚持国家战略导向，政府和市场双轮驱动；坚持"最高标准""新规则"导向，逐步建立"政策与制度体系"；坚持"倒逼型"与主动性相结合，由碎片化试验向系统性对接转变，"大胆试、主动闯、自主改"；坚持长远目标与阶段任务相结合，简化阶段性目标任务，避免"夹生"；突出优势和重点，在货物贸易、投资和电商领域率先实现"境内关外"和"四大自由"；提高主体体验度，控制商务成本，企业主体的扩大增量并盘活存量。

要重视增进"断裂带"的改革与"网络带"的开放之间的协同关系。从我国新时代改革开放的国情和战略任务出发，党的十九大报告明确提出"突出抓重点、补短板、强弱项""坚定实施创新驱动发展战略、乡村振兴战略、区域协调发展战略、可持续发展战略""特别是要坚决打好防范化解重大风险、精准脱贫、污染防治的攻坚战"等要求；在"推动形成全面开放新格局"方面，十九大报告要求"以'一带一路'建设为重点，坚持引进来和走出去并重，遵循共商共建共享原则，加强创新能力开放合作，形成陆海内外联动、东西双向互济的开放格局"。"实行高水平的贸易和投资自由化便利化政策，全面实行准入前国民待遇加负面清单管理制度，大幅度放宽市场准入，扩大服务业对外开放，保护外商投资合法权益"；"优化区域开放布局，加大西部开放力度"；"赋予自由贸易试验区更大改革自主权，探索建设自由贸易港"。"创新对外投资方式，促进国际产能合作，形成面向全球的贸易、投融资、生产、服务网络，加快培育国际经济合作和竞争新优势"。由此可见，"断裂带"的改革与"网络带"的开放之间具有内在统一的协同关系。

四、推动全球化、全球治理变革与正确处理好大国关系

近年来，我国对外开放取得一系列可喜的成果。中国党和政府坚持捍卫多边贸易体制，参与推动、引领全球化和反对单边主义、保护主义的基本立场，积极创设提供国际公共服务产品的行动得到了国际社会的普遍赞许。但是，由于全球经济复苏势头不稳，国际政治与外交风云变幻，多边贸易体制被边缘化，全球治理体系日益暴露出某些内在的缺陷，国际利益博弈的格局更加复杂。特别是由于特朗普政府的战略与政策改弦更张，我国进一步对外开放也面临着极大的挑战。有鉴于此，我国应积极发挥发展中大国作用，努力推动全球化、全球治理变革并正确处理好大国关系。

首先，要尽快形成国际社会普遍接受的"构建人类命运共同体"的集体行动方案。近年来，借助全球多边、区域与双边等多种一体化平台和合作论坛，我国倡导的"构建人类命运共同体"的理念和主张日益深入国际社会人心，我国积极承担联合国会费、国际反恐行动义务，倡议和推进实施"一带一路"、创设"金砖银行""亚投行""丝路基金"等机构，通过"跨境产业园"开展国际产能合作、"走出去"等措施也发挥着十分重要的作用。但是迄今为止，由于少数国家从中作梗和实行了以邻为壑的经贸政策，国际社会尚未形成有效共识，致使始终未能形成合理有效的"构建人类命运共同体"的集体行动方案。因此，我国在进一步扩大开放的进程中加强沟通协调，发挥更大的主动性和行动力，促进更多的国家共同参与全球化和全球治理变革，集体协商、尽快形成国际社会普遍接受的"构建人类命运共同体"的共同行动方案。

其次，要充分发挥自身的动态比较优势，推进重要领域的国际经贸规则改革及重构。相对而言，我国在货物贸易便利化、国际投资便利化与跨境电子商务三大领域有着较为明显的国际比较优势。我国已经加入了世界贸易组织的"货物贸易便利化协定"，但在"国际贸易单一窗口"建设和参与"原产地规则"制订方面还需要加强努力；虽然我国在G20杭州峰会上提出了投资便利化的六项建议，在"一带一路"沿线国家中形成了众多的双边税收协调机制，人民币国际化步伐稳健迈进，也扩大了服务贸易开放领域和大幅缩减修订了外商投资的负面清单，但在国际社会中尚未形成系统性的投资便利化方案；跨境电子商务和电子支付是我国具有先发优势的重要领域，但我国在全球数字经济规则制订中参与度较低。因此，我们有必要加强上述领域的理论与规则创新研究，加大内部改革力度、积极推动国际合作，加强相关国际经贸规则生成或重构中的话语权。

再次，凭借日益庞大的国内市场优势，通过举办"中国国际进口博览会"（进博会，CIIE）扩大市场准入，促进重点国家之间的贸易平衡，同时倒逼国内市场体制的改革。通过举办"进博会"，有利于国内市场打破"诸侯经济"藩篱与各种地方性壁垒，促进一体化建设；有助于加快形成与扩大进口贸易相适应的国内流通管理体制及配套服务体系；有助于加快完善与扩大进口贸易相适应的国内物流基础设施条件；有助于加快形成与扩大进口贸易相适应的投资、服务负面清单管理体制；有助于加快完善与扩大进口贸易相适应的国内知识产权保护及其法律法规体系；有助于加快建立、健全与扩大进口贸易相适应的国内产业规制和竞争政策、政府采购制度；有助于适应国际社会提高劳工标准、环境保护的要求；等等。

又次，扩大多边与区域经贸合作，重点推进"一带一路"建设，择机加入"全面与进步跨太平洋经济伙伴关系协定"（CPTPP）。我国"一带一路"倡议在沿线国家和地区得到热烈响应，为我国形成东西互济、海陆联动、内外协同的开放型经济新体制，推动全球化与参与全球治理体系改革创造了有利的国际合作条件和重要的行动路径。当前，我们尤其要认真总结已有的经验教训，在沿线重要国家、重大项目、重要工程上下足功夫，确保实现良好的经济效益与发挥综合的示范效应。与此同时，随着"日欧自由贸易协定"的签订生效和CPTPP的生效，势必对东亚生产网络与我国在亚太乃至全球的经贸合作产生广泛影响。鉴于我国与东亚或亚太地区经济的地缘关系、与欧盟及亚太各国在全球价值链中复杂交叉的分工合作联系，以及迄今为止与CPTPP中大量国家或地区签订了双边自贸协定的现实，我们有必要通过积极谈判择机加入"全面与进步跨太平洋经济伙伴关系协定"。

最后，在当前中美贸易发生前所未有的激烈摩擦背景下，有必要采取积极主动的方略增加外交接触、缓和矛盾，扩大谈判对话及合作的基础，努力形成稳定的新型大国关系。当前，全球经济复苏势头未稳，前景尚不明朗，中美两大经济体对世界经济发展都具有举足轻重的影响，合则两利、"战"则多害。同时根据黄建忠（2019）提出的美国对外关系必须面对的"五大矛盾"：历史上的不对等与现实对等诉求之间的矛盾；维护美元地位与贸易平衡诉求之间的矛盾（"特里芬难题"）；全球价值链与中间环节扭曲调整之间的矛盾；技术多元化、知识产权扩散化与一国垄断诉求之间的矛盾；全球利益多元化与孤立主义之间的矛盾。因此，中美贸易摩擦的前景虽不明朗却依然可控。我国应当充分调动国际社会各类资源，有理、有利、有节地开展积极外交，采取合理有效的政治、经贸策略缓解中美矛盾。中美双方应努力发现、发掘彼此的核心利益关切，扩大谈判对话及合作的基础，恢复奥巴马时代中美之间战略对话与战术对抗、政治分歧与经贸合作，双边问题借助多边磋商、多边问题事先双边协调的默契，努力形成稳定的中美新型大国关系。

五、结语

总而言之，在中国特色社会主义进入新时代背景下，我国进一步对外开放将由"高速度"迈向"高质量"新阶段。要充分认识和理解"人类命运共同体"与"新矛盾论"的普世价值及其在当代世界发展中的普适性；要从历史与发展的视角深刻理解"高速度开放"向"高质量开放"转变中，内部与外部需求的制度属性要求；突出处理好"断裂带"上的改革与"网络带"上的开放，把握好二者间的相互关系；要采取实质有效的战略和策略推动全球化，参与和引领全球治理变革，并正确处理好敏感性的大国关系。唯有如此，才能保障我国新时代的改革开放不断深入，保证中国特色的社会主义伟大事业健康、可持续地发展。

第二节　推进供给侧改革

中国经济发展进入新常态，中国"十三五"时期结构性改革的主线势必为供给侧结构性改革，有效地从供给侧而非单纯从需求侧入手解放生产力，以达到提升经济发展水平和质量效益的目的；促进经济发展将在力求保持出口、投资和消费"三驾马车"拉动增长的同时，更多地依赖制度创新、要素升级和结构优化等供给侧的改革来推进增长，从而实现供给与需求综合平衡的和谐战略驱动。换言之，要逐步使经济增长从要素数量密集、投资驱动和出口拉动转向制度创新、要素质量升级、结构优化驱动。

一、推进供给侧改革的关键是制度创新，营造良好的发展环境

大力推进市场取向的改革，由传统的计划经济和政府主导转向市场配置资源为主的制度创新是供给侧改革的关键。现在束缚中国经济供给体系的三大成本因素分别为高融资约束、高税费征管和高行政干预。实行供给侧结构性改革需要放松管制，让市场发挥更大作用，从而降低制度性交易成本，包括交易成本、各种税费、融资成本、社会保障成本等。只有制度变迁，才能加快要素流动和优化资源配置，才会有利于增强企业创新能力，提高供给质量与效率，改善供给结构，最终提高全要素生产率。作者建议：

（一）要加快对外开放的步伐，以开放促进制度创新

1. 主动对接第二代国际贸易投资新规则，实现我国开放型经济的转型升级和制度创新

2015年10月5日，美国、日本、澳大利亚等十二个国家已成功结束跨太平洋伙伴关系协议（TPP）谈判，跨大西洋贸易与投资伙伴协议（TTIP）谈判也骤然加速，标志着国际贸易投资规则体系开始进入重塑时代。因此，中国应加快积累新形势下参与双边、多边、区域合作的经验，为我国参与国际经贸规则的制定提供有力支撑，同时形成倒逼国内改革中体制、机制创新的压力和动力。

2. 在开放中加快国际产能合作

工业企业盈利负增长已经持续一年多时间，如果这种局面再继续拖下去，不仅企业经营困难加大，而且金融、财政的风险也会进一步加大或者凸显。稳步推进"一带一路"建设是形成全方位开放新格局的重要抓手，通过与沿线各国相互对接发展战略，有助于促进经济要素有序自由流动、资源高效配置和市场深度融合。

3. 放宽准入

进一步放宽准入，加快行政性垄断行业改革，营造良好的营商环境，使各类市场

主体公平竞争，各种资源的活力充分体现。

（二）要重点突出关键性制度改革的协同创新

改革一系列低效率、阻碍社会活力与发展的体制，来推动经济增长，重点包括财税制度改革、金融体制改革、收入分配制度改革、土地流转制度改革、提高户籍人口城镇化率等。

第一，继续推进财税制度改革的重点任务是进行预算管理制度改革，以及央地事权和支出责任划分改革；健全预算标准体系、改进预算管理和控制、加强非税收入管理；强化预算执行管理和加强地方政府性债务管理。

第二，全面实施金融改革应积极解除"金融抑制"，使其有效支持实体经济。主要措施包括：在确保风险可控的前提下，加快推进利率市场化改革；完善人民币汇率市场化形成机制，丰富外汇产品，扩展外汇市场广度和深度；进一步转变外汇管理方式，便利境内主体"走出去"；有序放宽金融机构市场准入，允许具备条件的民间资本依法发起设立中小银行等金融机构；推进政策性金融机构改革，健全可持续运营机制；建立存款保险制度，完善金融机构市场化退出机制；发展并规范债券市场；处理好金融创新与金融监管的关系，促进互联网金融业务健康发展；加快建立统一、全面、共享的金融业综合统计体系。

第三，收入分配制度改革是对我国不同阶层和群体经济利益的重大调整，应有力保护合法收入，合理调节过高收入，坚决取缔非法收入，增加低收入者收入，扩大中等收入者比重，使发展成果更多更公平地惠及全体人民，不断完善按劳分配为主体多种分配方式并存的分配制度，逐步提高劳动报酬与居民收入在国民收入分配格局中的比重。

第四，应积极审慎地推动土地制度改革，逐步建立城乡统一的土地流转制度。随着农村青壮劳动力进城务工人数的增多，土地利用率低下，土地流转、规模经营是现代农牧业发展的必然抉择。此外，土地流转还可以探索推行农牧民联合经营，是实现土地集约化，规模化经营的有效形式。

第五，逐步提高城镇化水平。加快城乡之间土地、资金、人员等要素的流动，实现资源的合理化配置一直是中国的一个重大的、现实的课题，新型城镇化规划提出到2020年常住人口城镇化率达到60%，户籍人口城镇化率达到45%，这需要每年城镇化率提高一个多百分点，大概有1000多万人。为了提高户籍人口城镇化率需要做：拓宽入户通道，让有意愿、有能力的农业转移人口在城镇落户，并提供就业、住房、医疗、社保、教育这五个方面的公共服务；调动城市政府吸纳农业转移人口落户的积极性，将财政转移支付与农业转移人口市民化挂钩，城镇建设用新增指标与农业转移人口落户数挂钩，中央基建投资安排与农业转移人口市民化挂钩。

二、推进供给侧改革的核心是在技术进步基础上的要素升级，增强企业创新能力

从新动力角度来看，推动供给侧改革的基础环节是提高各类生产要素的生产率。作者建议：

第一，从劳动力角度来看，现阶段我国人口红利逐渐消减，导致不同区域出现不同程度的"民工荒"。供给侧结构性改革要达到以下效果：①增加劳动力的供给。要制定有效的政策，帮助尽可能多的拥有技术能力和城市经验的第一代农民工延长在城市里的工作年限。②迅速形成人力资本。通过加大对教育和培训的投入，设立短期技术学校和应用型大学，鼓励市场中介机构举办各类岗前资格培训等手段，形成可持续的高技术能力人员和熟练工人的供给能力。

第二，从技术角度来看，加快企业技术升级改造，使"中国制造"提质增效，形成竞争新优势，是改善供给和扩大需求的重要举措，既是当务之急，更是长远大计。应聚焦《中国制造2025》重点领域，发挥企业主体作用，按照有保有压的原则，以市场为导向，以提高质量效益为目标，启动实施一批重大技改升级工程，支持轻工、纺织、钢铁、建材等传统行业有市场的企业提高设计、工艺、装备等水平，有效降低成本，扶持创新型企业和新兴产业成长。为此，一要发布工业企业技改升级指导目录，编制年度重点技改升级项目导向计划，引导社会资金等要素投向，激发企业对接市场需求自主升级改造的动力；二要简化前期手续，推动并联审批，加快项目落地，研究推广对符合条件且不需要新增建设用地的技改升级项目实行承诺备案管理；三要推进落实财税支持措施，创新中央财政技改资金使用方式，提高资金使用效益，鼓励地方财政加大对技改升级的支持。

第三，从土地综合利用率角度来看，随着各行业的迅速发展，用地需求量日益增大，与农争地矛盾十分突出。目前，中国土地利用整体规划的前瞻性和稳定性不强，部分农业与非农业用地利用率低，土地使用单位效能不高。除此之外，随着耕作机械化程度的提高，实际务农人数需求量不断降低，导致农村闲置劳动力大量增加。因此，

在土地规划建设方面，适宜因地制宜、分步实施，努力实现时间和空间的最佳组合；必须充分考虑资源利用和环境保护的关系，加大农田基本建设，积极展开综合整治，增加有效耕地面积，提高耕地质量；在工业用地方面，实行用地总量限制；并扎实推进社会主义新农村建设和小城镇建设，从根本上改变落后的小农生产模式。

第四，从资本配置角度来看，需要降低企业成本、提升企业盈利。资源品价改降低原材料成本，减税降费加速折旧降低财税成本，利率市场化结合降息降低财务成本，养老保险体系改革降低人力成本。而提升企业盈利的另一项改革是淘汰落后产能，国企是主要承担者。

资本要素改革的方向之一是提高资本回报率，因而高成本是供给侧的最致命硬伤。持续收缩的需求叠加高企的成本、费用，令企业盈利雪上加霜。而在需求整体不佳的大背景下，唯有依靠降低成本来改善企业盈利、提升资本回报。降低企业显性成本的措施包括：①继续推进资源品价格改革，降低企业原材料成本；②实施减税降费和加速折旧，降低企业财税成本；③推进利率市场化，结合降息降低企业财务成本；④实施养老保险体系改革，降低企业人力成本。

资本要素改革另一个方向是提升资本使用效率，其目的也同样是改善企业盈利，而产能利用率和主营活动利润率高度相关。自2011年以来，中国工业企业产能利用率持续下滑，企业盈利也同步恶化，反映了资本使用效率低下。2013年新一届政府执政以来，去产能化就已开始，随之延续，未来企业盈利有望随产能利用率回升而得到改善。

各类企业中，国有企业以最高的资产负债率和最低的资产周转率、最低的主营收入利润率，实现了收入、利润的最大幅下滑。这意味着，各类企业中，国有企业盈利能力最为堪忧，产能过剩最为严重，未来也将是去产能的主要承担者。但淘汰落后产能的过程将有可能造成大批国企员工下岗，因而发展服务业吸纳就业也将是必然的选择。

三、推进供给侧改革的重点是优化供给结构，提高企业竞争力

当前制约中国经济发展的主要矛盾并非经济总量，而是经济结构，供给侧改革最终还是要落到结构改革上，结构改革最原始的意义就是通过比例的调整，实现改善效率的目的。其中最为重要的是产业结构的调整，面对我国产业结构存在的低端产能过剩、高端产品供给不足的现状，国家通过技术升级改造，提高企业创新能力，加快国企改革等多项举措，化解低端产能过剩顽疾、提升高端产能水平，以实现我国产业迈向中高端。现阶段政策着力点应放在加大供给侧调整力度上，增加对有效供给的中长

期视野的宏观调控，引导供给侧过剩产能减量和结构调整，进一步加快产业的转型升级，达到与需求侧相适应的新水平。价格平稳，企业盈利能力恢复，才能实现转型再平衡。本书建议：

1. 加快产业结构优化升级

近年来，在各方面的共同努力下，我国三次产业结构不断优化，农业基础地位进一步加强，现代服务业和文化产业发展迅速；具有国际竞争力的大企业集团不断涌现；进出口结构和利用外资结构不断优化，加工贸易转型升级加快，服务贸易发展迅速，经济全球化条件下参与国际经济合作和竞争的新优势正在形成。

但也要看到，与经济发达国家相比，我国产业的自主创新能力还不强，服务业、高技术产业的比重及水平仍有待提高，产业结构优化升级的任务仍然比较艰巨。进一步推动产业结构优化升级，是加快转变经济发展方式、实现经济社会又好又快发展的要求。因此，注重以中长期的高质量制度供给统领全局的创新模式，取代短期需求调控为主的凯恩斯主义模式。在优化供给侧环境机制中，强调以高效的制度供给和开放的市场空间，激发微观主体创新、创造的潜能，构建、塑造和强化我国经济长期稳定发展的新动力。

2. 进行城乡结构和区域结构的调整升级

城镇化是经济社会发展的客观趋势，推进城镇化可以增加第三产业的就业弹性和就业规模，提高服务业在产业结构中的比重，即使是制造业结构转型和升级，也离不开城镇化。这些年来，我国城镇化快速推进，但总的来看，我国城镇化依然面临不少亟待解决的问题，特别是城镇化质量不高的问题日益突出，主要包括：基础设施分布不均；城镇管理水平不高，公共服务供给不足；土地城镇化快于人口城镇化，劳动就业不充分等。

必须着力提升城镇化的质量，调整优化城乡和区域结构，扩大消费需求和投资需求，促进规模经济与国内市场持续健康发展。因此，需要确定推进城镇化的方向和路径，科学制定战略规划，以人口城镇化为核心，坚持城乡统筹，兼顾人口、经济、资源环境、社会发展、区域发展之间的关系，明确城镇长远发展方向、空间战略布局、长期发展目标。创新管理手段，运用现代信息技术，提高城镇综合管理和服务水平，加强节能减排工作，促进资源循环利用，优化城镇生态环境。

3. 加快发展先进装备制造业

具体措施包括：明确发展方向，建设具有国际竞争力的先进装备制造产业基地；

加快形成规模，坚持高起点引进，精准招商，重点引进带动性强的国内外先进装备制造龙头企业，促进投资项目落户；充分发挥各地区位和特色产业优势，实行差异化发展；突出产业链配套招商，细化产业分工，完善配套体系；支持先进装备制造业项目落户各类园区，完善基础设施和公共服务平台配套建设，促进先进装备制造业集约集聚发展；支持先进装备制造业项目利用"三旧"改造等政策，降低土地开发成本；加大财政支持力度；加强金融服务；支持企业降低经营成本；强化人才支撑；加强科技创新；加快项目审批核准；简化环评程序。

本文的基本判断是，供给侧经济学和需求侧经济学这两个看似相互对立的学说其实拥有各自的优势，为了保持中国经济持续健康发展需要供给和需求两侧的互相衔接与良好配合。"十四五"期间，"三驾马车"作用依然存在，但不是通过扩张性的刺激政策拉动，而是通过供给侧改革和效率提升扩展空间。在投资方面，强调发挥有效投资对经济增长的作用；在消费方面，通过供给侧创新实现居民消费扩大升级；在出口方面，强调提高出口竞争力，形成新竞争优势。

"供给侧改革"应该是面向全局的战略性部署，只有通过结构性改革，解除对人口和劳动的供给抑制、制度和管理的供给抑制、土地和资源的供给抑制、技术和创新的抑制，中国经济的增长潜力才会被进一步释放。

第三节 全球化变局、全球治理与开放经济供给侧结构性改革

20世纪80年代以来的经济全球化不仅使西方国家摆脱了长期的经济"滞涨"，而且借助科技与互联网革命提升了全球市场的一体化水平，实现了更加广泛的资源优化配置与规模经济，促进了要素的边际报酬递增及包括发达国家、新兴经济体在内的各国经济增长。可以说，各国在不同程度上都是经济全球化的获益者，中国作为发展中大国尤其如此。但是，随着2008年金融危机的爆发和当前"逆全球化"下经济复苏形势的复杂演化，如全球化带来的利益失衡、经济复苏进程中的利益分化和现有全球治理机制的乏力、失效，在国际、国内引发了多层次、多元化主体的矛盾冲突。以英国"脱欧"（Brexit）、美国"退群"等"黑天鹅事件"为标志，全球化进程遭遇挫折，面临着倒退的风险。本节拟就当前全球化变局的持续性、全球治理的内在矛盾和我国参与、引领全球化过程中的开放经济供给侧改革进行探讨，并对三者间的逻辑关系做剖

析，以求厘清当前我国开放经济供给侧结构性改革面临的形势与任务，目标和路径及其相互作用。

一、关于全球化变局的暂时性与持续性问题

当前经济全球化所遭遇的困境，究竟是一个暂时性的现象，还是一个持续性的问题？目前学界的看法偏于乐观。因为理论上，反全球化并非新的现象，一些贸易经济学家如巴格瓦蒂（Bhagwati，1998）曾对之有过深入的分析，国际政治经济学界也曾把它作为一种贸易摩擦现象进行探源性研究（盛斌，2002）。结论上都普遍认为，反全球化是一种"逆流"；现实中，反全球化的运动可谓此起彼伏，例如1999年11月在美国西雅图召开的世界贸易组织贸易部长会议，2000年1月在瑞士达沃斯召开的世界经济论坛年会，2000年2月14日在泰国首都曼谷召开的联合国贸易与发展会议，2000年9月在捷克首都布拉格举行的世界银行与国际货币基金组织（IMF）年会，2000年12月在法国尼斯举行的欧盟首脑会议，2001年4月在加拿大魁北克市召开的美洲国家首脑会议，2001年6月在瑞典哥德堡召开的欧盟峰会，2001年7月在意大利热那亚举行的八国峰会等，这些大型会议的会场外到处都是情绪激昂的反西方全球化的抗议人群。但是从历史进程观察，全球化始终是世界经济的主流，各种反全球化的行动往往只是一种短时间的"浪潮"而止步于对全球化进程的暂时性干扰。所以，对于眼前出现的新的反全球化现象，目前理论界也倾向于认为是短期、暂时性现象。

笔者对上述乐观判断不敢苟同。正如发生于2008年的全球金融危机一样，人们最初的看法也多认为是一个短期冲击，但事实上形成了21世纪长达9年的经济不景气现象。对于眼前这一轮新的反全球化浪潮，我们的看法相对悲观，即认为它可能酿成一个对全球化中长期的负面影响。主要的理由是：

第一，当前的世界经济复苏还需要较长的时间。当前世界经济不景气现实不仅源于周期性因素，更主要是来自结构性原因，在这一判断上理论界是一致的。但是，对所谓结构性原因的解释，大多局限于对人口结构转变、技术创新缓慢、基础设施投资不足等因素的分析，而鲜见从全球经济结构深度进行剖析的文献。事实上，导致当前世界经济回升乏力的最主要原因在于三个方面：①发达国家与发展中国家普遍存在的经济服务化，即服务业增加值在GDP中的占比约60%~70%，有些发达国家甚至超过80%。由于服务业劳动生产率天然地低于制造业同一指标，客观上导致了世界经济增长放缓。尽管许多国家提出了重振制造业和科技创新的战略，但其最终实现尚需时间

和过程。②经过20世纪80年代以来的全球化助力，以"金砖国家"（BRICS）和新兴经济体为代表的一批大经济体量国家工业化水平迅速提高，中间品的国产化能力逐步形成，导致占世界贸易主导地位的中间品贸易增长放慢，贸易对各国经济增长的拉动能力相对减小。③在上述两个方面原因共同作用下，全球价值链向"区块化"方向重构，服务业价值链偏短与区域工业化水平提高促进相邻国家和地区形成区域经济一体化组织（RTAS），区域内的贸易依存度提高与价值链（产业链与供应链同步）重构。以上三方面原因不仅放缓了经济增长，也在传统价值链变异过程中发生了动能和利益的调整。众所周知，反全球化是一个全球经济低增长的伴生现象，从这个意义上说，当前的全球化变局是具有暂时性或持续性，首要取决于世界经济复苏的快慢。

第二，在美国特朗普政府反全球化态度相对明确、欧洲国家与日韩等陷入国内经济社会乱象的前提下，金砖国家与其他新兴经济体的经济状况好坏、立场一致或分化成为经济全球化走向的重要决定性因素。以金砖五国为代表的新兴经济体在这一轮全球化浪潮中经济实力实现普遍的跃升，在世界经济中的占比明显增加，成为经济全球化的中坚力量。但是，经过2008年金融危机的冲击，各经济体的增速下滑，并出现明显的分化。如表2-1所示，除印度、中国在持续走低中仍然保持中高速经济增长外，俄罗斯和巴西经济增长率呈负数。

表2-1 主要新兴经济体经济增长情况

单位：%

年份	巴西	印度	印尼	俄罗斯	中国
2006	3.96	9.26	5.50	8.15	12.7
2007	6.10	9.80	6.35	8.54	14.20
2008	5.17	3.89	6.01	5.25	9.60
2009	−0.33	8.48	4.63	−7.80	9.20
2010	7.57	10.26	6.38	4.50	10.60
2011	3.92	6.64	6.17	4.30	9.50
2012	1.76	5.08	6.03	3.40	7.70
2013	2.74	6.90	5.58	1.30	7.70
2014	0.15	7.29	5.03	0.60	7.30
2015	−3.03	7.26	4.66	−3.83	6.90
2016		6.5			6.70

资料来源：IMF，https：//www.imf.org/en/Data.

新兴经济体对于经济全球化的进程有着显著影响。近年来，新兴经济体保持较高的经济增速对世界经济复苏与增长至关重要，中国对世界经济增长的贡献率约占20%～30%，尤其是中国的对外直接投资持续走高，成为推动全球经济复苏的主要力量之一。中国与一些新兴经济体开展的国际经贸合作，对伙伴国经济稳定十分重要，金砖国家与新兴经济体之间的合作成为推动经济全球化的基本力量。但是，新兴经济体经济基础还比较薄弱，经济形势的不确定性大于发达经济体。当总体上经济状况较好和外部环境宽松时，相互间较易于形成一致的利益立场。而当此经济持续下行且情势分化明显之际，彼此之间的立场也容易出现差异甚至对立。新兴经济体国际合作难以协调，必然分化和削弱经济全球化的推动力量。因此，新兴经济体特别是"金砖五国"经济状况的稳定向好或持续走低，全球化合作立场的一致或分化，是经济全球化面临的最大考验。

第三，欧洲"乱象"长期化与世界政治热点纷呈、社会动荡和恐怖主义是对经济全球化的重大干扰。长期以来，欧美居于经济全球化与全球经济治理的领导地位，因而没有美国、欧盟参与推动的全球化是不可想象的。20世纪90年代欧盟东扩增加中、东欧成员国的进程气势如虹。然而反观现在，发端于英国的"脱欧"运动逐步在意大利、法国等"老欧洲"和其他一些"新欧洲"国家萌芽，"脱欧"意识或政治主张在部分国家朝野甚嚣尘上。尤其是法国、意大利等欧洲老牌大国，长期处于欧洲一体化的"领头羊"地位并且其经济、货币与财政、政治和法律等深度融合于经济一体化之中，围绕着"脱欧"展开的论争和实际行动具有长期化的趋势（最近，苏格兰又再次提出"脱英"新公投问题）。各种力量的角力必然形成对欧洲与全球经济一体化的阻碍及困扰。

因欧美和某些国际外部力量介入干预而导致阿拉伯世界动荡不安，东亚、南海等地区产生了日益增多的国际政治、宗教纷争、局部战争和"难民潮"，这些问题反过来又引发了包括欧美在内的更多国家和地区的复杂矛盾，呈现蔓延之势，此类纷争也对全球化造成前所未有的干扰。

第四，世界经济增长放缓，新兴经济体经济走势分化和欧洲、阿拉伯世界、东亚等地区热点问题相互交织的综合效应，必然使全球贸易保护主义抬头。当前，世界经济与政治关系空前复杂，传统的全球治理机制危机导致贸易保护主义日益严重，并加快向投资、环境、知识产权等领域蔓延。历史经验证明，越是经济增长乏力，世界经济体之间的对话协商、利益协调就愈加困难，各种以邻为壑的政策层出不穷。在当前传统机制失灵，保护主义蔓延和政治冲突增多的情形下，主要大国之间与世界各类经济体之间协商一致几无可能。在贸易保护主义甚嚣尘上的当下，加之经年已久的各国反危机"量化宽松"货币政策惯性，"货币战"的可能性也同步加剧，最终可能酿成严重不利于世界经济复苏的后果。

2020年在全球蔓延的新冠肺炎疫情进一步加剧了世界经济增长的困难。根据联合国机构当时预计，2020年全球经济增长为-4.4%，除中国以外的世界各国经济都普遍陷入困境。疫情加重背景下，西方大国民粹主义更加泛滥导致各种政治外交上的甩锅、栽赃，经济政策上的以邻为壑乃至零和博弈。全球化的理念、行动和利益取向混乱，全球治理几近瘫痪。因此，全球化与世界经济的未来尤其充满了不确定性。

综上所述，我们并不否认全球化是世界经济的长期趋势，但是就种种情形分析，这一轮反全球化的浪潮有可能形成持续性的影响。对于这种可能性，各国在充分警惕、协调立场，尽力避免其成为现实的同时，也有必要做好相应的准备。

二、关于全球治理内在的深刻矛盾与趋向

当前全球化面临的局面，与全球治理存在的深刻危机密不可分。

首先，迄今为止的全球化是由西方大国主导的"殖民化"进程，经济全球化并非完全出自"帕累托最优"原则的自由贸易安排，而恰恰是由西方大国主导的利益差异化安排，因而当前的全球经济治理是一种偏向于西方大国利益的体制。第二次世界大战前，由西欧大国主导的全球化实质上是以对殖民地的轮番争夺与再分割作为结果，其经济利益得失显而易见。战后以来，以美国为主导的全球化虽然改变了传统的殖民地模式，但其经济利益归属与变相掠夺的实质并无二致。此类经济全球化并非完全出自"帕累托最优"原则的自由贸易安排，全球治理体制呈现以西方大国利益为主的明显偏向。甚至有些经济学家认为，表面上看似全球化的现象实质上是反全球化的，例如雅各布·瓦伊纳（Jacob Viner，1951）指出，自由贸易协议（FTA）并不意味着自由贸易。因为自由贸易协议的成员国不是通过降低经济成本，而是通过提高对非成员国的壁垒来参与全球竞争的。他认为这可能会恶化全世界经济发展的效率。约翰·威利（John Walley）也认为：多边贸易体系如WTO，能够保证大国在进入其他势力均衡的国家市场时享受基本的最惠国待遇和平等机会；而在进入其他较小的经济体市场时，大国通常采用区域贸易谈判或双边贸易谈判，以此获得更有利于自己的协议安排。他指出，在一个涉及几乎世界上所有国家的WTO贸易体系下，大国只能获得基本的利益；而在各自的区域或双边贸易安排下，大国利用经济实力的不对称有望获得相对主导的

利益。所以，迄今为止的全球化并非完全出自"帕累托最优"原则的自由贸易安排，而恰恰是由西方大国主导的利益差异化安排体制。这样的体制实质，从一开始就蕴含着深刻的内在危机。

其次，经济全球化引发的结构性革命必然导致激烈的矛盾冲突。对于当前全球化出现的变局，究其根本，金融危机与经济复苏困难是外因；而急剧发展的全球化所引致的世界经济传统格局松动、主要大国之间经济失衡和全球治理体制改革滞后等矛盾则是其内因，包括：

第一，世界经济传统格局的松动。新兴经济体与西方大国经济力量对比发生变化，在冲击传统国际经济格局的同时，一方面提高了新兴经济体国家利用外资和工业化水平，促进了经济实力与社会财富的增长，扩大了中产阶层、产业工人的规模，进而激发了更加广泛的民族主义意识；另一方面也增加了贸易摩擦，冲击了发达国家产业基础，削弱其国内投资能力和减少其就业机会。随着新兴经济体经济实力壮大与产业结构升级，越来越多的来自于发达国家的不同群体在感受这种失落的过程中，对未来的恐惧、不安定感随之增强，社会意识逐渐偏向保守；

第二，主要大国之间经济失衡加剧大国政治、外交冲突，并造成社会认知的迷失。典型的事例如中美之间、中欧之间贸易失衡，贸易摩擦与投资收购事件不断增加，以及中国国际地位和参与国际事务能力上升，话语权迅速扩大。而在跨文化沟通不足、欧美各国权势政客和恶意媒体的煽动下，引发了欧美国家社会普通民众对中国经济增长认知上的偏差与误会，产生了对新兴大国在贸易、投资中"倾销""汇率操纵""投资威胁""环保不利"等误解。在这些因素作用下，发达国家竭力压制发展中大国的经济崛起、阻止新兴经济体参与国际经济组织改革，刻意制造国际对立和利益冲突，世界经济增长的积极力量无从发挥有效作用，必然导致全球化面临困难与停滞。

第三，全球化过程中不同国家经济结构变化带来许多新的社会结构问题，尤其是收入分配结构的严重失衡，进而引发阶层、族群之间的矛盾对立，客观上不利于全球化与全球治理的健康发展。全球化在发达国家与发展中国家（地区）国际化程度差异较大的区域、行业之间造成了收入分配的不均，特别是在老龄化、少子化和城乡差距、种族歧视本就较为严重的国家，这种分配不均、贫富分化的状况极为突出。图2-1数据表明，金融危机与经济衰退进一步加剧了这种矛盾。特别值得关注的是，21世纪以来世界经济的服务化趋势大大加强。发达国家服务业增加值占GDP的比重进一步上升，英美等国这一比例甚至高达80%以上。发展中国家服务业增加值的GDP占比平均水平也达到60%以上。服务业的劳动生产率低于制造业是一个规律性现象，经济服务化是隐藏在金融危机背后全球经济增长放缓的结构性原因。随着增长放缓与经济结构发生显著变化，发达国家制造业的衰退和外移使产业工人的队伍逐渐萎缩。发展中国家为了招商引资制造业工资水平长期上升缓慢，服务业特别是金融、房地产、通讯、科技开发等高端生产者服务业资本回报和高级人才的工资或财产性收入则屡创新高。这种经济不景气条件下的经济结构转换客观上也拉大了各国国内不同阶层的收入差距。由此而来，不同国家内部不同阶层、族群对于经济全球化的利害得失认识迥异、立场对立，全球化与反全球化力量的博弈空前激烈。

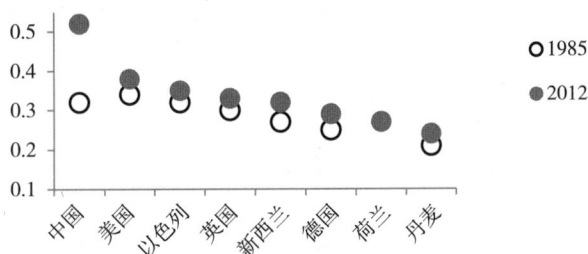

图2-1 主要国家基尼系数变化

资料来源：OECD，https://stats.oecd.org/

第四，各国政治、社会改革停滞成为"新民粹主义"泛滥的直接导因，进而给全球化带来新的阻力和不确定性。过去20多年经济全球化获得飞速发展，相比之下，相关国家的国内政治、社会改革则乏善可陈、停滞不前或相对迟缓。在经济利益失衡与社会治理结构改革呼声加大过程中，少数阶层暴富与多数人贫困之间的矛盾加剧，"新民粹主义"蔓延。21世纪以来的"新民粹主义"不同于以往，其基本特征表现为：

（1）高度国际化或全球化。"新民粹主义"借势于跨国寡头垄断资本、金融巨头的全球扩张，也借助了信息经济与互联网革命之便利，形成了国内、国外遥相呼应的高度国际化状态。

（2）政经背景强大而深厚。"新民粹主义"不仅局限于传统的弱势群体而且泛滥于极为强势的知识资本、金领阶层、媒体精英，以及经过一度强盛发展的中产阶层和经济实力雄厚的非政府组织（NGO）之中，其中不乏在这些群体中成长起来、渗透于政经各界并已经掌握部分实际权力的精英，因而社会影响力极强，资源动员的范围和力度广泛而深厚。

（3）民意基础日益广泛。20世纪80年代以来剧烈的全球化虽然造就了巨大的社会财富，但经过"次贷危机"，这轮战后最为严重的金融危机，国际、国内财富和收入分配的不平等达到了前所未有的程度，除少数暴富和垄断利益集团外，社会各阶层普遍产生了痛楚挫折、失落焦虑和对现状的强烈不满，遂使"新民粹主义"具备了空前广泛的民意基础。

（4）具有集中爆发力和很强的破坏性。长期累积、持续增强的"新民粹主义"犹如一座座外表冷峻、内中炽烈的"活火山"，在某些外部突发事件甚至不对称信息的冲击下，极易于造成瞬间爆发的"民主暴力"、社会暴乱与群体对抗，有时甚至造成巨大的秩序破坏和混乱。在这些特征作用下，"新民粹主义"加大了全球化的阻力和全球治理走向的不确定性。美国在特朗普政府当政时期所表现出来的，恰是这种"新民粹主义"的取向。

三、开放经济供给侧结构性改革的目标、路径

习近平主席在达沃斯论坛上的讲话明确提出，中国要坚持走经济全球化的道路，提升全球价值链各个环节的合作，要坚持重视多边谈判与合作的方针，在世界贸易组织等全球经济治理结构中发出更多声音，提出中国主张。由此可见，作为负责任的发展中大国，中国已经成为推动经济全球化的重要力量。从立足当前能力和着眼于自身长远利益出发，我们认为应从我国开放经济的供给侧结构性改革入手，实现参与、引导经济全球化的目的。

开放经济的供给侧结构性改革，是我国经济进入"新常态"阶段和背景下，深化国内经济体制改革的有机组成部分和在对外开放领域中的重要延伸。开放经济的供给侧结构性改革，是指以"实现我国在全球价值链中的地位持续攀升""外贸结构进一步优化，发展动力加快转换，外贸发展的质量和效益进一步提升，贸易大国地位巩固，贸易强国建设取得重要进展"[①]为目标，由政府主导的、围绕着加快构建开放型经济新体制和扩大开放采取的各种顶层设计、宏观调控政策措施和实现手段之总和。

从马克思主义唯物史观和政治经济学的基本原理出发，生产力决定生产关系，经济基础决定上层建筑，而生产关系和上层建筑对生产力、经济基础有能动的反作用。国际经济关系的实质同样莫过于此。所谓开放经济的供给侧结构性改革，无非是在为国外需求提供有效的国内供给，和为国内需求提供有效的国外供给的双向平衡互动中，

---

① 商务部.中国对外贸易发展"十三五"规划.

持续地提高对外贸易竞争力。因此，我国开放经济供给侧结构性改革的可行路径应是围绕着扩大要素获取能力与提升要素生产率的目标来合理地加以选择。

（一）通过对外直接投资实现国际产能合作和输出部分过剩的生产能力

我国对外直接投资具有显著的贸易促进作用，具体表现为随着我国"走出去"企业的增多，在我国国内成本上升的背景下，为我国提供了更为稳定便利的原材料来源，并有助于通过向外转移过剩产能，提高当地销售比例和收购兼并技术密集型项目，实现我国的产业升级。需要特别指出的是，与通常人们所认知的"过剩产能"即落后产能不同，现阶段我国通过直接投资对外输出的很多产能恰恰都属于国际先进产能，例如高铁、光伏、电力设备、清洁煤产品或技术等，均属世界或国际先进行列，在许多国家都属于稀缺或不足产能，为东道国经济和社会发展所迫切需要，因而大大有利于双方经贸合作关系的扩大和深化。

当然，我们有必要提醒众多"走出去"的企业，对外直接投资面临的风险因素在不断增加。首先，中国政府应当强化与东道国政府的合作，在加强侨民、侨资保护的同时，为中国企业"走出去"提供各种必要的政治、法律权益保障；其次，中国企业在投资决策上须更加谨慎，加强风险防范和危机的应急处理能力；最后，在外投资形成的资产要尽可能地在当地或国际资本市场实现证券化，由此既发挥了对外初始投资的杠杆化效益，又同时分散、降低了投资风险。

（二）通过对外签订自由贸易协定、"大通关"改革推进国际贸易"单一窗口"建设，不断提高货物贸易便利化水平

一方面，近年来我国与相关发达国家、发展中国家或地区缔结了越来越多的自贸区（FTA），逐步形成自贸区网络，各种零关税、关税减让等"早收计划"和投资便利化措施、中小企业促进、知识产权保护等政策制度不断出台，大大提高了货物贸易便利化的水平；另一方面，继多年来经济特区、各类开发区、产业园区和保税区、综合试验区等海关特殊监管区建设之后，2013年以来我国陆续设立了上海、天津、福建和广东自贸试验区，近期又增加了浙江、河南、湖北、四川、重庆、陕西、辽宁等自贸试验区，逐步加快的"大通关"改革持续推进国际贸易"单一窗口"建设迈上新台阶，不断提高货物贸易便利化水平。通过货物贸易便利化、服务贸易开放化、金融自由化、外商投资便利化、事中事后监管改革和法制化建设，日益形成了有利于对外贸易发展的国际化、市场化、法制化营商环境。此外，我国服务外包和跨境电商迅猛发展。这

些供给侧结构性改革，都十分有利于推动对外贸易的稳步发展。

与此同时，应当充分发挥庞大的国内市场优势，利用最终产品、标准化和模块化中间品生产与贸易的规模性特征，努力实现零部件标准化和产品模块化的规模经济效应，实现"中国制造"的竞争优势。因为国内市场庞大且需求层次趋于多样化，从理论上说，凡是具备规模经济特征和要求的产品，中国相对于大多数出口国而言都具有更加突出的比较优势。所以，应当设法加快破除国内市场一体化的各种障碍，积极充分地发挥国内大市场优势，为实现规模经济、国内价值链质量提高和全球价值链位次攀升创造有利的条件。

（三）人民币互换和离岸人民币数量增加，均有利于促进对外贸易发展

根据我们初步研究，人民币互换对我国与货币互换伙伴国之间的贸易产生了明显有益的效果；另据预测，中国香港、中国台湾两地人民币市场中离岸人民币规模预期将以较高的速率逐年增长，并成为海外离岸人民币流转聚散的中心。由此带动其余离岸人民币次中心的出现与发展。当离岸人民币的规模不断壮大时，理论上该市场中的消费者或企业会更多地购买我国产品，我国的出口贸易会因此受益。所以，离岸人民币的规模越大，越能在一定程度上促进我国的外贸出口增长。

（四）保持人民币汇率在适度弹性和灵活波动基础上的微弱、渐进式升值，有利于促进我国出口商品结构升级

国内外均有大量的研究成果证明，人民币汇率变动尤其是贬值不是中国大量贸易顺差的主要导因。根据我们的研究，在要素成本上升的背景下，人民币汇率微弱的升值抑制了我国整体出口，但能够优化我国出口商品结构，其中升值方式的选择十分关键，因为不同的升值策略引起出口商品结构变动的路径是不同的。采取一揽子大幅升值的方式，对出口商品结构的冲击最大，会导致我国工业制成品出口占比的较大波动。具体而言，本币升值提高了国内工资和利率之比，劳动密集型产品的成本相对资本密集型产品上升较快，使劳动密集型产品的国际竞争力下降、资本密集型产品的边际生产力提高，结果是劳动密集型产品的产量下降、资本密集型产品的产量增加。由于人民币汇率的长期弹性要大于短期，这种结构优化将是一个长期过程。所以，为了实现出口贸易稳定发展，渐进的升值方式是较好的选择。

（五）财政、金融政策的有效组合、搭配对于外贸发展具有重大影响

首先，降低名义关税率，优化实际有效关税结构，促进出口产品国内增加值的提

升。加入世界贸易组织以来，中国关税水平和结构发生了一系列的变化。特别是区域和双边自由贸易协定的谈判、缔结进程中，各种零关税、关税减让和"早期收获计划"安排对关税水平和结构产生了重要的影响。然而事实上，我国名义关税率仍然存在虚高现象，实际有效关税率尤其是关税结构并不合理，因而影响到进口中间品的价格成本和下游产品的竞争优势。所以，我们应当继续实施关税制度改革，在降低名义关税率的过程中优化实际有效关税结构，促进出口产品国内增加值的提升。

其次，我国出口退税存在严重的不经济性。大量的出口退税落入国外进口商的口袋，且成为国内出口商品低价竞销，引致贸易摩擦的肇因。因此，政府必须适当调整出口退税制度。

再次，在"营改增"税制改革条件下，要细化考量这一改革对出口商品价格、结构的影响，特别要加快研究实施一套促进服务贸易出口的退税、保税制度，加快服务贸易出口和弥补不断扩大的服务贸易逆差。

复次，我国外贸企业普遍存在融资难和融资成本高问题，在当前国内资本市场片面强调固定资产比例和营业规模须达到较高水平的条件下，外贸企业的间接融资与股权融资都受到极大限制。因此，国内银行和非银行金融机构要有效扩大对外贸生产和出口商，尤其是对中、小型外贸生产、出口企业的融资支持。

最后，在对外贸易的宏观调控上，财政与货币、金融政策的组合协调十分重要。理论界和政策制定机构要加强相应的研究设计能力，出台实施一套更加有效的组合对外贸易政策促进宏观调控。

当然，开放经济的供给侧结构性改革内涵十分丰富，而现阶段我国这一领域的改革在许多方面尚有不足，存在着巨大的制度创新和政策运作空间。例如，我国的对外援助尚处于政治、外交和人道主义目的的阶段，对外援助如何促进对外贸易和投资，实现与商业利益的结合互动？又如，目前我国企业对自贸协定的利用率不高，如何分阶段充分利用FTA提供的零关税、关税减让与减少非关税壁垒的便利扩大出口？再如，如何提高对外投资、并购的对外贸易促进效果？如何加快、放活境内、关外自贸区（FTZ）的制度创新，更好地发挥对外贸易的促进作用？此外，即便我国已经成为对外直接投资大国，如何才能切实提高中国跨国公司的国际化经营效果？诸如此类，这些都有待于实践中进一步发挥作用和提高经济效益。

总而言之，坚持全球化的战略取向和道路选择，对于我国有特别重要的意义。当此全球化遭遇逆境、"新民粹主义"甚嚣尘上之际，积极推进全球化健康发展既是我国现实需要，也是一份大国责任。在稳步推进国内经济转型，深化供给侧结构性改革的进程中，我们在开放经济领域必须坚持"和平与发展"的战略判断与合作基调，加快研究提出系统集成的全球化合作"中国主张"；必须加快推进"一带一路"建设与自由贸易协定（FTA）落地，凝聚全球化的中间力量和积极因素；必须积极推动WTO与诸边贸易投资协议谈判，坚定维护全球化已有成果；必须积极开展与欧美发达国家的政治、经贸合作战略对话，维护全球化的良好秩序环境和稳定发展态势。在此前提下，务实有效地开展上述开放经济领域的供给侧结构性改革，稳步提升参与、引领全球化的国际经济治理能力。

第三章 劳动力成本上升的变化及其影响因素

第一节 中国劳动力成本上升的趋势变化

　　劳动力成本的逐年上升是我国经济社会高速发展的必然结果，已成为当今中国大多数企业面临的头号挑战，但劳动力成本上升不但是挑战，同时也是机遇，它可以促进我国产业结构的升级和经济结构的调整，进而推动我国的经济增长。

　　图3-1为1999—2017年我国平均劳动报酬以及制造业的平均劳动报酬，包括全国（含广东省）和广东省。从图中可以看出劳动报酬的持续上升趋势是非常明显的，广东省的平均劳动报酬水平高于全国，但近些年来的差距逐渐缩小。而广东省的制造业平均劳动报酬在2009年前均高于全国水平，但2009年后与全国水平的差距很小。

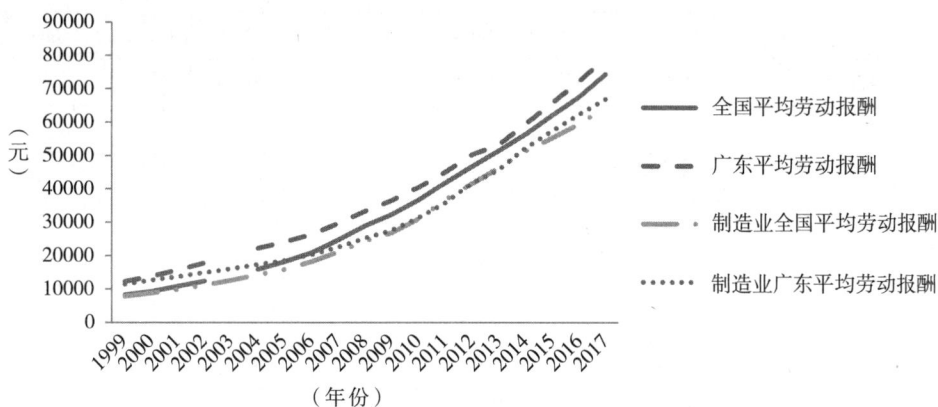

图3-1 1999—2017年我国平均劳动报酬

资料来源：中国劳动统计年鉴，https://data.cnki.net/trade/Yearbook/Single/N2013040132?z=Z001.

随着我国法制建设逐步完善，劳动保护显得越来越重要，劳动力因素对企业特别是加工贸易企业的影响成为经济学与国际贸易学研究的热点问题。其实，我国早在1993年就颁布了《企业最低工资规定》，1994年《中华人民共和国劳动法》确立了最低工资的法律地位。但是在实施初期，最低工资只在部分地区推行，1995年全国仅有130个城市实行最低工资政策。许多地方长达10年未做调整或根本没有设定最低工资，直到2004年《最低工资规定》实施，这种情况才得到了改善。《最低工资规定》是一部更加严格的法律，新规实施加大了对劳动者的保护力度，平均工资低于最低工资标准的企业占比从2003年的12%下降到2004年的8%，到2007年仅有6%。

表3-1为截至2020年3月的全国各地区最低工资标准情况。从中可以看出，上海的月最低工资标准达到2480元，为全国最高。上海、北京、广东、天津、江苏、浙江这6个省市月最低工资标准均超过2000元。

表 3-1　全国各地区最低工资标准情况（截至 2020 年 3 月）

地区	月最低工资标准（元）			
	第一档	第二档	第三档	第四档
北京	2200			
天津	2050			
河北	1900	1790	1680	1580
山西	1700	1600	1500	1400
内蒙古	1760	1660	1560	1460
辽宁	1810	1610	1480	1300
吉林	1780	1680	1580	1480
黑龙江	1680	1450	1270	
上海	2480			
江苏	2020	1830	1620	
浙江	2010	1800	1660	1500
安徽	1550	1380	1280	1180
福建	1800	1720	1570	1420
江西	1680	1580	1470	
山东	1910	1730	1550	
河南	1900	1700	1500	
湖北	1750	1500	1380	1250
湖南	1700	1540	1380	1220

地区	月最低工资标准（元）			
	第一档	第二档	第三档	第四档
广东	2100	1720	1550	1410
其中：深圳	2200			
广西	1810	1580	1430	
海南	1670	1570	1520	
重庆	1800	1700		
四川	1780	1650	1550	
贵州	1790	1670	1570	
云南	1670	1500	1350	
西藏	1650			
陕西	1800	1700	1600	
甘肃	1620	1570	1520	1470
青海	1700			
宁夏	1660	1560	1480	
新疆	1820	1620	1540	1460

资料来源：劳动和社会保障部，http://www.mohrss.gov.cn/.

就中国经济的发展而言，自改革开放之初开始的依靠廉价劳动力发展的增长模式已然无法持续，劳动力成本上涨或劳动力短缺成为经济常态，如何实现企业发展方式转变、结构升级成为中国经济发展的重要问题。2004年中国沿海地区开始出现"民工荒""招工难"等现象，劳动力短缺推动劳动力成本快速上升，农民工工资年均增长率达到10%。随着中国的人口红利逐渐消失，人口老龄化、劳动力短缺等问题导致企业通过资本替代劳动，向资本密集型发展。转型升级是现阶段中国企业发展的主要方向，为此中国政府出台了一系列政策为其助力，例如制造业2025计划、"大众创业""万众创新"等。

自2002年以来，劳动力成本不可逆的快速上升已成为产业发展的特征化事实。随着廉价劳动力禀赋催生的产业优势逐渐消弭，企业行为将被重新塑造。近十余年来，在中国人口结构不断老龄化的趋势下，制造业从业人口增速放缓，甚至部分年份呈现增量下降的态势，导致劳动成本进入不可逆转的快速上升通道。2018年博鳌论坛所发布的《中国与全球制造业竞争力》报告中指出，中国制造业竞争力在引领全球的同时，劳动力成本的上升却导致优势收窄。

与发达国家的资本市场不同，当前银行贷款仍然在我国企业融资中占支配地位[1]。相对于债券，银行信贷以提供短期资金为主，还本付息的刚性较强。银行信贷对企业而言，蕴含着较大的偿付风险，因而企业对债务风险更加敏感。同时，在供给侧结构性改革背景下，传统生产要素、生产方式和价值实现模式难以为继，转型升级已经成为企业必须面对的重要战略目标。企业基于整体风险管控或战略调整的目的对资本结构的动态调整是财务活动的核心内容之一。企业财务活动需要关注成本的趋势性变化，以准确判断整体风险承担水平，或明确企业战略调整的方向。劳动力成本不仅是资本与技术投入的替代要素，而且是企业难以转移的刚性支出。尤其是在2008年《中华人民共和国劳动合同法》颁布后，与员工相关的法律、补偿和诉讼成本上升，企业主动与员工解除劳动合同的成本高，从而进一步固化了工资性支出。在劳动力成本上升的背景下，不论是企业的刚性成本压力增加，控制整体风险的动机会降低企业债务融资水平，还是从依靠先进设备替代劳动力投入的动机出发增加债务融资，目标资本结构或者战略调整的需要均会迫使企业加速资本结构调整。

劳动力成本上升可能会对企业杠杆产生截然相反的影响。一方面，基于新古典经济学的生产理论，劳动和资本作为生产函数中的两种基本解释要素，单位劳动力投入价格的上涨会导致劳动对资本的替代能力下降，而资本相对价格的下降导致资本对劳动的边际技术替代率上升。于是，企业资本结构调整中的选择和试错速度加快，并通过扩大债务融资以先进的智能制造设备投入等资本性支出实现对劳动力的部分替代。在这种情形下，资本结构调整的速度加快，债务融资比重上升。另一方面，自2003年以来，我国企业的用工成本迅猛上涨，加之2008年新《劳动合同法》颁布实施后企业员工解雇成本明显上升，刚性成本压力进一步凸显。当企业刚性支出不断提升并很难通过解雇员工的方式转移时，劳动力成本攀升会给企业带来巨大的风险和威胁。基于权衡理论的逻辑，为了避免过高的整体风险，企业可能通过调整目标资本结构的方式实现整体风险处于可控的水平，从而降低对债务融资的依赖。企业在特定的宏微观情景中，会通过对资本结构的动态调整以达到财务行为与战略目标的耦合。

劳动力成本上涨对企业的最终影响有三种可能：创新升级、产业转移、退出市场（死亡）。劳动力成本对我国企业的影响最为重要，我国政府制定了《中国制造2025》计划，以创新驱动战略为目标，旨在推行要素替代和资本深入，推动企业创新

---

[1] 中国人民银行的数据显示，2018年全年社会融资规模为192598亿元，人民币贷款融资为156710亿元，占社会融资规模的81.3%；非金融企业境内股票融资为3606亿元，占社会融资规模的1.87%。

升级，这正是本书研究的重点。利用中国工业企业数据研究企业退出市场的文献有很多（Brandt et al.，2012；2017），本书没有从这里展开，主要原因在于：①考虑到数据的可得性，本书主要使用的是上市公司数据，产业转移和退出市场的情况较少。②本书有数据优势，笔者使用了中国专利引用数据，这在国内外研究中国创新的文章中具有先天的优势。如果使用中国工业企业数据，无法做到这一点，一是不可能有专利引用的数据；二是中国工业企业数据只能到2007年，数据过于陈旧①。即便如此，我们查阅大量的资料，对产业转移和退出市场的情况尽可能地做出了分析。

第一，退出市场（死亡）。2004年"民工荒"、2005年"招工难"之后，中国沿海地区频频出现企业"倒闭潮"，主要表现为一些劳动密集型企业退出市场。表3-2在一定的程度上反映了哪些行业的企业数量在减少。可以看到除了烟草制品业和石油加工、烧焦和核燃料加工业之外②，其他行业几乎全是低技能工人密集的劳动密集型制造业。低技能工人最密集的3个行业：纺织业，纺织服装服饰业，皮革、毛皮、羽毛及其制品和制鞋业都经历了企业数量下降，其他下降的行业还有造纸和纸制品业、印刷和记录媒介复制业、橡胶和塑料制品业等，这些行业同样是低技能工人密集的劳动密集型制造业。这说明劳动密集型制造业受到劳动力成本上涨的直接冲击，其企业数量逐渐减少，产业比重逐渐下降，从而导致了资本密集型产业比重上升及整个经济产业结构变化。劳动力成本上涨的原因有很多，最低工资标准调高就是其中一个重要的因素，而最低工资标准调高促进企业创新的过程也是资本深化的过程。

表3-2 制造业子行业企业数目变化

单位：%

年份 行业	2005	2006	2007	2008	2009	2010	2011	2012	2013	2014	增长率
烟草制品业	0.08	0.07	0.05	0.04	0.04	0.04	0.05	0.04	0.04	0.04	−7.17
纺织业	9.18	9.28	9.12	8.54	8.18	8.08	7.76	6.47	6.22	5.97	−4.21
纺织服装、服饰业	4.82	4.79	4.83	4.70	4.61	4.49	3.98	4.69	4.62	4.54	−0.61
皮革、毛皮、羽毛及其制品和制鞋业	2.53	2.51	2.44	2.22	2.15	2.14	2.06	2.47	2.49	2.50	−0.13

①第一，中国工业企业数据可以使用新产品产值（缺少2004年数据）、R&D（仅限于2005—2007年有数据）等代理创新，但是专利数据有其独特之处，最大的特点是由第三方授权，而不是由企业自己记录，从而避免了主观性偏差（Hall et al.，2001；2005）；第二，2008—2013年的中国工业企业数据中一些重要的变量如劳动力成本等变量存在严重缺失，不适宜开展劳动力成本方面的研究（王永钦等，2018），而使用1998—2007年的数据除了没有专利引用等数据之外，数据距今已有12年时间，过于陈旧。

②其中烟草制品业和石油加工、烧焦和核燃料加工业这两个行业可能受到其他非经济因素的影响导致企业数量下降，例如，出于健康因素和环境因素的考虑，这两个行业的企业数量都在下降。

续　表

年份 行业	2005	2006	2007	2008	2009	2010	2011	2012	2013	2014	增长率
造纸和纸制品业	3.03	2.89	2.74	2.58	2.51	2.48	2.39	2.26	2.08	1.96	−4.29
印刷和记录媒介复制业	1.96	1.84	1.66	1.67	1.67	1.66	1.28	1.33	1.49	1.52	−2.54
石油加工、炼焦和核燃料加工业	0.81	0.79	0.70	0.62	0.59	0.56	0.67	0.65	0.61	0.58	−3.23
橡胶和塑料制品业	6.13	6.17	6.23	6.22	6.21	6.26	5.64	5.18	5.19	5.20	−1.63

资料来源：作者根据《中国工业经济统计年鉴》整理。

注：国家统计局从2011年开始将工业统计范围的起点从年主营业务收入500万提高到2000万，这不影响本表的结果，因为本表采用相对数计算，因而仍然可以说明各密集型企业数量的相对减少程度。表中所有数字均为百分比，使用某行业该年企业数量除以该年所有企业数量获得。为了节省篇幅，表中仅列出了企业数量比例下降的行业。考虑篇幅，表中数字仅保留到小数点后两位，看似没有变化的数字其实是变化的，例如烟草制品业2012—2014年显示均为0.04，但是实际是：0.0428、0.0382、0.0367。

第二，企业转移。表3-3展示了部分因为劳动力成本上升、制造成本上升以及利润下降等原因转移出中国的企业，这些企业都是国际知名的制造商。除了外资撤离中国，一些中资企业也出现了撤离，例如李嘉诚、富士康以及福耀玻璃等。图3-2报告了我国对外直接投资FDI的变化趋势，从中可以看出总体FDI几乎一直在上升，而制造业FDI却在持续下降，这与外资或中资撤离中国的现象是一致的。

表3-3　外资撤离案例

公司	业务	离开原因	迁往国家
佳顿公司	消费品生产	人力成本上升	美国本土
星巴克	陶瓷杯生产	人力成本上升	美国本土
福特汽车	汽车生产	制造成本高	美国本土
伊藤洋华堂	服装生产	人力成本上升	东南亚、土耳其、印度
La Perla	服装生产	人力成本上升	东南亚、土耳其、印度
Wham-O	玩具	人力成本上升	美国本土
阿迪达斯	体育用品生产	生产成本高	东南亚、土耳其、印度
万士达	触摸屏生产	人力成本上升	越南
富士康	电子代工	人力成本上升	印度
飞利浦	灯具生产	制造成本高	倒闭
及成通讯	手机金属外壳生产	制造成本高	倒闭
黛安芬	服装生产	制造成本高	印尼
快捷半导体	半导体生产	制造成本高	美国本土
路士明科技	家用紧急照明电器	制造成本高	美国本土
太阳能世界	太阳能电池	制造成本高	美国本土

公司	业务	离开原因	迁往国家
通用电气	电气生产	制造成本高	美国本土
松下集团	家电	制造成本高	东南亚、土耳其、印度
百思买	零售	制造成本高	东南亚、土耳其、印度
耐克	服装、鞋	劳动力成本	越南

资料来源：作者收集整理。

注：只包含了因为劳动力成本或制造成本转移出中国的企业，这里的制造成本主要指劳动力成本。还有一些企业因为业务不佳（大宇国际）、遭本土企业排挤（雀巢、达能乳业）、出口成本高（爱世克斯）、产品质量问题（Sleek Audio）等原因没有包含在内。

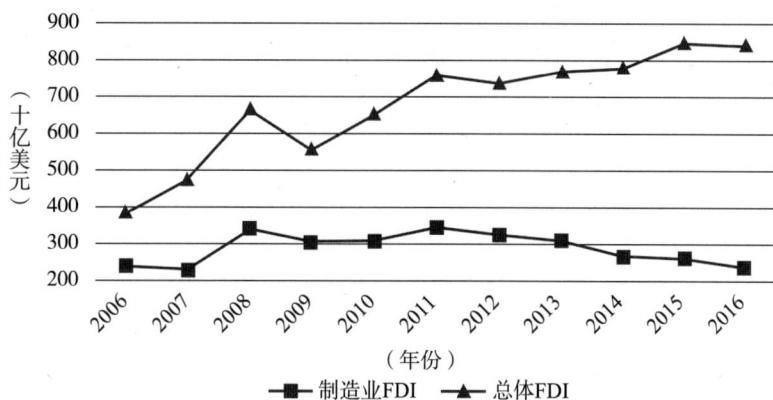

图3-2　2006—2016年我国制造业FDI数值变化趋势

资料来源：作者根据CEIC数据库整理。

注：CEIC数据库从2006年开始公布制造业FDI值。

总之，"最低工资—劳动力成本—创新（要素替代）"的过程发生在留在市场中的企业，不包括那些向市场外转移，或死亡的企业。最低工资调高主要表现在对劳动力成本的推动作用上，统计分析发现，我国企业的转移或死亡都与劳动力成本的上涨有关。

从战略角度来看替代特性下的要素调整对企业的转型升级是必要的。随着自动化等生产技术突飞猛进的发展，"人与机器的竞赛"是近些年学术界和实业界广泛讨论和担忧的问题。从长期来看，劳动力成本上升使资本投入的相对价格下降，从而可能提高企业资本的投入，提升企业债务融资规模。不可逆转的劳动力成本上升侵蚀了部分企业的竞争优势，扩大了劳动力依赖程度较高企业的风险敞口。为了转移企业的经营风险，企业可能会通过资本性支出引入先进的制造设备进而降低对人工的依赖。尤其是在信息化与智能制造的时代背景下，对劳动力投入的减少或劳动、资本、技术的有效协调将成为中国企业转型升级的关键（刘媛媛和刘斌，2014）。然而，无论是机器设备的投入，还是技术优势获得所依赖的研究与开发活动，都需要大量的现金流作为支撑。在中国股票市场、债券市场融资能力依然有待提升的背景下，企业投资活动需要以企业债务融资作为支撑。

近些年来的劳动力成本粘性的提升不仅归因于薪酬的快速增长，还与劳动保护增强密切相关。2008年开始实施的《劳动合同法》是增强劳动保护的一个重要的制度前提。《劳动合同法》从保护劳动者合法权益的角度出发，明确了劳动合同订立的基本要求，试用期对用人单位的限制以及劳动合同终止时的经济赔偿等内容，客观上提升了企业解雇员工的成本，固化了劳动力成本上升对企业的影响，导致企业成本粘性的提升。而不断攀升的成本粘性对企业债务融资形成了挤出效应。基于此，我们认为《劳动合同法》的颁布与劳动力成本上升是企业成本粘性不断提升的两个关键因素。

在供给侧结构性改革的背景下，投融资结构性优化是新旧动能转换、高速增长向高质量增长转变、推进产业转型升级的关键。企业是关乎国民经济发展的最重要微观经济组织，宏观环境因素通过影响微观企业的投资、融资决策最终形成宏观经济表现。劳动力作为传统的经济投入要素，其成本的趋势性变化关系到经济转型升级的进程。劳动力成本对微观企业的行为影响通过均衡加总最终会映射到宏观经济表现上。因此探究企业表现的变化是理解宏观经济运行逻辑的可靠方式。劳动力成本的急剧上升是近些年来企业必须面对的基本产业背景。无论基于新古典经济学的框架，还是基于内生增长率对生产函数的描述，劳动力成本的上升都将对技术和资本性投入产生影响，并将传导到企业动态资本结构调整的过程中。

第二节 "珠三角"地区调研数据分析：加工贸易企业工人工资的影响因素

一、导言

（一）中国户籍制度简介

1951年7月16日，随着中国公安部《城市户口管理暂行条例》[①]的颁布，户籍制度

[①]《城市户口管理暂行条例》的颁布是中国户籍制度的开始。但当时的主要目的是维护公共安全，保护公民的安全，而不是为了控制人口的迁移。然而，从1958年1月起，全国人民代表大会颁布了《中华人民共和国户口登记条例》，人口的迁移流动被严格限制，特别是从农村地区向城市地区，它是当前户籍制度的开始。

开始在中国实施。中国的户籍制度具有二元结构的特点，中国公民依据户口性质的不同被分为了农业（农村）人口和非农业（城市）人口。至今为止，户籍制度依然是中国的一项重要的政治制度，有着许多与之相配套的政策法规。

中国二元户籍制度的建立主要有以下三个原因：

第一，历史性的原因。中国农村劳动力大规模向城市的迁移是从20世纪50年代开始的，但与当时的经济发展水平是不相适应的，随后经过几年的调整才使得农村劳动力的转移恢复到平稳有序。

第二，城市基础设施缺乏的经济性原因。从20世纪50年代开始的农村劳动力大规模向城市的迁移，不仅影响着农村地区，同样也对城市建设的各个方面有着重大影响。但是，中国城市地区的基础设施还没有准备好接纳大量涌入的农村移民。因此，中国政府通过户籍制度控制农村人口向城市的迁移。

第三，优先城市地区的政策性原因。为了保证日常商品得到充分供应，比如城市居民的食品和工业部门的廉价农产品，农产品价格被设定低于其价值，而工业品价格则高于其价值，"剪刀差价格"使得农村人被束缚在了土地上。

根据二元户籍制度，中国公民选择自己的永久居住地、获得社会服务以及法律保护等的权利受到了限制。城市居民得到了较多的就业机会、教育资源、养老金等福利，户口性质决定了与之相对应的权利。而不幸的是农村居民很难获得城市户籍，虽然近年来已陆续实行了多项户籍改革措施，但仍然对加入城市户籍有着一些严格的限制。

从1985年7月起，根据中国公安部的规定，居住在城市地区（非常住地）超过三个月的中国居民必须申请临时居留许可。这标志着临时迁移和在城市地区居住的最初许可被承认。

从1992年起，一些地方政府如广东、浙江、山东、山西，开始了蓝印户口政策，流动人口被允许通过在城市地区投资大笔资金来获取城镇户口[1]。

1997年7月，中国国务院启动了一个试点项目，允许拥有稳定工作（或稳定收入来源）和稳定住所，并要求在城镇定居的农村人口在指定的小城镇获得城市户口[2]。从2001年，该计划已扩大到包括所有中国的小城镇。

2004年12月，中国国务院发出了消除限制农村移民在城市地区就业的歧视性措施

---

①1992年8月，公安部开始实施《关于实行当地有效城镇居民户口制度的通知》，启动了有效的本地城镇户口。因为这本小册子是蓝色，它被称为蓝印户口。这是户籍改革的过渡性措施。

②1997年，国务院批转公安部通知，规定在小城镇的机关、团体、企业和事业单位聘用的管理人员、专业技术人员，在满足一定条件后，可以办理城镇常住户口。

的指令。但是对农村人口而言，将户口从农村更改到城市依然很困难，特别是在北京、上海、广州和深圳等一线大城市。

因此，中国城市地区的劳动力市场已经根据户籍制度被分裂成了二元市场。与拥有城市户口的工人相比，农民工没有在城市地区获得公平的待遇。他们要面对的困难包括就业、工资、社会保险和福利等。在本文中，作者将利用实地调查数据来分析工资和不同户口性质之间的关系，数据的收集是通过在珠江三角洲制造业工人中进行的一系列实地调查而完成的。

（二）中国的农民工

中国从1978年开始了改革开放，并取得了举世瞩目的成就。根据中国国家统计局2013年的统计数据，1979—2012年中国国内生产总值平均每年增长率为9.8%，城市化率从1978年的18%，上升到2012年的53%。

配第－克拉克定理指出，随着经济的发展，劳动力将会从第一产业转移到第二产业，再转移到第三产业。这些现象也同样发生在中国。由于农村和城市之间的收入差距，以及农村劳动力的大量剩余，导致了农村人口向城市的迁移迅速增加，尤其是在1989年后。越来越多的农民离开他们的家乡，进入城市的非农部门工作并以赚取的工资作为主要的收入来源。他们被称为农民工，也即是"有着农村户口的工厂工人"。

没有农民工的巨大贡献，中国不可能保持高速发展。据国家统计局的数据，到2008年底，中国农民工的总数超过了1.4亿。 2006年，农民工在城市地区（蔡，杜，赵，2007）的总人数占总就业人数的46.7%。他们的主要职业是制造业和建筑业，分别约占总数的30%和23%（国务院研究室，2006年）。

如今农民工是中国经济中不可或缺的组成部分。然而，他们是城市中的边缘和弱势群体，他们无法享受和城市居民一样的待遇。他们的工作大多是危险和艰苦的。根据作者的实地调查，在获得医疗保险、工伤保险、住房补贴、失业保险和养老金等方面，农民工的比率比城市户口工人低，而导致这一情况的关键因素就是其农村户口。

（三）珠三角的农民工

广东省位于中国的南端，是中国经济最发达的地区之一。从1979年起，在这一地区内先后建立了深圳、珠海、汕头等城市作为经济特区。根据国家统计局2013年的数据显示，广东地区生产总值在2012年为57068亿元，占当年全国国内生产总值的11%。

此外，广东省是吸纳农民工数量最多的地区。根据2010年进行的第六次全国1%

人口抽样调查数据显示，在广东省内工作的农民工总人数超过3000万人，其中外省市的农民工所占比重约为69%。2006年农民工在第二、三产业工作的比重分别为55%和42%（中国国务院）。

自1994年起，在广东省内的9个城市即广州、深圳、珠海、佛山、江门、东莞、中山、惠州和肇庆被正式命名为珠三角。然而，2009年珠三角的人均地区生产总值高达67321元，是中国的人均国内生产总值25575元的2.6倍（国家统计局，2010）。广东省内的农民工有95%以上在珠三角地区内工作，在深圳市和东莞市，农民工总人数分别是本地工人的4倍和6倍。

2004年珠三角地区首次出现大规模的"民工荒"，并随之蔓延到了中国的其他地区，直到现在仍然是困扰企业的一大难题。其主要原因可归结于以下的两个方面：首先，因为在过去的十多年中，农民工工资水平持续偏低。根据国家统计局的数据，2008年中国农民工的月平均工资为1156元，不到城市户口劳动者的月平均工资的一半（2436元）；其次，由于中国政府逐步减免农业税，并从2006年的1月1日开始，在全国范围内取消了农业税。因此，有一部分的农民工要么选择转移到其他提供了有利就业环境的行业或领域，要么选择重返自己的家乡，继续农业耕种工作。

为了吸引足够的农民工劳动力，中山市人民政府率先制定了"积分"制度。地方政府通过设置不同标准，如教育水平、工作技能水平、社会保障的参与、社会贡献等方面来计算农民工能获得的积分，如果农民工的积分达到了规定条件以上就可以申请城市户口。从2010年6月起，该制度已推广到广东省全境内。然而，农民工能获得足够积分的条件限制是非常严格的，特别是对那些没有专业知识的农民工来说依然具有极大困难。

二、相关文献综述

（一）工资歧视模型

1974年美国经济学家雅可布·明瑟（Jacob A. Mincer）的著作《教育、经验与收入》出版后，明瑟收入模型成为劳动经济学中运用最为广泛的经验模型。在模型中收入的对数被表达为教育年限变量的线性函数和工作经验的二次函数的总和。

标准明瑟方程如下：

$$lnW = \beta_0 + \beta_1 S + \beta_2 E + \beta_3 E^2 \qquad （1）$$

其中，W代表小时工资，$\ln W$是小时工资的自然对数，S表示受教育水平，E表示工作经验，E^2是工作经验的二次函数，β为回归参数。

布林德－瓦哈卡分解是由布林德（1973）和瓦哈卡（1973）提出的一种方法，它将工资差距分解为性别和种族的差分因素以及其他（一般情况来说为歧视）因素。原始模型如下：

$$W_A - W_B = \beta_A(X_A - X_B) + (\beta_A - \beta_B)X_B \tag{2}$$

其中，$W_A - W_B$意味着不同群组之间的工资差异。$\beta_A(X_A - X_B)$被称为"元素数量之间的工资差异"，代表着由于特征差异导致的群组之间的工资差异。$(\beta_A - \beta_B)X_B$被称为"要素价格之间的工资差异"，代表着由于歧视导致的群组之间的工资差异。

（二）明瑟收入模型在中国劳动力市场的应用

对于明瑟收入模型和/或布林德－瓦哈卡分解在中国劳动力市场中的应用，相关的研究和结论综述如下：

姚（2001）通过使用在中国4个不同省份的4个村庄的调查数据，总结了可以解释本地工人和农民工之间135%的工资差距的大部分要素。其中最重要的影响要素对于本地工人而言是婚姻状况和政治面貌，而对于农民工来说，是年龄、受教育年限和当前的工作经验。

孟和张（2001）使用了上海社会科学院人口研究所在1995年和1996年进行的上海流动人口调查以及上海居民和流动人口调查数据。他们的研究证明，从教育回报率上看农民工比城市户口工人更高；职业培训对城市户口工人来说是一个影响收入的重要因素，而对农民工来说并非如此；已婚的状况对农民工收入来说呈正向的影响，而对城市工人的影响不大。农民工和城市工人收入差距的大部分（50.8%）是无法用职业内因素解释的，其原因很可能是由于户口性质而带来的不同。

姚和赖（2004）使用了浙江省内企业的农民工调查数据，以增加了性别和职业培训为解释变量的扩展性明瑟方程进行分析，发现农民工和城市户口工人之间工资差异的主要原因可以归纳为：人力资本与企业的差异，以及农民工所必须面对的户籍歧视，前者可以解释工资差异的70%~80%，而户籍歧视可以解释20%~30%。

邓（2007）利用中国社科院经济研究所在2002年进行的城市家户调查数据计算了农民工和城市户口工人之间的工资差距。结果证明其工资差异的40.5%可以由个体特征来解释，而59.5%是因为户籍歧视。

三、数据分析

（一）实地调研

在本研究中使用的是以下两种数据：其一是自1978年以来中国政府的官方统计数据。其二是通过作者的实地调查收集到的原始数据。

作者先后进行了三次实地调研。第一次是2009年8—9月，第二次是2010年9—10月，第三次是2017年7月，主要集中在珠三角地区的广州市，深圳市和江门市的加工制造业工厂。

三次实地调查的主要目的是深入了解当今农民工的真实情况，并重点研究户口性质是如何影响农民工收入的。作者编制的调查问卷被同时分发给农民工和城市户口工人。调查问卷中的问题被分为以下几个部分：A.基本信息；B.工作和收入；C.农民工的子女教育；D.城市户口工人的意见。第二次调研中收集了468份有效问卷，包括365名农民工和103名城市户口工人，分别占总数的78%和22%。男性工人占被调查者总数的38%。被调查者为已婚的占58%。在收集了调查问卷后，作者还对部分被调查者进行了分组访谈。

（二）第二次调研的描述性统计

表3-4为农民工户籍所在地的构成。从中可以发现，在珠三角地区工作的农民工有五分之一以上来自广东省内，除此之外，近40%的农民工来自湖南省、广西壮族自治区和四川省，分别占18.9%，10.7%和9.3%。这个排名和2005年进行的第五次全国1%人口抽样调查的结果是一致的。

表3-4　农民工户籍所在地的构成

户籍所在地	珠三角（%）	广东省2005年（%）
广东	22.5	27.8
湖南	18.9	15.0
广西壮族自治区	10.7	11.2
四川	9.3	9.3
重庆	7.7	3.5
江西	7.4	6.1
河北	7.4	7.9

续　表

户籍所在地	珠三角（%）	广东省 2005 年（%）
贵州	4.4	3.2
河南	3.0	6.5
其他	8.8	9.4
合计	100	100

资料来源：珠三角的数据来自作者的第二次实地调研，广东省的数据为 2005 年第五次全国 1% 人口抽样调查。

表 3-5 显示了珠三角制造业工人的基本特征。从中可以发现，男性农民工的比率仅为 33%，比城市户口工人中的男性比例（56%）要低得多。其原因可归结为制造业的行业特性，大部分企业的生产线工人以女性需求为主。

农民工的平均受教育水平是 9.9 年，这意味着还未完成高中一年级的学业；而城市户口工人的平均受教育水平为 12 年，即是高中毕业。

在本研究中将工作类别分为以下五类：生产线、后勤（大多为司机）、生产管理、文职工作，以及研究和开发（以下简称研发）。农民工的平均年龄为 27 岁，比城市户口工人平均年龄低 5 岁。然而，农民工以及城市户口的生产管理人员平均年龄分别为 35 岁和 32 岁，意味着农民工不得不工作更长时间才能得以升职。

此处工作经验包括在城市地区的全部工作经验以及当前的工作经验两类，农民工在当前工作的经验平均为 1.6 年，仅仅为城市户口工人的近一半。这意味着，相较于农民工，城市户口工人的工作更加稳定。

虽然和城市户口工人相比较而言，农民工大多在较小的年龄就开始工作，但是调查数据显示农民工总的工作经验要少于城市户口工人。根据作者进行的后续访谈，其中一个主要原因可能是：在城市地区工作的农民工通常在工作几年后会选择回乡结婚，尤其是大部分的女性农民工，她们更愿意在子女出生后再返回城市工作。

平均而言，农民工和城市户口工人的每周工作时间差别并不太大。然而，各个地区之间存在着差异。江门市的工人每周工作 6 天，比广州市和深圳市的工人多。此外，将工作时间相比较就可以发现，除了生产线工人以外，城市户口工人的工作时间均少于农民工的。

表 3-5　珠三角制造业工人的基本特征

		总计 (%)	男性 (%)	单身率 (%)	平均年龄	平均受教育年限（年）	平均月工资（元）	平均小时工资（元）	在当前城市的工作经验（年）	在城市总的工作经验（年）	每周工作时间（天）	每天工作时间（小时）
户籍	总计	100	38	42	28	10.4	1392	7.3	1.9	5.8	5.5	9.3
	农民工	78	33	44	27	9.9	1182	6.0	1.6	5.3	5.5	9.3
	城市工人	22	56	35	32	12.0	2136	12.0	3.0	7.5	5.4	9.0
性别	男性 总计	35	100	32	27	10.1	1288	6.8	2.4	7.0	5.4	9.2
	农民工	33	100	31	29	10.0	1169	5.7	2.2	4.3	5.8	9.5
	城市工人	56	100	35	33	12.6	2375	13.3	2.7	7.9	5.4	9.0
	女性 总计	65	0	47	31	10.8	1560	8.2	1.7	5.2	5.6	9.3
	农民工	67	0	49	26	9.9	1188	6.2	1.4	3.2	5.4	9.3
	城市工人	44	0	35	31	11.2	1829	10.2	3.3	6.9	5.5	9.0
工作地	广州 总计	12	53	20	30	11.0	1620	8.7	3.5	7.5	5.1	9.7
	农民工	62	53	15	29	10.5	1137	5.8	3.1	7.1	5.1	10.0
	城市工人	38	52	29	31	11.9	2400	13.5	4.2	8.1	5.2	9.1
	江门 总计	34	58	28	31	9.4	1007	4.3	1.1	3.4	6.1	9.8
	农民工	81	58	32	29	9.3	993	4.2	1.0	3.2	6.1	9.8
	城市工人	19	55	10	37	9.9	1061	4.5	1.6	5.9	6.2	9.7
	深圳 总计	54	23	56	27	10.8	1586	9.0	1.6	5.8	5.2	8.8
	农民工	80	14	56	26	10.2	1310	7.3	1.4	5.4	5.3	8.9
	城市工人	20	59	53	30	13.4	2681	15.9	2.3	7.2	5.1	8.5

表 3-5　珠三角制造业工人的基本特征（续表）

工作类别		总计（%）	男性（%）	单身率（%）	平均年龄	平均受教育年限（年）	平均月工资（元）	平均小时工资（元）	在当前城市的工作经验（年）	在城市总的工作经验（年）	每周工作时间（天）	每天工作时间（小时）
生产线	总计	100	26	54	25	9.6	1114	5.4	1.2	4.9	5.4	10.0
	农民工	94	21	50	25	9.6	1108	5.4	1.2	4.8	5.4	10.0
	城市工人	6	100	100	27	8.8	1218	5.5	2.1	6.2	5.4	10.4
后勤	总计	100	67	83	33	13.0	1789	10.1	4.5	9.5	5.3	9.0
	农民工	63	50	80	30	9.9	1460	8.0	3.8	9.4	5.3	8.9
	城市工人	37	33	100	36	10.0	2267	13.9	5.1	10.8	5.0	8.2
生产管理	总计	100	44	88	32	9.9	1763	10.2	4.3	9.9	5.2	8.6
	农民工	50	67	83	35	12.7	1543	8.3	4.8	9.9	5.3	9.0
	城市工人	50	67	83	32	13.3	2035	11.8	4.2	9.1	5.2	9.0
文职	总计	100	91	61	30	14.9	3255	19.2	2.5	7.2	5.1	8.5
	农民工	35	88	63	29	13.8	1851	10.3	2.0	7.7	5.3	8.8
	城市工人	63	93	60	31	15.5	4003	24.0	2.7	6.9	5.0	8.4
研发	总计	100	25	48	27	12.7	2109	12.4	2.6	5.9	5.2	8.6
	农民工	52	17	48	26	12.0	1760	10.0	2.6	4.9	5.2	8.8
	城市工人	48	33	48	28	13.5	2491	15.1	2.6	7.0	5.1	8.3

资料来源：数据来自作者的第二次实地调研。

表3-6为工作类别的构成。75%的农民工在生产线工作，而城乡户口工人的同一比例仅为16%。

表 3-6　工作类别的构成

工作类别	农民工（%）	城市工人（%）
生产线	75	16
后勤	3	11
生产管理	4	26
文职	12	37
研发	5	11
总计	100	100

资料来源：数据来自作者的第二次实地调研。

表3-7为教育水平的构成。仅小学水平的农民工和城市户口工人比例均很低。超过80%的农民工具有接近12年的教育水平，而城市户口工人的40%超过了13年。一般而言城市学校质量要高于农村学校，因此在城市劳动力市场中农民工处于相对劣势的地位。

表 3-7　受教育水平的构成

受教育水平	农民工（%）	城市工人（%）
小学（3～6年）	4	4
初中（7～9年）	57	19
高中（10～12年）	31	28
大学专科（13～15年）	6	18
大学专科以上（15年以上）	2	32
总计	100	100

资料来源：数据来自作者的第二次实地调研。

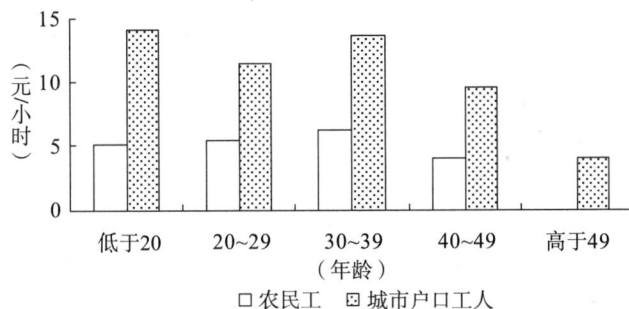

图3-3　工资与年龄的关系

资料来源：数据来自作者的第二次实地调研。

图3-3显示了工资与年龄之间的关系。可以清楚地看到，在每一年龄段上，城市户口工人的工资都比农民工的要高得多。而在高于49岁的年龄组里，基本没有农民工。

图3-4显示了工资和教育水平之间的关系。很显然，不论是对农民工还是城市户口工人，随着受教育年限的增加，工资都会增加，特别是对那些具有高中以上学历的工人来说。但是，数据也显示出即使在相同的教育水平条件下，城市户口工人往往可以获取比农民工更高的工资。

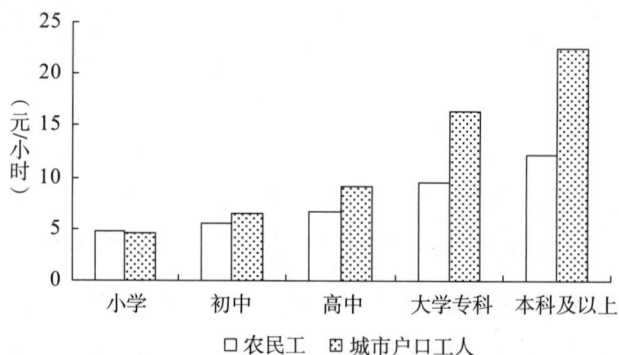

图3-4　显示了工资和教育水平的关系

资料来源：数据来自作者的第二次实地调研。

表3-8为3个城市2009—2011年的最低月工资标准，以及被调查的农民工和城市户口工人的工资之比。他们的工资差异显而易见。农民工工资仅略高于各地的最低工资标准。城市户口工人的平均月工资和小时工资分别为2136元和12元，是农民工的平均月工资和小时工资的181%（1182元）和200%（6元）。城市户口的男性工人工资特别高，他们的平均小时工资达到了农民工的235%。通过比较3个城市可以发现，在广州市和深圳市的城市户口工人较农民工能获取更高工资，而在江门市此差异非常小。

表3-8　最低月工资标准

单位：元

		全员	男性	女性	广州	江门	深圳
2009年最低月工资标准					860	670	1000[①]
2010年最低月工资标准					1030	810	1100
2011年最低月工资标准					1300	950	1320

① 2009年深圳市有两种最低工资标准。表3-8中的数字显示经济特区内的最低月工资，包括罗湖、福田、南山和盐田四个区，而经济特区外的最低月工资，包括宝安和龙岗区，为900元人民币。从2010年开始，标准被统一。

续　表

		全员	男性	女性	广州	江门	深圳
平均月工资	农民工（1）	1182	1169	1188	1137	993	1310
	城市工人（2）	2136	2375	1829	2400	1061	2681
	（2）/（1）	181%	203%	154%	211%	107%	205%
平均小时工资	农民工（3）	6.0	5.7	6.2	5.8	4.2	7.3
	城市工人（4）	12.0	13.3	10.2	13.5	4.5	15.9
	（4）/（3）	200%	235%	164%	233%	107%	219%

资料来源：平均工资的数据来自作者的第二次实地调研，最低月工资标准的数据来自广东省劳动和社会保障局。

表3-9是主要变量的相关矩阵表，表明了年龄和教育水平、婚姻状况以及工作经验之间具有高度相关性。此外，工作类别和户口性质、教育水平和小时工资之间具有高度相关性。

表 3-9　主要变量的相关矩阵表

	户口	教育水平	小时工资	性别	年龄	婚否	总工作经验时间	当前工作的经验时间	工作类别[1]
户口	1	0.339***	0.430***	0.197***	0.298***	0.075	0.230***	0.296***	0.515***
教育水平		1	0.600***	0.136***	0.031	-0.073	0.101	0.236***	0.594***
小时工资			1	0.053	0.024	-0.076	0.333***	0.382***	0.708***
性别				1	0.260***	0.160***	0.208***	0.154**	0.281***
年龄					1	0.587***	0.648***	0.457***	0.367***
婚否						1	0.486***	0.284***	0.112*
总工作经验时间							1	0.497***	0.309***
当前工作的经验时间								1	0.469***
工作1									1

注：（1）***，** 和 * 分别表示变量系数在1%，5%和10%水平上统计显著。

（2）"工作"虚拟变量的基准组为生产线工作。

四、计量模型

本模型将使用如下的扩展明瑟模型：

$$lnW = \beta_0 + \beta_1 S + \beta_2 E + \beta_3 J + \beta_4 G + \beta_5 H \qquad （3）$$

其中 S 代表受教育水平，E 为在城市地区的总工作经验，J 是工作类别，G 表示性别，还有 H 指的是户口性质。

但是，工作经验的二次函数并未包括在内，其原因是制造业工人的高流动性。被调查的农民工和城市户口工人的当前工作经验分别为 1.6 年和 3 年，因此回归结果是不显著的。

使用布林德-瓦哈卡分解，农民工和城市户口工人的工资方程可用以下形式表示：

$$lnW_u = \sum \beta_u X_u \qquad (4)$$

$$lnW_n = \sum \beta_n X_n \qquad (5)$$

其中 W_u 是指城市户口工人的小时工资，W_n 指农民工的小时工资，X 代表各个体，β 为回归参数，下标 n 和 u 分别表示农民工和城市户口工人。

以下的式（6）和（7）可以通过计算式（4）和（5）得到：

$$
\begin{aligned}
lnW_u - lnW_n &= \sum \beta_u X_u - \sum \beta_n X_n \\
&= \sum (\beta_u X_u - \beta_n X_n - \beta_n X_u + \beta_n X_u) \\
&= \sum [(\beta_n X_u - \beta_n X_n) + (\beta_u X_u - \beta_n X_u)] \\
&= \sum \beta_n (X_u - X_n) + \sum (\beta_u - \beta_n) X_u \qquad (6)
\end{aligned}
$$

其中等式右边的第一项 $\sum \beta_n (X_u - X_n)$ 表示农民工和城市户口工人之间的工资差异的一部分可以用个体特征差异来解释，而第二项 $\sum (\beta_u - \beta_n) X_n$ 表示通过户口性质的不同来解释。

$$
\begin{aligned}
lnW_u - lnW_n &= \sum \beta_u X_u - \sum \beta_n X_n \\
&= \sum (\beta_u X_u - \beta_n X_n - \beta_u X_n + \beta_u X_n) \\
&= \sum [(\beta_u X_u - \beta_u X_n) + (\beta_u X_n - \beta_n X_n)] \\
&= \sum \beta_u (X_u - X_n) + \sum (\beta_u - \beta_n) X_n \qquad (7)
\end{aligned}
$$

其中等式右边的第一项 $\sum \beta_u (X_u - X_n)$ 表示农民工和城市户口工人之间的工资差异的一部分可以用个体特征差异来解释，而第二项 $\sum (\beta_u - \beta_n) X_n$ 表示通过户口性质的不同来解释。

在本研究中，为了使结果更精确，作者采取了计算两个方程（6）和（7）的平均值的方法。

五、回归结果

表 3-10、表 3-11 和表 3-12 分别显示了对所有被调查工人、农民工和城市户口工人

的明瑟模型的普通最小二乘法的回归结果①。表3-10显示教育水平、在城市地区的总工作经验、户口性质和工作类别与工人的工资呈正相关关系。户口性质具有超过教育水平和工作经验的显著影响。非生产线工作人员可以获取高出生产线工人约20%的工资。此外，通过工作类别虚拟变量可以发现，后勤工作、生产管理、文职工作和研发人员的工资比生产线工人工资分别高出15.4%、8.6%、22.2%和34.1%。

比较表3-11和表3-12的（An）和（Au）可以发现对农民工来说教育回报率是2.6%，比城市户口工人的5.1%要低。对农民工来说工作经验的回报率是1.5%，而对城市户口工人没有显著影响。比较两表当中的（Bn）和（Bu）、（Cn）和（Cu）表明，对农民工而言，非生产线工人可以比生产线工人获得约19.7%的更高工资，而城市户口工人的同一比例为29.5%；除了生产管理对城市户口工人无显著影响之外，在每个工作类别当中城市户口工人工资都要高于农民工。

将性别这一虚拟变量加入分析中的结果显示，城市户口工人中的女性和男性被公平对待；而对于农民工来说，女性的工资反而比男性的高5%以上，其原因可能是由于制造行业对女性工人的需求较大。

调查问卷中提到的一些变量并没有显示在所有回归结果中，因为他们是不显著的，包括性别和在城市地区当前工作的经验。

表3-10　对所有工人的回归结果（OLS）

	（A）	（B）	（C）	（D）
（常数项）	0.199***	0.330***	0.478***	0.534***
	（3.876）	（6.711）	（9.719）	（10.553）
教育	0.050***	0.036***	0.020***	0.013***
	（11.227）	（8.184）	（4.219）	（2.624）
经验	0.019***	0.014***	0.008***	0.010***
	（6.069）	（4.798）	（3.125）	（3.766）
户口		0.222***	0.160***	0.148***
		（7.700）	（5.817）	（5.597）
工作1			0.200***	
			（7.210）	

①附录中的附表3-1和附表3-2是学校教育对收入的差别边际贡献的表，显示了增加教育平方变量后的回归结果。

续 表

		（A）	（B）	（C）	（D）
工作2	后勤				0.154*** （3.709）
	生产管理				0.086* （1.742）
	文职				0.222*** （7.200）
	研发				0.341*** （7.764）
R^2		0.423	0.536	0.618	0.655
调整后的R^2		0.419	0.531	0.612	0.645
F值		89.529	93.709	98.025	64.918
自由度		244	243	242	239

注：（1）因变量为：小时工资的对数。

（2）***，** 和 * 分别表示变量系数在1%，5%和10%水平上统计显著。

（3）括号中为t值。

（4）$lnW = \beta_0 + \beta_1 S + \beta_2 E + \beta_3 J + \beta_4 G + \beta_5 H$（3）。

（5）"工作"虚拟变量的基准组为生产线工作。

表3-11 对农民工的回归结果（OLS）

		（An）	（Bn）	（Cn）	（Dn）	（En）
（常数项）		0.428*** （7.548）	0.614*** （10.924）	0.627*** （10.747）	0.614*** （11.084）	0.636*** （11.007）
教育		0.026*** （5.005）	0.006 （1.194）	0.004 （0.709）	0.007 （1.353）	0.004 （0.734）
经验		0.015*** （4.838）	0.008*** （2.885）	0.010*** （3.477）	0.009*** （3.251）	0.011*** （3.667）
工作1			0.197*** （7.310）		0.206*** （7.671）	
工作2	后勤			0.114** （2.516）		0.128*** （2.833）
	生产管理			0.128** （2.131）		0.151** （2.503）
	文职			0.242*** （7.422）		0.240*** （7.442）
	研发			0.232*** （4.264）		0.267*** （4.789）

续　表

	（An）	（Bn）	（Cn）	（Dn）	（En）
性别				−0.057** （−2.541）	−0.055** （−2.366）
R^2	0.202	0.380	0.406	0.401	0.424
调整后的R^2	0.194	0.370	0.387	0.388	0.402
F值	23.706	38.045	20.860	30.985	19.129
自由度	187	186	183	185	182

注：（1）因变量为：小时工资的对数。
（2）***，** 和 * 分别表示变量系数在1%，5%和10%水平上统计显著。
（3）括号中为t值。
（4）$lnW_n = \beta_{0n} + \beta_{1n}S_n + \beta_{2n}E_n + \beta_{3n}J_n + \beta_{4n}G_n$（8）。
（5）"工作"虚拟变量的基准组为生产线工作。

表3-12　对城市工人的回归结果（OLS）

		（Au）	（Bu）	（Cu）	（Du）	（Eu）
（常数项）		0.386*** （3.144）	0.396*** （3.552）	0.479*** （4.476）	0.403*** （3.614）	0.477*** （4.400）
教育		0.051*** （5.946）	0.033*** （3.517）	0.022** （2.219）	0.03*** （3.032）	0.022** （2.168）
经验		0.01 （1.603）	0.007 （1.187）	0.009 （1.531）	0.006 （1.060）	0.008 （1.478）
工作1			0.295*** （3.515）		0.305*** （3.619）	
工作2	后勤			0.337*** （3.540）		0.339*** （3.500）
	生产管理			0.151 （1.506）		0.151 （1.482）
	文职			0.301*** （3.660）		0.303*** （3.612）
	研发			0.481*** （4.917）		0.478*** （4.758）
性别					0.058 （1.086）	0.009 （0.169）
R^2		0.417	0.527	0.649	0.537	0.649
调整后的R^2		0.395	0.500	0.606	0.502	0.599
F值		19.278	19.671	15.381	15.098	12.932

续　表

	（Au）	（Bu）	（Cu）	（Du）	（Eu）
自由度	54	53	50	52	49

注：（1）因变量为：小时工资的对数。

（2）***，** 和* 分别表示变量系数在1%，5%和10%水平上统计显著。

（3）括号中为t值。

（4）$lnW_u = \beta_{0u} + \beta_{1u}S_u + \beta_{2u}E_u + \beta_{3u}J_u + \beta_{4u}G_u$（9）。

（5）"工作"虚拟变量的基准组为生产线工作。

表3-13表示出了布林德-瓦哈卡分解的结果。农民工和城市户口工人之间的小时工资对数的差为0.36。其中一部分可以由工人的个体特征来解释，包括教育水平、工作经验、工作类别和性别，为0.22，占总工资差异的62%。而另一部分是由于其他原因（即基于户口性质的歧视），为0.14，占总工资差异的38%。

表 3-13　布林德 – 瓦哈卡分解

	（1）	（2）	（3）	（4）	$\dfrac{(1)[(4)-(3)]+(2)[(4)-(3)]}{2}$		$\dfrac{(3)[(2)-(1)]+(4)[(2)-(1)]}{2}$	
	β_n	β_u	X_n	X_u	$\dfrac{\beta_n(X_u - X_n) + \beta_u(X_n - X_u)}{2}$		$\dfrac{(\beta_u - \beta_n)X_u + (\beta_n - \beta_u)X_n}{2}$	
（常数项）	0.614	0.403			0.00	0%	−0.21	−60%
教育	0.007	0.03	10.184	12.877	0.05	14%	0.27	75%
总的城市工作经验	0.009	0.006	5.315	7.459	0.02	5%	−0.02	−5%
工作1	0.206	0.305	0.247	0.842	0.15	43%	0.05	15%
性别	−0.057	0.058	0.259	0.552	0.00	0%	0.05	13%
总计					0.22	62%	0.14	38%

资料来源：根据前表数据计算。

六、结论与政策建议

在本节中，作者利用在珠三角对制造业工人进行的实地调查数据分析了农民工和城市户口工人之间的最重要的问题之一，也即是工资差异。

导致工资差异的原因主要有两个：首先是农民工和城市户口工人的个体特征差异，如教育程度、工作经验。其次是来自不同户口性质的影响。结果表明，前者可以解释工资总差异的62%，而后者可以解释38%。

对于所有的制造业工人，教育年限、在城市地区的总工作经验、工作类别和户口性质对他们的收入有显著影响。而对城市户口工人来说，工作经验和性别没有显著影响。虽然在表3–11中，除了（An）以外，学校教育的结果对农民工都是不显著的，其原因是在附表3–2中所示的工作类别与学校教育之间存在的高相关性。一般而言，教育水平低的工人是难以获得高收入。因此，增加农民工收入的一个重要手段是提高他们的教育水平。

根据表3–10（D）可知即使拥有相同的个体特征，城市户口工人依然可获得比农民工高约15%的工资。而且工作1的系数（基准类为生产线工作）显示生产线工人的收入比其他工人的工资约低20%。根据表3–6可知75%的农民工是生产线工人，而84%的城市户口工人从事的为其他工作类别：后勤工作、生产管理、文职工作或研发工作。这些数字意味着由于他们的农村户口性质，农民工很难获得非生产线工作。因此，实际的工资差异甚至更大。

为了缩小农民工和城市户口工人之间的工资差异，从本节研究中可以得出如下政策建议：

首先，本节研究证明个体特征，包括受教育程度、工作经验等，对收入有着显著影响。因此，中央和地方政府应加大对农村的投入，以提高农民工在劳动力市场上的竞争力。由于教育的重要作用，各级政府必须优先考虑改善农村地区学校的质量。

其次，政府应继续改革户籍制度，取消对农民工在就业等多方面的限制，还应该取消不公平的收费。

最后，不仅是各级政府，企业也应该注重减少或消除因户口性质不同而带给农民工的歧视性做法。应提供给农民工更多的就业支持，如良好的工作类别，岗位培训和升职机会。

附　录

附表 3-1　学校教育对农民工收入的差别边际贡献（增加教育平方变量）的回归结果（OLS）

		（An）	（Bn）	（Cn）	（Dn）	（En）
（常数项）		0.750*** （4.131）	0.555*** （3.382）	0.484*** （2.929）	0.614*** （3.751）	0.532*** （3.230）
教育		−0.035 （−1.063）	0.018 （0.580）	0.032 （1.040）	0.007 （0.233）	0.025 （0.792）
教育平方		0.003* （1.866）	0.000 （−0.378）	−0.001 （−0.929）	−0.000 （0.000）	−0.001 （−0.673）
经验		0.014*** （4.561）	0.008*** （2.889）	0.010*** （3.500）	0.009*** （3.242）	0.011*** （3.675）
工作1			0.201*** （6.996）		0.206*** （7.245）	
工作2	后勤			0.115** （2.546）		0.128*** （2.841）
	生产管理			0.141** （2.281）		0.159** （2.584）
	文职			0.252*** （7.328）		0.247*** （7.248）
	研发			0.254*** （4.282）		0.281*** （4.701）
性别					−0.057** （−2.505）	−0.053** （−2.270）
R^2		0.217	0.381	0.409	0.401	0.425
调整后的 R^2			0.367	0.386	0.385	0.400
F值		17.174	28.438	17.989	24.654	16.744
自由度		186	185	182	184	181

注：（1）因变量为：小时工资的对数。

（2）***，** 和 * 分别表示变量系数在1%，5%和10%水平上统计显著。

（3）括号中为t值。

（4）$lnW_n = \beta_{0n} + \beta_{1n}S_n + \beta_{2n}S_n^2 + \beta_{3n}E_n + \beta_{4n}J_n + \beta_{5n}G_n$（10）。

（5）"工作"虚拟变量的基准组为生产线工作。

附表 3-2　学校教育对农民工收入的差别边际贡献（增加教育平方变量）的回归结果（OLS）

		（Au）	（Bu）	（Cu）	（Du）	（Eu）
（常数项）		0.928*** （3.506）	1.107*** （4.783）	1.011*** （4.711）	1.090*** （4.586）	1.014*** （4.637）
教育		−0.055 （−1.163）	−0.108** （−2.567）	−0.086** （−2.161）	−0.105** （−2.444）	−0.086** （−2.141）
教育平方			0.006*** （3.419）	0.005*** （2.807）	0.006*** （3.205）	0.005*** （2.774）
经验		0.012* （1.894）	0.008 （1.555）	0.009 （1.661）	0.008 （1.477）	0.009 （1.642）
工作1			0.343*** （4.413）		0.345*** （4.394）	
工作2	后勤			0.395*** （4.315）		0.394*** （4.241）
	生产管理			0.175* （1.853）		0.176* （1.837）
	文职			0.332*** （4.268）		0.331*** （4.180）
	研发			0.456*** （4.947）		0.458*** （4.842）
性别					0.02 （0.397）	−0.005 （−0.100）
R^2		0.469	0.614	0.697	0.615	0.697
调整后的 R^2			0.584	0.654	0.577	0.647
F 值		15.608	20.653	16.123	16.286	13.824
自由度		53	52	49	51	48

注：（1）因变量为：小时工资的对数。

（2）***，** 和 * 分别表示变量系数在1%，5% 和 10% 水平上统计显著。

（3）括号中为 t 值。

（4）$lnW_u = \beta_{0u} + \beta_{1u}S_u + \beta_{2u}S_u^2 + \beta_{3u}E_u + \beta_{4u}J_u + \beta_{5u}G_u$（11）。

（5）"工作" 虚拟变量的基准组为生产线工作。

第四章　中国加工贸易的产业升级和国际转移

从20世纪70年代开始，随着经济全球化的发展，产品生产的国际分工日趋深化。科技的发展、生产力的提高、交通运输便捷等因素，共同推动了加工贸易的发展，带动了经济增长。

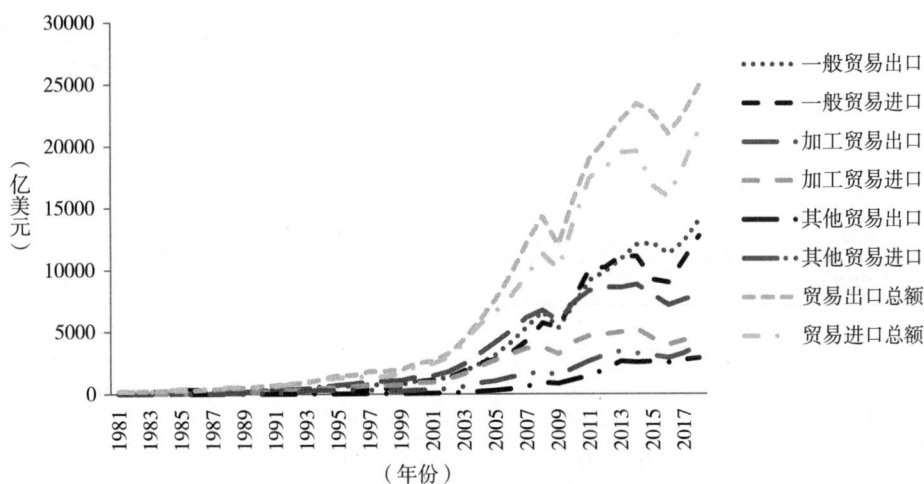

图4-1　1981—2018年我国贸易进出口额

资料来源：中国贸易外经统计年鉴，https://data.cnki.net/yearbook/Single/N2020020034.

从1978年改革开放至今的四十余年中，我国加工贸易的整体规模和水平都日趋上升，在国民经济和对外贸易中都占据着重要的地位。图4-1为1981—2018年我国贸易进出口额。从中可以看出，加工贸易的增速很快，特别是2000年以后。

但是，由于加工贸易长期处于价值链的底端，市场上劳动力供过于求，使得我国的劳动力比较优势逐渐削减，导致近年加工贸易在我国进出口贸易中的比重趋于下降。表4-1为加工贸易在进出口贸易中的占比，我们发现：加工贸易总额占进出口贸易总额百分比最高的在1998年，达到53.42%，加工贸易出口总额占出口贸易总额百分比最高的为1999年，达到56.88%，加工贸易进口总额占进口贸易总额百分比最高的在1997年，达到49.31%。

表4-1 1981—2018年加工贸易额在进出口贸易中占比

年份	加工贸易额在进出口贸易总额中的占比（%）	加工贸易额在出口贸易总额中的占比（%）	加工贸易额在进口贸易总额中的占比（%）
1981	5.98	5.14	6.83
1982	8.90	7.07	11.03
1983	10.09	9.00	11.22
1984	11.35	11.21	11.48
1985	10.91	12.12	10.12
1986	15.61	16.62	14.89
1987	21.34	20.63	21.99
1988	25.86	27.01	24.87
1989	30.88	35.79	26.51
1990	38.27	40.94	35.16
1991	42.34	45.10	39.24
1992	42.97	46.63	39.10
1993	41.18	48.22	34.97
1994	44.18	47.09	41.15
1995	47.03	49.55	44.18
1996	50.57	55.83	44.86
1997	52.22	54.49	49.31
1998	53.42	56.86	48.92
1999	51.15	56.88	44.40
2000	48.54	55.24	41.12
2001	47.37	55.41	38.58
2002	48.67	55.26	41.40
2003	47.57	55.19	39.47
2004	47.61	55.28	39.50
2005	48.56	54.66	41.52
2006	47.25	52.67	40.62
2007	45.33	50.65	38.54
2008	41.10	47.19	33.41
2009	41.18	48.84	32.04

年份	加工贸易额在进出口贸易总额中的占比（%）	加工贸易额在出口贸易总额中的占比（%）	加工贸易额在进口贸易总额中的占比（%）
2010	38.93	46.92	29.90
2011	35.83	44.00	26.94
2012	34.75	42.11	26.47
2013	32.62	38.93	25.47
2014	32.74	37.75	26.75
2015	31.47	35.08	26.59
2016	30.17	34.10	24.97
2017	28.97	33.52	23.39
2018	27.41	32.05	22.01

资料来源：作者根据中国贸易外经统计年鉴中的数据自己计算所得，https://data.cnki.net/yearbook/Single/N2020020034.

第一节　文献综述

国内外研究学者对加工贸易的问题高度重视，对其产生、发展和转型升级进行了深入探讨，具体内容如下：

一、加工贸易产业升级的文献综述

（一）关于加工贸易产生机制的理论研究

1.比较优势理论

在传统国际贸易理论中，比较优势理论是解释国际贸易产生原因的主要理论。其核心内容是各国按照比较优势原则参与国际分工体系，从而降低成本，使资源得到最优配置，各国共同实现利益最大化。

一般认为加工贸易是在经济全球化的推动下，跨国公司为了实现产品内分工，根据各国要素禀赋的差异，而把生产产品的不同工序分配给具有比较优势的国家经过生产、装配成成品或半成品销往东道国境外的贸易方式。高宇（2014）认为加工贸易为我国改革开放初期的经济增长做出了重要贡献，促进了投资增长，解决了外汇匮乏问题，使我国进入了中等收入国家行列。改革开放初期，我国仅劳动力较为丰裕，资本和技术都非常匮乏，因此加工贸易是我国经济发展初期利用比较优势实现国家利益最大化的选择。

但是当我国进入中等收入阶段后，劳动力的成本比较优势已经减小，这种趋势会一直持续。想要跨越"中等收入陷阱"，必然需要加工贸易的转型升级。例如，在韩国和日本从低收入国家跨入中等收入国家行列进而成为发达国家的过程中，相似的一点是，都在中等收入阶段实现了产业结构调整和升级。首先是从劳动密集型产业向资本密集型产业的转换；然后是从资本密集型的产业结构向知识技术密集型产业结构升级，这其中伴随着经济从以工业为主的第二产业为主导转向以知识为主的第三产业为主导的过程。因此，当劳动力不再具有比较优势时，加工贸易的转型升级是必然的。

2.产品生命周期理论

1966年，美国经济学家雷蒙德·弗农在《产品生命周期中的国际投资与国际贸易》中，提出了产品生命周期理论，以及产品生命周期对国际贸易影响的分析。他认为，一个产品会经历开发期、引进期、成长期、成熟期和衰亡期五个阶段，刚开始需要技术熟练的劳动力来生产，随着产品逐渐形成规模化生产后，这种产品的生产就可以由普通劳动力进行。将该理论运用到国际贸易中，产品生产会逐渐转移至拥有劳动力比较优势的发展中国家。

王会欣（2009）认为该理论同样可以用来指导我国加工贸易的转型升级。随着我国东南沿海地区劳动力成本的逐渐上升以及国际市场上劳动密集型产品竞争的日益激烈，我国劳动力成本优势以及劳动密集型产品的比较优势正在逐渐减弱。在这种情况下，我国应该通过梯度转移、层次推进的方法，使在我国已处于成熟阶段的劳动密集型产品的加工贸易转移到中、西部地区，充分发挥这些地区在此类产品生产上的比较优势，延长这类产品在我国的生命周期，促进东南沿海与中、西部地区经济的共同发展。

3.价值链理论

价值链理论由美国哈佛大学教授迈克尔·波特提出，一个产业按价值可以分解为一系列既独立又相互关联的经济活动，包括产品研发、品牌运营、生产制造、加工组装、展览营销、营运管理等环节，其总和构成产品或产业的价值链。由于不同国家在不同要素禀赋上具有比较优势，各国根据自身比较优势处于价值链的一环。根据波特的分析，价值链中各个环节所创造的价值增量并不完全相同，增量比重大的环节是价值链的"战略环节"。

价值链理论对我国加工贸易转型升级提供了宝贵的启示。一条价值链上的众多价值环节并不是都能够创造同等的价值，如果要在全球价值链中保持竞争优势，就要掌握关键的"战略环节"。因此，我国加工贸易企业需要明确其处于价值链当中的哪一个环节，并调整企业的位置，提高加工贸易的增值率，由价值链低端向上、下游的高技术含量和高附加价值的环节延伸。

（二）关于我国加工贸易转型升级的原因研究

1. 国际原因

陶涛（2009）在研究中指出，加工贸易面临的主要困境是劳动力成本不断上升，加上东南亚的一些发展中国家具有更加低廉的劳动力优势，中国的加工贸易优势正在不断弱化，面临转型升级压力。

1980—2007年，中国加工贸易的顺差额累计达到10896.7亿美元，成为经常项目顺差的主要来源，使中国与发达国家之间的贸易摩擦加剧，人民币也面临增值的压力。因此2006年加工贸易政策从紧，取消了部分商品的出口退税，降低了容易引起贸易摩擦商品的出口退税率，加重了加工贸易企业的生产成本，在一定程度上限制了加工贸易的发展。

自20世纪80年代以来，国际上新贸易保护主义盛行，中国企业频繁遭遇反倾销、反补贴，以及各种保障措施、贸易壁垒的限制，使企业拓展国际市场困难加剧，加工贸易的外部市场环境恶化。

于群（2008）对我国加工贸易需要转型升级的原因进一步探讨后认为，首先，发达国家垄断高技术产业的加工贸易；其次，国内的产能过剩导致了在国际市场上的价格低迷；最后，国内市场被外国产品占领的份额明显过高。

在国际环境中，加工贸易转型升级也存在着机遇。经济全球化和信息化的快速发展为加工贸易的进一步发展提供了有利条件。贸易投资自由化的发展和国际资本流动的继续扩大为发展加工贸易提供了良好的环境。新一轮世界经济结构的再次调整和发达国家的产业转移，为我国加工贸易的结构调整和升级带来了新的机遇。

2. 国内原因

袁定喜（2010）深入分析了我国加工贸易存在的深层矛盾，他认为我国的加工贸易处于国际价值链低端。我国加工贸易企业主要为跨国公司开展加工或组装业务，加工贸易生产基本为贴牌生产。这些环节技术含量不高、进入门槛较低，处于价值链的完全竞争环节，加之世界上存在较多同类型加工经济国家，国际市场上该类产品供过于求，所获得的利润较低。

加工贸易的产业关联度较差。加工贸易的形式主要是来料加工和进料加工，原材料、设备等生产元件大部分从国外采购，中间投入品也从外国进口，形成了"两头在外"的特点。李军（2019）对佛山的加工贸易情况进行了分析，研究发现虽然具有经营主体多元化的特点，内资企业和外资企业并存，但是仍然以外资企业为主。外商投资的加工贸易活动既不使用我国国内原材料，也不存在对我国国内企业的示范效应和扩张效应，仅仅是利用我国优惠条件和低廉要素成本，难以带动国内原材料和中间品产业的发展，对国内其他地区的波及效应不强，未能有效配置国内资源和带动国内产业结构的升级。

区域发展不均衡。原料进口和成品出口，使加工贸易具有大进大出的特点，布局上靠近港口是其内在要求。中、西部地区的基础设施相对落后，铁路、公路密度以及通讯设施与东部沿海省市相比有较大差距，产业链配套能力差、管理水平较落后、劳动生产率低，通关便利化程度与沿海地区也有较大差距。因此，我国加工贸易活动的主要参与者是东部沿海城市和地区，其在总加工贸易中的比重已经远远超过中、西部地区。

加工贸易在发展中存在的问题也制约了我国宏观经济的健康发展，例如很多加工贸易具有高污染、高能耗、高消耗的特点，导致自然资源被过度开发和破坏，产生了严重的环境问题，影响了经济的可持续发展。

现行加工贸易监管模式存在问题。加工贸易周期长、涉及部门多，监管难度大。现行的加工贸易手册管理模式是以企业为管理对象，以合同为监管单元，以传统的纸质单证为载体的手工作业监管模式，手续繁杂、效率低下。这与不断增长的巨大业务量之间的矛盾越来越尖锐。

（三）关于制约我国加工贸易转型升级的因素分析

1.产业基础问题

于群（2008）认为，我国当前的劳动力供给条件是制约加工贸易转型升级的重要因素。首先，劳动力数量庞大，供过于求的劳动力资源决定了吸纳剩余劳动力。缓解就业压力是长期以来我国大力发展加工贸易的主要目的之一。这种状况容易使我国被锁定在劳动密集型产业和低价值链环节，使我国的大量资源消耗在低附加价值、低层次的产品加工上。其次，劳动力资源结构很不均衡。在加工贸易不断向高级化发展且加工工序日益复杂的过程中，对人才的需求也日趋高级化。我国应用型人才和创新型人才比较短缺，特别是高新技术、高级经营管理人才缺乏。

经过30多年的加工贸易发展和工业化建设，我国已经具有了较强的加工能力和工业基础，但是技术水平落后仍是制约我国加工贸易转型升级的重要因素。无论是产业链的升级还是产业的升级，最终都是技术的升级，如果没有自主的核心技术，加工贸易的转型升级就是一句空话。目前，我国企业大多缺乏自主研发、设计和营销能力，没有自己的核心专利技术和品牌，大多采取贴牌生产方式，生产外包加工过程中产品研发和市场营销通常都掌握在跨国公司手中。

2.政策环境制约

地方政府盲目引资政策。地方政府在招商引资过程中"重数量、轻质量"，降低了加工贸易准入门槛。为追求引资数量，个别地方政府在招商引资的过程中，竞相制定更为优惠的引资让利政策，在扭曲中央政策的基础上形成了地方间的恶性竞争，引资缺乏长远战略规划，造成项目的重复建设和资源浪费。

知识产权保护力度不够。我国知识产权观念薄弱，知识产权保护法律法规不健全，知识产权保护力度欠缺。一方面使我国加工贸易企业在技术创新、创建自有品牌、申请专利方面的积极性不够；另一方面也极大地影响了跨国公司将先进技术、研发中心转移到我国的意愿。

税收政策的制约。主要表现为：关税政策中对国产料件与进口料件的双重税收标准，进口料件享受更多优惠，不利于国产料件的使用和加工贸易国内增值率的提高。出口退税政策实施中，对境内结转的上游企业不实施出口退税，出口退税时间长、周转环节多，深加工结转"先征后退"。缺乏促进加工贸易梯度转移的税收政策，中、西部地区缺乏加工贸易税收政策优惠。

（四）关于加工贸易转型升级的路径研究

发展重点战略性产业的加工贸易，实现加工贸易企业向一般贸易企业转型。尹浩华（2005）认为，随着西方发达国家经济日趋知识化、服务化、柔软化，制造业在其国民经济中的比重不断下降并对外转移。发展中国家可以承接转移出来的制造业及其技术，促进国内产业结构调整和技术升级。在这个背景下，我国应抓住机遇，首先将制造业及制造业出口这块蛋糕做大。在此基础上，促使国内产业结构升级，制造业出口尽量由加工贸易方式向一般贸易方式转变，提升产业竞争力。高宇（2014）从其他发达国家转型升级的经验中得出结论，产业转型升级最根本的是提高生产率。我国有大批加工贸易企业和大量的从业劳动者，短期内不可能全部都转型，部分企业应该予以保留，但低生产率、高污染的加工贸易企业必须被淘汰。因此，一方面要取消对其的优惠政策，特别是关税优惠，另一方面要对污染企业严格处理，严格控制污染才有利于经济可持续发展。

推动加工贸易向产业价值链的上游研发设计和下游营销服务延伸。李晨（2010）认为，首先，发展上游的零部件配套产业，按照"简单组装—复杂组装—零部件制造—产品研发—自有品牌产品的研发、设计、生产"的轨迹，推动国内配套产业的发展，延长产业链，提升产业集群的国际竞争力，达到提高工业化整体水平的目的。其次，鼓励研发，提高产业的研发水平，形成自主知识产权。向下游延伸主要是发展仓储、物流、配送等服务环节，以及鼓励有能力的企业发展自主品牌，这些环节较组装加工具有更大的附加价值，具有巨大的发展空间。黄建忠（2017）提到完善供应链，借助互联网的势头，促成加工贸易企业参与工业改革4.0。

实现加工贸易向中、西部地区的梯度转移。李思淼（2009）认为我国东部沿海地区具备了向技术含量高的加工贸易转移的条件，不断上升的劳动力成本使这些地区在劳动密集型加工贸易中的优势不断衰减。而中西部地区具有生产要素成本相对较低的比较优势，在某些生产制造领域积累了一定的技术和人才。国家应采取积极措施，坚持政策引导和市场机制相结合，注重运用经济措施和法律手段促进沿海地区加工贸易升级，引导和推动劳动密集型加工贸易向中、西部地区转移。

完善加工贸易管理制度。孙杭生（2009）认为应从以下两方面完善制度：①建立动态微调机制。一项政策出台后不应该频繁变动，否则政策就失去严肃性。②完善企业准入管理。目前，加工贸易企业类别是按照企业进出口总额、是否违反过海关监管规定等海关标准设定的。今后应该综合考虑企业的环保、社会保障等政策要求来完善企业准入管理。

改变加工贸易由外资主导的现状。王生辉（2014）从外资主导下的加工贸易视角，提出转型升级的策略：①优化外资进入加工贸易的准入制度，不断提高外资加工贸易的技术水平和附加值。②加大外资对国内企业的配套采购，可以使国内企业获得更多的技术和知识溢出，为国内加工贸易企业的成长和加工贸易的转型升级提供必要的条件。③引导外资加工贸易企业向服务环节延伸，进一步吸收外资研发投资。④支持更多的本土企业直接从事加工贸易，打破外资主导的格局。

二、加工贸易国际转移的文献综述

加工贸易的转移是指产业的空间移动或迁移，主要包括资本和技术的流动。它不仅涵盖整个产业的转移，也包括产业内部某些环节的转移。它属于产业转移的一部分，其本质是根据各个国家或地区生产要素的比较优势、绝对优势情况，在不同的国家或地区完成不同性质的生产工序来实现资源优化配置，从而降低产品生产成本，提高产品竞争力。世界各地区在资源禀赋、分配和利用效率等方面各不相同，表现为不同的比较优势，这些地区在加工贸易方面的比较优势也会随着时间的变化而变化。本节从加工贸易转移对经济发展的影响、转移方式以及转移的相关研究方法等方面对前人的研究成果进行梳理。

（一）关于加工贸易转移理论基础的研究

在加工贸易转移的必然性研究上，学者们从产业转移、产品生命周期、生产率异质性和产业内贸易等角度为加工贸易国际转移提供了理论依据。

首先，产业转移角度。小岛清（1978）运用"边际产业转移理论"，指出实现资源优化配置的重要方法就是产业的空间转移，即向外转移已经处于或即将处于比较劣势的产业。Krugman（2006）指出以资源禀赋为基础的比较优势正在不断地发展变化着，"干中学"所带来的外部规模经济是技术进步的唯一来源。Feenstra 和 Hanson（2010）从工业发展规律角度出发，指出工业化发展成熟的发达国家和地区应大力发展技术密集型产业，还处于工业发展中的国家和地区可以从事劳动密集型和一般技术型产业。其次，产品生命周期角度。Vernon（1996）提出了产品生命周期理论，指出所有产品都会经历产生、发展、成熟、衰亡的不同阶段，各阶段所投入的生产要素比重也不尽相同，不同的要素禀赋决定了各国在该产品的不同阶段是否有比较优势。再次，Melitz（2003）的生产异质性理论从企业生产效率出发，分析了企业发展及生产方式不同的原因。该理论认为拥有最高生产效率的企业会选择跨国生产，拥有较低生产效率的企业选择国内生产。Grossman 和 Helpman（2003）扩展了 Melitz 的理论模型分析了跨国企业选择水平 FDI 和垂直 FDI 的原因。最后，Grubel 和 Lioyd（1975）提出产业内贸易理论，指出发达国家产业结构的调整为产业内贸易提供了广阔的前景，同时也促成了加工贸易的国际转移。

在加工贸易转移模式研究上，国内外学者的研究较少。国外学者多从跨国公司的视角出发，Sammarra 和 Belussi（2006）研究指出，企业更倾向于与自己配套的企业进行集群式转移，形成产业集聚从而提高生产效率，并吸引更多的企业聚集。国内学者则从更多不同视角对区际产业转移进行了分类。戴宏伟（2008）将我国区际产业转移的模式归类为五种：扩张性产业转移和衰退性产业转移；产业整体转移与部分产业链的转移；技术转移与资本流动；企业协作性产业转移与并购性产业转移；企业迁移与要素流动。朱兰春（2008）则认为产业转移按照规模可以分为，集群式转移、整体迁移和部分迁移；按照产业级差可以分为，梯度转移、逆梯度转移、中心辐射转移、垂直转移与水平转移；按照具体转移模式又分为，横向兼并、收购、外包、OEM 等。

（二）关于加工贸易国际转移动因的研究

内部原因方面，国内学者主要从成本、产业升级角度分析中国加工贸易转移的动因。

第一，成本角度。王怀民（2009）分析得出，劳动力成本和商务成本上升已使我国东部地区在劳动密集产品加工装配环节的比较优势丧失，而西部地区的劳动力、土地、资源相对丰富，加之政策等方面的优惠条件，将会成为未来我国加工贸易发展的重要腹地。郎丽华等（2014）指出，未来加工贸易在世界的区域分布将会转向劳动力、土地等成本相对低廉的中国中、西部地区，成本更为低廉的东南亚及南亚国家和回流到劳动生产率高的发达国家。马飒（2015）分析得出中国的要素成本特别是土地成本的快速攀升导致区域间成本差距加大，这种比较优势的动态变化，促使资本在区域间间流动，诱发了区域间产业转移。李建军（2012）指出，在转移过程中要以竞争优势为导向，在战略层面上充分重视国际产业转移的机遇，力求突破跨国公司的结构性封锁以及价值链的低端锁定，实现全球—国内价值链的协调发展，促进产业结构持续升级和国际竞争力的提升。而胡兵等（2011）在以上观点的基础上进一步指出，我国劳动力比较优势并不是发展加工贸易的唯一原因。虽然跨国公司对劳动力成本很敏感，但经营环境、生产规模、劳动力素质与劳动技能和发展前景等方面也是成本的重要组成部分。

第二，产业升级角度。戴宏伟（2006）提出，产业梯度表现在发达地区与不发达地区之间的结构层次上，传统的产业转移主要依据产业梯度依次转移。涂庆丰等（2011）研究发现，发达国家的跨国公司是产业梯度转移的主要驱动者和组织者，为了强化其在新兴产业的国际竞争力，纷纷把传统产业或新兴产业的全部或部分环节通过加工贸易方式转移到发展中国家。发展中国家依靠转移来的产业或环节积极发展新兴产业，促进产业结构的升级换代。桑瑞聪等（2014）提出，我国产业的"梯度转移"表现为在地区选择上，产业转移沿着"东部沿海地区—中、西部地区—海外地区"的顺序梯度进行；在行业分布上，产业转移大致按照"劳动密集型—资本和资源密集型—技术密集型"的方向进行。东部地区的一些劳动密集的、生产传统产品的低成本产业逐渐转移到中、西部地区，使东部地区经济结构不断升级优化。与以上观点不同，吕政等（2006）认为产业梯度转移将会逐渐减弱，主要是由于世界各地区不同的比较优势和全球价值链的片段化，使得产业转移将着眼于产业链上的特定环节，在全球范围内寻找最佳的投资区位。

外部原因方面，唐宜红等（2017）总结发现各经济体围绕市场和资源的博弈日趋激烈，"反全球化"思潮和"逆全球化"势力不断蔓延，贸易保护主义盛行，世界经济恢复乏力，贸易保护主义的蔓延对我国加工贸易产品出口造成了冲击。何有良（2018）指出，近年来国际贸易的外部环境严重恶化，贸易壁垒是影响出口企业生存的重要外部因素，中国外贸企业频繁遭受反倾销、反补贴、环保、技术等贸易壁垒的限制，单纯依靠低成本、低价格的贸易模式很难在国际市场上发展。于群（2008）指出，中国劳动密集型的加工贸易产品同质化严重，国内甚至形成竞相压价的恶性竞争现象。而国外加工贸易产品的国际竞争力逐渐增强，与我国形成竞争之势，这些因素促进我国加工贸易转移。

（三）关于加工贸易国际转移对经济发展的影响研究

多数国外加工贸易对东道国的影响体现在经济、技术、产业链以及国际营销上。Barney（1996）通过对东道国经济及其技术水平的研究指出，东道国承接产品的加工组装环节不仅可以增加本国劳动力就业、增加外汇收入，也可以得到技术外溢形成的正外部性，从而加快技术进步，推动产业调整升级。Lemoine和Unal-Kesenci（2002）的研究指出，以跨国公司直接投资发展起来的加工贸易对中国经济发展产生重要影响，并促使中国逐渐发展成为新的一体化产业链。加工贸易对东道国的影响不仅体现在经济、技术和产业链上，还体现在国际营销等环节。Cukrowski（2003）指出，东道国通过学习跨国公司国际营销技术与渠道拓展，建立自己的营销网络，从而占领国际市场。对于加工贸易对中国经济发展的影响，Sarah（2008）认为在可预见的未来，中国仍会保持加工贸易优势，对外贸易结构也会随着科学技术进步和产品价值链的提升而优化升级。黄斌全等（2010）研究发现以跨国公司直接投资发展起来的加工贸易对经济增长具有较大的促进作用。多淑杰（2012）通过实证分析加工贸易对东道国地区技术进步的影响，研究发现企业通过加工贸易出口可以获得国际产业链中采购商或客户的技术信息的支持并从中学习，从而有利于地区技术的进步。李有（2012）研究表明，加工贸易出口吸收发达国家R&D溢出的效应大于一般贸易出口，加工贸易转移是发展中国家低成本获取发达国家研发促进发展中国家生产率持续增长的有效途径。林桂军等（2013）对2005—2011年东部地区加工贸易转移趋势和特征进行分析，发现东部地区产业转移促进了中西部地区经济发展。Liu Haijun（2017）研究表明外商投资企业主要是中国香港、中国澳门和中国台湾的投资企业，他们是广东加工贸易发展的主力军，而广东省加工贸易对经济增长具有显著的促进作用。

（四）关于加工贸易国际转移影响因素的研究

现有理论与研究认为劳动力、科教、产业结构、交通、政策等因素是影响加工贸易转移与发展的重要因素。影响因素中，劳动力禀赋是加工贸易转移的关键，交通物流、技术水平、科教、产业结构及政策等因素主要通过出口边际、生产运输成本、产业集聚和技术差异等渠道产生影响。刘晶、刘雯雯（2012）计算了我国各省的产业梯度，他们指出位于第一梯度的我国东部沿海各省中，大部分劳动力密集型产业已经成为衰退产业或表现出比较优势的退化。而位于二、三梯度的中、西部地区则应扬长避短，充分发挥其劳动力、资源优势，规避其交通和基础设施的不足，积极承接劳动密集型产业和资源密集型产业。李月南、张志坚（2014）发现物流业发展不仅与进出口贸易存在长期均衡关系，并且物流对国际贸易的影响随东中西部地区逐渐减弱。陈映（2014）研究了我国西部重点地区承接产业转移的政策，他发现西部地区未能综合运用财税、投资、金融、要素支持、技术信息以及商贸等政策，从而导致产业转移的布局政策尚不科学、合理。翟士军、黄汉民（2015）通过实证研究发现，由于劳动力资源丰富而形成的人口红利以及低水平的工资是中国加工贸易发展的关键。黄建忠等（2017）则通过微观贸易数据发现，劳动力成本主要影响中国加工贸易出口增长的集约边际，对扩展边际虽有影响但其程度甚小。孙立中（2018）实证检验了影响加工贸易发展的因素，发现了我国加工贸易产业转移的主要驱动力为劳动力因素。铁瑛等（2018）研究发现加工贸易企业的出口受到城市服务业发展水平的制约。

（五）关于加工贸易转移实证分析方法的研究

加工贸易的转移实质上是加工贸易产业的转移，加工贸易产业转移研究的基础是产业转移理论，而国际产业转移的动因与模式的研究，同样适用于分析加工贸易产业转移。加工贸易转移可以利用产业转移理论研究，但是对我国加工贸易国际转移的研究较少，也存在较大争议。而争议主要是由于衡量加工贸易产业的区域间转移模型较少且差异大，部分衡量指标的数据难以获取，进而导致定量研究加工贸易转移的学术成果较少。

目前，对于产业转移的量化研究可分为两种：①利用不同地区各年份的投入产出表来测量产业转移。段玉婉等（2018）构建2002—2007年加工贸易的地区间投入产出模型，研究表明近年来东部沿海地区的加工贸易产业逐渐向中西部地区转移。②直接设定产业转移的指标，根据不同指标的变化来判断产业转移程度。刘杰（2013）利用产业结构相似系数和区位熵两种测度方法的变化来判断产业转移趋势。宋周莺等（2013）通过测算区位熵、影响力系数及感应度系数，系统分析2000年以来西部地区产业转移动态演进过程。Liu Wenwen（2015）用产业梯度系数来估计产业梯度转移状况。

以上两类方法各有利弊，第一种方法虽然可以较好地判断产业转移的规模及空间路径，但受到投入产出表编制时间滞后性及不连贯性制约，导致此方法很难解释产业转移的连续动态演变。第二种方法虽然可以较好地测量产业转移的程度，但无法衡量产业转移的空间路径及相对规模。覃成林（2013）引入区位熵和修正引力模型，建立产业转移相对径流量指标，分析了2000年来中国制造业转移的动态演变趋势、相对规模和路径。

（六）结论

综上所述，我们可以得出如下结论：

第一，国内外学者从产业转移、产品生命周期、生产率异质性和产业内贸易等角度分析了加工贸易将在世界范围内分工，并发生梯度转移是工业化发展的必然趋势，一个国家内的加工贸易也会从低附加值向高附加值转移。

第二，加工贸易转移在一定程度上促进了东道国技术进步和经济发展。

第三，劳动力、科教、产业结构、交通、政策等因素是影响加工贸易布局的重要原因。

第四，在加工贸易转移的实证研究方法方面，主要有产业转移量化研究和利用不同指标来判断产业转移程度，国内学者的研究成果较少，也存在较大争议。

通过对以上国内外学者关于加工贸易产业转移的相关理论的研究，我们可以较为全面地了解加工贸易转移的必然性、影响及动因。但是，国内外学者对于加工贸易世界范围内的重新布局以及对可能承接加工贸易的地区的研究还不够充分。

第二节　价值链嵌入位置与出口国内增加值率
——中国制造业存在产业"微笑曲线"吗？

一、引言

20世纪90年代以来，以生产制造"工序化"和"任务化"为核心特征的全球价值链（Global Value Chain，GVC）成为经济全球化和国际分工的新常态。在GVC的大背景下，中国通过积极参与全球价值分工，取得了举世瞩目的"出口增长奇迹"。然而在GVC生产网络中，国际贸易的参与主体大都为中间产品而非最终产品，因而传统的出口总值指标已不能全然反映中国出口的真实收益，反而容易造成所见非所得的"统计幻象"（Koopman et al.，2012）。近期一些学者根据附加值核算方法重新测算了中国的出口国内增加值（Upward et al.，2013；张杰等，2013；Koopman et al.，2014；王直等，2015；Kee和Tang，2016），这不仅有利于消除总值贸易统计口径中由于中间产品多次穿越国境造成的"重复计算"部分，更是有利于度量中国真实的出口增加值创造能力（下文简称出口增值能力）。

与此同时，随着国际分工网络的日益复杂化，愈来愈多的学者们开始关注中国在全球价值链中的嵌入位置（Koopman，2010；Fally，2011；Antras et al.，2012；Chor et al.，2014；唐宜红和张鹏杨，2018），全球价值链嵌入位置反映着一国（地区）产业在国际分工中的地位，是决定该产业生产或出口增值能力的关键因素，对实现产业升级和在全球价值链中实现位置攀升具有重要意义。中国制造业在全球价值链分工中既可能发挥研发优势和市场优势跃升于价值链顶端，也可能在受到核心技术瓶颈和发达国家纵向压榨后跌入价值链底部的低端锁定陷阱。近年来，随着我国经济由高速增长阶段转向高质量发展阶段，中国制造业转型升级面临内部挑战和外部环境改变的双重压力，同时由于近期中国制造业一度出现"脱实向虚"和"空心化"的危险倾向，引发了学界和业界对于"'微笑曲线'能否助力中国制造"的讨论。那么，一个随之而来的问题是，中国制造业究竟是否存在着国际分工地位和出口增值能力之间的"微笑曲线"？

"微笑曲线"是宏碁集团创始人施振荣于1992年为"再造宏碁"提出，之后被广泛应用于企业生产管理案例的著名理论。其主要内容是：在研发设计—生产制造—品牌营销的价值链条上，增加值（盈利）更多体现在研发和营销两端，处于中间的制造增加值最低，企业所在的生产链条位置和增值能力之间呈现"两头高，中间低"状的"笑脸"曲线。"微笑曲线"为中国制造业的未来发展明确指出了方向，然而受到技术和数据的制约，学界对"微笑曲线"的研究大都停留在理论和案例层面。关于"微笑曲线"的经验研究相对较少，已有研究大都聚焦在宏观层面（Ju和Yu，2015；Ito和Vezina，2015；Ming等，2015，倪红福，2016；潘文卿和李跟强，2018），这些研究大都是从国家及行业层面讨论"微笑曲线"是否存在，从中微观层面对"微笑曲线"的探讨寥寥无几。据此，本文通过结合全球价值链位置和出口增加值的相关研究，利用产业上游度和企业出口国内增加值率等中微观数据指标，尝试研究二者之间是否存在"微笑曲线"。

相对于以往研究，本节的贡献在于：①利用Antras等（2012）提出的产业上游度及Kee和Tang（2016）提出的企业出口国内增加值率指标，本节首次将企业贸易方式纳入其中，从产业及企业层面讨论了中国制造业全球价值链嵌入位置和出口增值能力之间的"微笑曲线"关系。②本节利用较新、较全面的2000—2011年中微观数据，展示了中国制造业全球价值链嵌入位置以及企业出口国内增加值率的动态演进特征。③在区分贸易方式以及行业特征后，从经验研究上对中国制造业是否存在"微笑曲线"及其特征进行了较为详细的讨论。

二、文献综述

依据本节研究主题可以从三个方面对已有文献进行梳理，第一类文献是对全球价值链嵌入位置衡量的研究；第二类文献是对出口国内增加值率测算的研究；第三类文献则是对全球价值链嵌入位置与出口国内增加值率之间相互关系的研究。

（一）全球价值链嵌入位置衡量的研究

对于全球价值链嵌入位置的衡量，根据衡量方法的不同可以分为两类。第一类主要是使用替代指标的间接衡量方法，譬如采用出口技术复杂度（Xu和Lu，2009）、出口结构（唐海燕和张会清，2009）以及出口国内增加值率（Koopman，2010；Miroudot和Backer，2013；吕越等，2017）等指标。这类文献认为一国的出口技术复杂度（出口商品中包含的技术水平）、出口结构（出口结构是否于发达国家类似）以及出口国内增加值率（出口产品中蕴含的国内价值创造部分）可以用来衡量一国的全球价值链嵌入位置。第二类则主要使用投入产出方法来直接测算全球价值链嵌入位置。Dietzenbacher等（2005）首次提出"平均传递步长（Average Propagation Length，APL）"这一概念，用以衡量全球价值链拓扑结构图中的产业部门之间的生产距离或者复杂程度。在此基础上，Fally（2011）从产业部门层面根据生产端到最终需求端的距离定义了生产阶段数和距离。Antras等（2012）进一步根据中间品使用行业与最终产品之间的距离定义了"上游度指数"（Upstream Index，UI）这一概念。随后，国内外学者根据"上游度指数"提出了一些改进衡量全球价值链嵌入位置的新方法（Ju和Yu，2015；苏庆义和高凌云，2015；王岚和李宏艳，2015；Miller和Temurshoev，2017）。然而，上述对全球价值链嵌入位置的衡量主要是从国家以及行业层面展开的。需要特别指出的是，近期一些学者（Chor等，2014；唐宜红和张鹏杨，2018）将"上游度指数"引入到微观企业层面，探讨了中国企业在全球价值链的嵌入位置及变动趋势。这对研究中国在国际分工中的角色演变，实现产业升级以及出口新优势的培育无疑具有重大意义。

（二）出口国内增加值率测算的研究

已有关于出口国内增加值率测算的文献根据测算方法的不同可分为宏观测算和微观测算两种类别。宏观层面大都是基于投入产出表的测算方法。Hummels et al.（2001）利用非竞争型投入产出表，将进口中间品中用于出口品生产部分的价值和出口品总价值的比率定义为"垂直专业化"水平（Vertical Specialization Share，VSS），而1-VSS就是出口国内增加值率的雏形。Koopman et al.（2012）将投入产出表拆分为一般贸易类型和加工贸易类型，利用中国数据，从宏观的行业层面测算了出口国内增加值率。Koopman等（2014）、王直等（2015）将一国总贸易流分解法扩展到部门、双边和双边部门（WWI法），并且在出口国内增加值率测算中进一步考虑了"附加值回流问题"和"附加值重复计算问题"。然而由于宏观测算无法对进口产品中的中间品进行区分，导致出口国内增加值率仍被高估，不少学者开始转向微观层面寻求出口国内增加值率测算的新方法。微观层面主要是通过考虑企业异质性因素补充完善了采用投入产出方法测算出口国内增加值率的不足。Upward et al.（2013）通过合并中国工业企业数据库和海关贸易数据库，首次测算了企业层面的出口国内增加值率。张杰（2013）等在测算企业出口国内增加率时充分考虑了贸易代理商问题和资本品折旧问题，在测算方法上做出了较大改进。Kee和Tang（2016）在估算企业出口国内增加值率中的国外部分时，用到了宏观层面的投入产出测算数据，一定程度上体现了宏微观的相互融合。值得一说的是，最近一些关于出口国内增加值率测算的研究文献（Ma等，2015；Kee和Tang，2016；高翔等，2018）同时考虑了微观因素和宏观因素，以求降低总体偏误进而得到更为准确的测算结果，这无疑是未来有关出口国内增加值率测算领域的一个重要研究方向。

（三）全球价值链嵌入位置与出口国内增加值率之间关系的研究

随着全球价值链嵌入位置和出口国内增加值率测算的日益成熟，近年来一些学者开始关注全球价值链嵌入位置与出口国内增加值率之间的关系，抑或"微笑曲线"是否真实存在。事实上，"微笑曲线"已经被广泛运用于企业生产案例的分析当中。Tempest（1996）、Xing和Detert（2010）研究发现在芭比娃娃、苹果手机的产品生产价值链中存在"微笑曲线"。然而上述研究大都是企业个案研究，"微笑曲线"在国家以及产业层面是否具有普遍意义呢？Ju和Yu（2015）基于2002和2007年中国投入产出表研究发现，中国制造业存在产业上游度和利润率之间的"U型关系"。Ming等（2015）基于1995—2011年世界投入产出表对中国和墨西哥的电子产业以及日本和德国的光学产业研究后发现，确实存在产业层面的"微笑曲线"，Ito和Vezina（2015）基于亚洲投入产出表研究后也得到了类似的结果。然而上述研究大都基于供给产出视角，潘文卿和李跟强（2018）首次从投入需求视角证实了"微笑曲线"的存在，对已有文献做了有益补充。张鹏杨和唐宜红（2018）研究发现上游度和中国企业出口国内增加值率之间有显著的正向关系，在一定程度上验证了"微笑曲线"的存在。然而一些学者对于"微笑曲线"在产业部门上的存在持有不同意见。倪红福（2016）基于"广义增加值平均传递步长"方法，分析了境外增加值贡献率及其位置的关系，研究发现产业部门层面的"微笑曲线"没有普遍意义，更多的是一些高技术产业的价值特殊形式。闫云凤（2018）从前向联系和后向联系的双重视角，研究发现中国制造业大多数产业不存在"微笑曲线"。上述研究文献得到不同结论的原因在于：第一，数据使用、测算方法和指标选择的不甚一致。第二，施振荣定义的"微笑曲线"和产业层面定义的"微笑曲线"存在差别[①]。此外，目前的实证研究大都关注国家产业部门层面的"微笑曲线"，从企业层面探讨"微笑曲线"的实证研究寥寥无几，对这一领域的相关研究亟待补充。

---

① 正如倪红福（2016）指出的那样，施振荣定义的"微笑曲线"更多是从企业内部某一产品的市场价值实现过程进行阐述的。而产业层面定义的"微笑曲线"更多是从产业互联视角对产业所在的位置及其增值能力之间的关系进行定义的。施振荣的"微笑曲线"中的"上下游"概念与我们平常中的认知是一致的，即某一产品从研发设计—生产制造—品牌营销整个价值实现过程中的先后顺序。而产业"微笑曲线"中的"上下游"概念主要基于投入产出表测算出产业部门到最终需求端或初始生产端的距离，是一个高度抽象的概念。

三、测度方法与数据说明

（一）测度方法

1.产业全球价值链位置的测度

为准确测度企业所在行业在全球价值链中所处的位置，本文借鉴Antras等（2012）的方法，采用"上游度"指数（Upstream Index，UI）衡量制造业各行业在产出供给链上的嵌入位置，即该行业到最终需求端的距离。具体测度方法如下：

假定在产业供给链上，行业 $i=1, 2,\cdots n$ 的总产出 x_i 由最终使用 f_i 和其他行业中间要素投入 $\sum_{j=1}^{n}\alpha_{ij}x_j$ 两部分构成，即有 $x_i=f_i+\sum_{j=1}^{n}\alpha_{ij}x_j$。其中，直接投入系数 α_{ij} 表示行业 j 每生产一单位产出需要投入到行业 i 的价值，对 x_j 进行反复迭代得到：

$$x_i = \underbrace{f_i}_{\text{最终产出}} + \underbrace{\sum_{j=1}^{n}\alpha_{ij}f_j}_{\text{直接中间要素投入}} + \underbrace{\sum_{j,k=1}^{n}\alpha_{ik}\alpha_{kj}f_j + \sum_{j,k,l=1}^{n}\alpha_{il}\alpha_{lk}\alpha_{kj}f_j + \cdots}_{\text{间接中间要素投入部分}} \tag{1}$$

其中，右端第一项表示行业 i 的最终产出部分，第二项表示行业 j 第一轮生产用行业 i 的直接中间要素投入部分，第三项及以后表示行业 j 第二轮及更高轮生产用到行业 i 的间接中间要素投入部分。Antras et al.（2012）假定"任意两个生产阶段的距离为1"，那么产出上游度指数 UI_i 可以被表示为：

$$UI_i = 1\times\frac{f_i}{x_i} + 2\times\frac{\sum_{j=1}^{n}\alpha_{ij}f_j}{x_i} + 3\times\frac{\sum_{j,k=1}^{n}\alpha_{ik}\alpha_{kj}f_j}{x_i} + 4\times\frac{\sum_{j,k,l=1}^{n}\alpha_{il}\alpha_{lk}\alpha_{kj}f_j}{x_i} + \cdots \tag{2}$$

其中，UI_i 从产出供给侧度量了行业 i 在全球价值链中的平均嵌入位置。UI_i 越大，一方面说明的是行业 i 到最终需求端的加权平均距离越长，该行业处于价值链上游位置，另一方面也说明了行业 i 与其他行业中间要素供给的交错程度越深，关联方式越复杂。

2.企业出口国内增加值率的测度

Upward et al.（2013）定义了衡量企业出口国内增加值率的指标DVAR，公式表述为：

$$DVAR = 1 - \left[M^P + \left(M^O\times X^O\right)/Y - X^P\right]/X \tag{3}$$

其中，M^O 和 M^P 表示企业从事一般贸易和加工贸易对应的进口中间品额，X^O、X^P 和 X 表示企业的一般贸易出口额、加工贸易出口额和总出口额，Y 表示企业总产出。Upward 等（2013）假定企业从事加工贸易活动进口的中间品全部被用于出口，而从事一般贸易活动进口的中间品既可被用于出口也可被用于国内销售，他们进一步假定企业从事一般贸易出口和国内销售所需的进口中间品比例相同。根据"同比例假设"，式（3）可以被改写为：

$$DVAR = (X^P/X)(1-M^P/X^P) + (X^O/X)\left[1-M^O/(Y-X^P)\right] \qquad (4)$$

然而，利用Upward等（2013）的方法测算得到的企业出口增加值率通常要比从宏观行业层面利用非竞争型投入产出表拆分得到的出口增加值率（Koopman et al.，2014；王直等，2015）高。为得到更为准确的测算结果，本文还需从以下几点进行改进：①识别贸易中间代理商。借鉴Ahn等（2011）的方法，将企业名称中包含"进出口""贸易""经贸""科贸"和"外经"字样的企业识别为贸易中间商企业，根据国民经济行业与代码（CIC）算出贸易中间商企业在全行业总进口的比重ratio，进而根据公式$M_{adj}=M/(1-ratio)$对企业进口额进行调整，得到企业从事一般贸易和加工贸易的实际进口额M^O_{adj}和M^P_{adj}。②标识企业进口的产品类型。通过HS6位产品代码和联合国广义经济分类标准（BEC）关联，识别BEC产品分类下企业从事一般贸易活动进口额中的中间品类型，将M^O_{adj}变换为$M^O_{adj\_BEC}$。③剔除出口增加值的国外部分。根据BEC产品分类，将企业从事一般贸易活动进口额中的资本品类型定义为K^O_{BEC}[1]，同时借鉴单豪杰（2008）的研究，将资本折旧率δ设定为10.96%，同时根据Koopman等（2012）的研究，将国内中间原材料的国外要素比例θ设定为5%，以识别并剔除企业出口国内增加值率中的国外资本折旧部分和国内中间原材料中包含的国外要素部分[2]。进行上述处理后，测算DVAR的公式重新表述为：

$$DVAR = (X^P/X)\left[1-M^P_{adj}/X^P\right] + \\ (X^O/X)\left\{1-\left[M^O_{adj\_BEC}+\delta K^O_{BEC}+\theta(M^T-M^P_{adj}-M^O_{adj\_BEC})\right]/(Y-X^P)\right\} \qquad (5)$$

其中，M^T表示企业总的中间要素投入。此外，在测算过程中，我们还借鉴Kee和Tang（2016）以及吕越等（2017）的做法，剔除了研究样本中存在的"过度进口"和"过度出口"[3]企业。最后，借鉴高翔等（2018）的做法，我们还利用全球投入产出表（WIOT）计算出制造业行业层面的本国回流系数和重复计算系数（测算结果见表4-2和表4-3），通过WIOD行业分类和CIC行业分类进行关联，从宏观行业层面对测算数据进行再调整。本文计算得到的出口国内增加值率要比利用Upward et al.（2013）方法测算得到的数据低10%～15%个百分点，这也和利用非竞争型投入产出表计算得到的

---

① BEC的中间品代码为"111""121""21""22""31""322""42"和"53"，资本品代码为"41"和"521"。

② 需要说明的是，由于2008—2011年中国工业企业数据库未汇报企业中间要素投入这一指标，我们根据2000—2007年国内中间原材料中包含的国外要素部分在出口国内增加值率中的比重，依据贸易方式对出口国内增加值率指标进行了赋权处理，具体有：一般贸易（99.5%）、混合贸易（99%）、加工贸易（98%）。

③ "过度进口"企业是指过度进口国外中间品进而转卖给国内企业的加工贸易企业，"过度出口"是指从"过度进口"企业中进口中间品用于生产额外出口产品的企业。二类企业的识别方法参照吕越等（2017）一文中的论述。

宏观行业层面的出口国内增加值率数据有了较好的契合度。

表 4-2　2000—2011 年 WIOD 制造业行业本国回流系数

行业＼年份	2000	2001	2002	2003	2004	2005	2006	2007	2008	2009	2010	2011
c3	0.0008	0.0011	0.0009	0.0011	0.0011	0.0012	0.0013	0.0018	0.0023	0.0025	0.0026	0.0028
c4	0.0051	0.0055	0.0049	0.0042	0.0038	0.0035	0.0033	0.0033	0.0036	0.0043	0.0048	0.0055
c5	0.0012	0.0013	0.0012	0.0011	0.0014	0.0013	0.0015	0.0015	0.0015	0.0018	0.0018	0.0022
c6	0.0030	0.0037	0.0045	0.0053	0.0059	0.0059	0.0067	0.0077	0.0085	0.0098	0.0117	0.0131
c7	0.0080	0.0081	0.0085	0.0093	0.0092	0.0097	0.0107	0.0111	0.0123	0.0136	0.0156	0.0181
c8	0.0085	0.0098	0.0114	0.0118	0.0121	0.0127	0.0121	0.0152	0.0154	0.0202	0.0212	0.0216
c9	0.0153	0.0178	0.0205	0.0211	0.0221	0.0216	0.0229	0.0250	0.0278	0.0320	0.0354	0.0380
c10	0.0061	0.0071	0.0084	0.0096	0.0105	0.0103	0.0114	0.0124	0.0131	0.0154	0.0181	0.0188
c11	0.0041	0.0053	0.0072	0.0081	0.0085	0.0079	0.0079	0.0081	0.0091	0.0109	0.0120	0.0134
c12	0.0165	0.0181	0.0231	0.0288	0.0298	0.0238	0.0244	0.0232	0.0248	0.0266	0.0303	0.0342
c13	0.0042	0.0047	0.0055	0.0059	0.0057	0.0059	0.0067	0.0075	0.0089	0.0097	0.0119	0.0134
c14	0.0093	0.0118	0.0142	0.0155	0.0154	0.0154	0.0173	0.0169	0.0182	0.0226	0.0240	0.0243
c15	0.0035	0.0044	0.0049	0.0052	0.0054	0.0057	0.0062	0.0067	0.0079	0.0097	0.0112	0.0121
c16	0.0013	0.0013	0.0013	0.0016	0.0022	0.0030	0.0040	0.0042	0.0040	0.0050	0.0065	0.0090

资料来源：作者计算得出。

表 4-3　2000—2011 年 WIOD 制造业行业重复计算系数

行业＼年份	2000	2001	2002	2003	2004	2005	2006	2007	2008	2009	2010	2011
c3	0.0016	0.0020	0.0016	0.0020	0.0024	0.0025	0.0029	0.0036	0.0045	0.0033	0.0039	0.0040
c4	0.0302	0.0280	0.0281	0.0302	0.0343	0.0325	0.0281	0.0232	0.0245	0.0194	0.0221	0.0238
c5	0.0084	0.0080	0.0073	0.0066	0.0088	0.0083	0.0082	0.0073	0.0067	0.0052	0.0056	0.0058
c6	0.0111	0.0111	0.0133	0.0165	0.0221	0.0255	0.0284	0.0326	0.0303	0.0231	0.0295	0.0317
c7	0.0257	0.0239	0.0245	0.0286	0.0330	0.0359	0.0409	0.0434	0.0410	0.0329	0.0391	0.0418
c8	0.0618	0.0507	0.0520	0.0664	0.0820	0.0935	0.1045	0.1093	0.1261	0.0913	0.1064	0.1138
c9	0.0535	0.0523	0.0572	0.0671	0.0784	0.0811	0.0881	0.0890	0.0924	0.0686	0.0830	0.0883
c10	0.0393	0.0357	0.0369	0.0442	0.0564	0.0567	0.0600	0.0619	0.0588	0.0452	0.0567	0.0577
c11	0.0121	0.0123	0.0146	0.0174	0.0219	0.0224	0.0231	0.0241	0.0244	0.0191	0.0233	0.0258
c12	0.0496	0.0485	0.0553	0.0710	0.0918	0.0878	0.0942	0.1004	0.0990	0.0697	0.0864	0.0996
c13	0.0170	0.0159	0.0173	0.0203	0.0272	0.0303	0.0325	0.0357	0.0339	0.0264	0.0320	0.0370
c14	0.0603	0.0595	0.0672	0.0804	0.1013	0.0997	0.1005	0.0966	0.0846	0.0684	0.0801	0.0769
c15	0.0295	0.0282	0.0292	0.0352	0.0526	0.0529	0.0537	0.0514	0.0503	0.0388	0.0460	0.0474
c16	0.0054	0.0043	0.0045	0.0061	0.0092	0.0122	0.0155	0.0156	0.0160	0.0149	0.0192	0.0205

资料来源：作者计算得出。

（二）数据说明

为测算全球价值链嵌入位置（上游度指数），本文需要用全球投入产出数据库（WIOD）公布的全球投入产出表（WIOT），WIOT包含1995—2011年间41个国家（地区）的35个行业层面的"投入—产出"数据。需要说明的是，Fally（2011）以及Antras等（2012）在利用WIOT测算行业上游度时，不仅研究了制造业上游度，还对服务业上游度进行了探讨。然而本文的研究主题旨在探讨行业上游度与中国制造业企业出口国内增值能力之间的相关联系，故只保留那些WIOD行业代码为c3—c16的制造业行业[①]。

为测算企业层面的出口增加值率，本文需要用以下三套数据：第一套数据来自国家统计局公布的中国工业企业数据库。我们借鉴Brandt et al.（2012）的"序贯匹配"法对工业企业数据库进行调整，同时根据Feenstra et al.（2014）的研究剔除了那些不满足"会计准则（GAAP）"或存在异常极端值的企业样本。第二套数据来自中国海关总署公布的海关贸易数据库。我们首先将海关贸易数据库由月度数据加总为年度数据，并将HS8位产品代码加总到HS6位产品代码，进而根据Upward et al.（2013）的方法根据企业名称以及企业所在地邮编和电话等信息对工业库和海关库进行进一步匹配合并。第三套数据来自全球投入产出数据库（WIOD）公布全球投入产出表（WIOT）。我们根据Koopman et al.（2014）和王直等（2015）的做法，对全球投入产出表进行拆分，得到宏观行业层面的本国回流系数和重复计算系数。为研究结果准确，我们还借鉴李胜旗和毛其淋（2017）的做法，剔除了样本中的贸易中间商企业，并根据研究主题保留了2000—2011年CIC代码（2位码）介于13—43的制造业企业样本进行研究。最后，完成初始样本构建后，为减少异常值的影响，本文还采用双边缩尾（winsor）方法按照1%的标准对数据进行了处理，得到本文研究样本：2000—2011年一共217743个企业的年观测值。

---

①这些行业包括"食品、饮料及烟草制造业（c3）""纺织原料及纺织制品业（c4）""皮鞋和鞋类制造业（c5）""木材和软木制品业（c6）""造纸、印刷和出版业（c7）""石油及核燃料加工业（c8）""化学原料及化学制品业（c9）""橡胶和塑料制品业（c10）""非金属矿物产品业（c11）""基本金属及金属制品业（c12）""机械设备制造业（c13）""电气、光学设备制造业（c14）""交通运输设备制造业（c15）""其他制造业和废物回收业（c16）"。限于篇幅，未汇报WIOD和CIC的行业对照表，备索。

四、制造业价值链嵌入位置与出口国内增加值率的动态演变

（一）中国制造业行业全球价值链嵌入位置的动态变化及分析

1.中国制造业上游度的国际比较

图4-2展示了2000—2011年中国、美国和世界各国（包含中、美两国）制造业的平均上游度指数水平。我们发现各国的全球价值链嵌入位置正在不断变化，参与国际分工的形式也存在明显的差别化特征。观察图4-2我们得到以下两点发现：第一，从上游度的数值大小来看，中国制造业在全球价值链中明显处于上游位置。2000—2011年上游度的平均水平高达2.9355，大于美国的2.1688以及世界平均水平2.4791。这个现象一方面说明中国作为一个生产制造大国，将中间产品转化生产为最终产品的过程复杂程度要远高于世界平均水平。另一方面也说明中国作为最大的发展中国家，制造业较为靠近生产制造端，更多地依靠消耗资源类产品嵌入全球价值链从事出口贸易活动。第二，从上游度的变化趋势来看，中国制造业上游度在2000—2011年基本呈现出不断攀升的状态，上游度不断增加，尤其是在2004年之后，上游化趋势更加明显，这种趋势在2008年金融危机后呈现出缓和的态势。进一步对上游化趋势进行国际比较后发现，中国制造业的上游化趋势基本与世界平均水平保持一致，然而上游化进程的速度要明显快于世界平均水平。这表明加入世界贸易组织之后，国内中间品贸易发展迅速，中国参与国际分工的程度不断加深，使得制造业部门上游度不断增加，全球价值链长

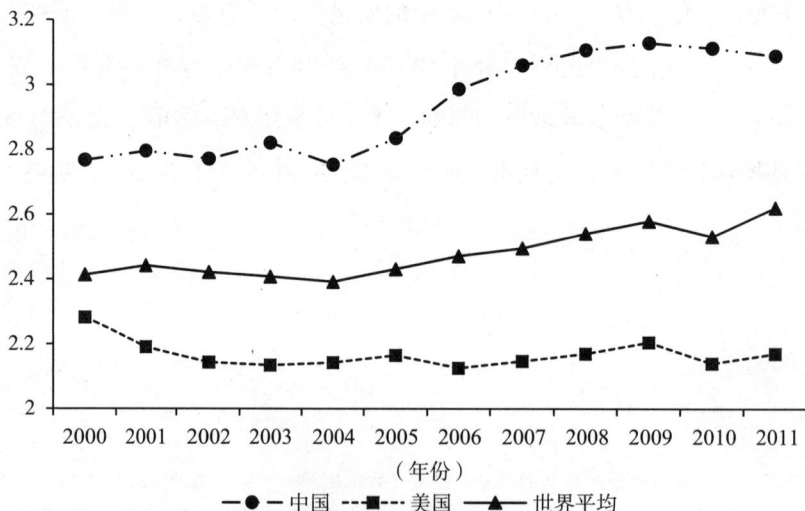

图4-2　2000–2011年中国制造业上游度的国际比较

资料来源：世界投入产出表，作者计算整理。

度不断延伸。需要注意的是,与中国以及世界平均水平不同的是,美国制造业同时期内的上游度水平在波动中呈现出不断下移的态势,由2000年的2.2825下降到2011年的2.1713。原因在于美国作为全球价值链体系下最大的靶向国家,大量的最终产品在其国内被消费,因而美国制造业的下游化趋势较为明显。

2. 中国制造业部门上游度的动态变化

由于全球投入产出表包含"国家—行业"层面的投入产出数据,我们根据WIOD行业代码分类很容易对中国制造业行业部门上游度的变化情况进行分析。图4-3展示了2000—2011年中国制造业部门上游度的动态变化情况,观察发现:第一,从上游度的数值大小来看,"石油与核燃料加工""造纸、印刷和出版""化学原料及化学制品""基本金属及金属制品"以及"橡胶和塑料制品"的上游度水平较高。这些部门的上游度在2000—2011年的平均数值均超过3.5,说明这些部门的产品还需经历2~3个生产阶段才能到达最终消费端,这些部门也多为中间品提供部门。与此相对,"其他制造业和废物回收业""皮革和鞋类制造业""食品、饮料和烟草制造业"的上游度水平较低,这些部门的上游度在2000—2011年的平均数值均不超过2.5,说明这些部门的产品大都在经历1个生产阶段就能到达最终消费端,实际上这些部门较少提供中间产品,到最终需求端的距离也较短。第二,从上游度的变化趋势来看,中国制造业大部分部门在样本研究期中呈现明显的上游化态势。其中,"食品、饮料及烟草制造业""纺织原料及纺织制品业""皮革和鞋类制造业"的上游度增幅分别达到32.17%、27.25%、21.47%,这说明这些部门制造出的产品被越来越多地用作其他部门的中间产品使用,本部门在全球价值链的位置不断上移。此外,"造纸、印刷和出版业""木材和软木制品业""化学原料及化学制品业""电气、光学设备制造业""石油及核燃料加工业"等部门的上游度增幅均超过10%,说明这些部门在国际分工中更加专注中间产品的提供,因而本部门到最终需求端的距离不断变长。而"非金属矿物产品业"和"机械设备制造业"等部门则呈现出一定的下游化特征,表明这些部门在加入世界贸易组织后更多从事的是全球价值链分工中的加工组装环节。最后需要说明的是,中国制造业大多数部门的上游度水平在美国次贷危机后呈现出不同程度的下降态势,说明中国制造业部门上游度会受到外来因素的不利冲击,这也和图4-2展示的中国制造业上游度变化趋势相符合。

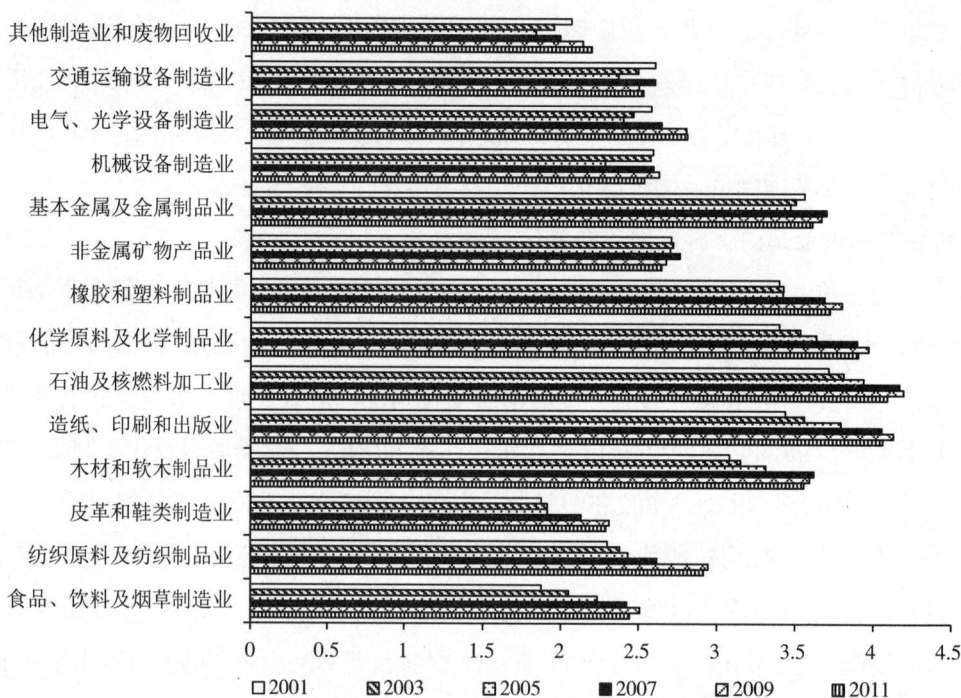

其他制造业和废物回收业
交通运输设备制造业
电气、光学设备制造业
机械设备制造业
基本金属及金属制品业
非金属矿物产品业
橡胶和塑料制品业
化学原料及化学制品业
石油及核燃料加工业
造纸、印刷和出版业
木材和软木制品业
皮革和鞋类制造业
纺织原料及纺织制品业
食品、饮料及烟草制造业

☐2001 ▨2003 ▧2005 ■2007 ▨2009 ▥2011

图4-3 2000—2011年中国制造业部门上游度的动态变化

资料来源：世界投入产出表，作者计算整理。

注：本图数据以2000年为基期，计算2000—2011年变化，上图只展示了6个年份的数据。

（二）中国制造业企业出口国内增加值率的动态变化及分析

1.区分贸易方式的中国制造业企业出口国内增加值率变化趋势

图4-4展示了区分贸易方式的中国制造业企业出口国内增加值率变化趋势，我们得到以下几点发现：第一，在样本观察期内，中国制造业企业的出口国内增加值率呈现不断攀升的态势，由2000年的62.19%上升到2011年的74.65%，说明全球价值链体系下中国制造业的出口国内增值能力正在不断加强。需要注意的是，2009—2010年间制造业企业出口国内增加值率有所降低，原因在于金融危机造成的外部冲击致使中国出口大幅下降所致。然而随着产业政策刺激以及世界经济形势回暖，2011年制造业企业出口国内增加值率又有所回升。第二，一般贸易企业出口国内增加值率在样本期内平均数值高达84.68%，远高于既从事一般贸易活动又从事加工贸易活动的混合贸易企业的68.46%和加工贸易企业的51.86%。这是由于企业贸易方式所致，一般贸易企业的出口产品大都在国内生产制造，出口国内价值部分相对较多，而加工贸易企业由于"大进大出"以及"两头在外"的贸易特征致使出口国内增加值率较低，混合贸易企业则

介于二者之间。第三,一般贸易企业出口国内增加值率呈现波动变化趋势,然而总体变化幅度不大,由2000年的83.98%缓慢攀升到2011年的84.35%。混合贸易企业出口国内增加值率增幅较大,由2000年的62.34%上升到2011年的71.13%,增长了8.79个百分点。加工贸易企业出口国内增加值率增幅最大,由2000年的43.28%上升到2011年的56.49%,增幅高达13.21个百分点。一个值得思考的问题是,2008年金融危机后,三类贸易方式企业的出口增加值率均出现不同程度的下降,并且加工贸易企业出口增加值率的下降幅度要明显大于一般贸易企业和混合贸易企业。这个现象一方面表明加工贸易企业是左右中国制造业企业出口国内增加值率变化趋势的重要影响因素。另一方面也表明依靠外资进入等形式延长国内产业链长度会受到外部因素的冲击,换言之,依靠加工贸易推动中国出口价值跃升的稳定性欠佳。

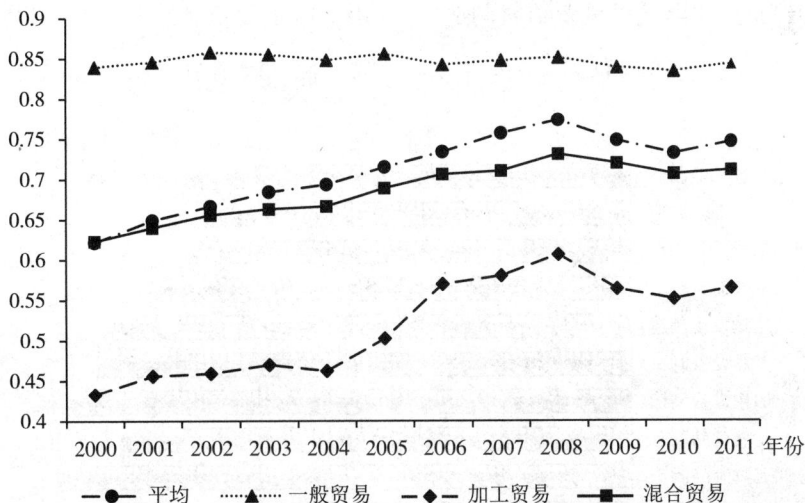

图4-4　2000—2011年中国制造业企业出口国内增加值率的动态变化(区分贸易方式)

资料来源:中国工业企业数据库、海关贸易数据库、世界投入产出表,作者计算整理。

2.区分行业部门的中国制造业企业出口国内增加值率变化趋势

行业层面的出口国内增加值率反映着不同行业出口增值能力的差别化程度,我们根据国民经济行业与代码(CIC2位码)对中国制造业企业出口国内增加值率的变化情况进行分析。为数据分析严谨考虑,我们借鉴张杰等(2013)的做法,只报告了那些在样本期内企业数目大于1200的行业出口国内增加值率变化情况。图4-5展示了区分行业部门的中国制造业企业出口国内增加值率变化趋势,从中可以看出:第一,除了"通信等电子设备制造"和"食品制造"两个制造业部门的出口国内增加值率在2000—2006年间有所下降外,其他行业的出口国内增加值率均保持不同幅度的增长趋势,然而在2006—2011年间，除了"金属制品""非金属矿物制品""化学原料及化学制品制造""文教体育用品制造""农副产品制造"等制造业部门出口国内增加值率呈现不同程度的下降趋势之外，大部分劳动密集型产业部门，如："家具制造""皮革、毛皮、羽毛及其制造""纺织服装、鞋、帽制造""纺织"等行业的出口国内增加值率仍保持一定速度的增长。此外，资本密集型产业部门，如"通信等电子设备制造""交通运输设备制造""专用设备制造""通用设备制造"等行业的出口国内增加值率均呈现出一定程度的上升态势，说明这些部门的出口增值能力在2006年之后均得到加强，中国制造在技术型产品出口上取得了一定程度的进步。第二，样本研究期内行业出口国内增加值率均值大于75%的多为资源密集型和劳动密集型产业（"农副产品加工""食品制造""家具制造""非金属矿物制品"），大多数资本密集型产业（"专用设备制造""交通运输设备制造""电气机械及器材制造""通用等电子设备制造"）的出口增值水平在总体层面上处于中下游位置。第三，"纺织服装、鞋、帽制造""皮革、毛皮、羽毛及

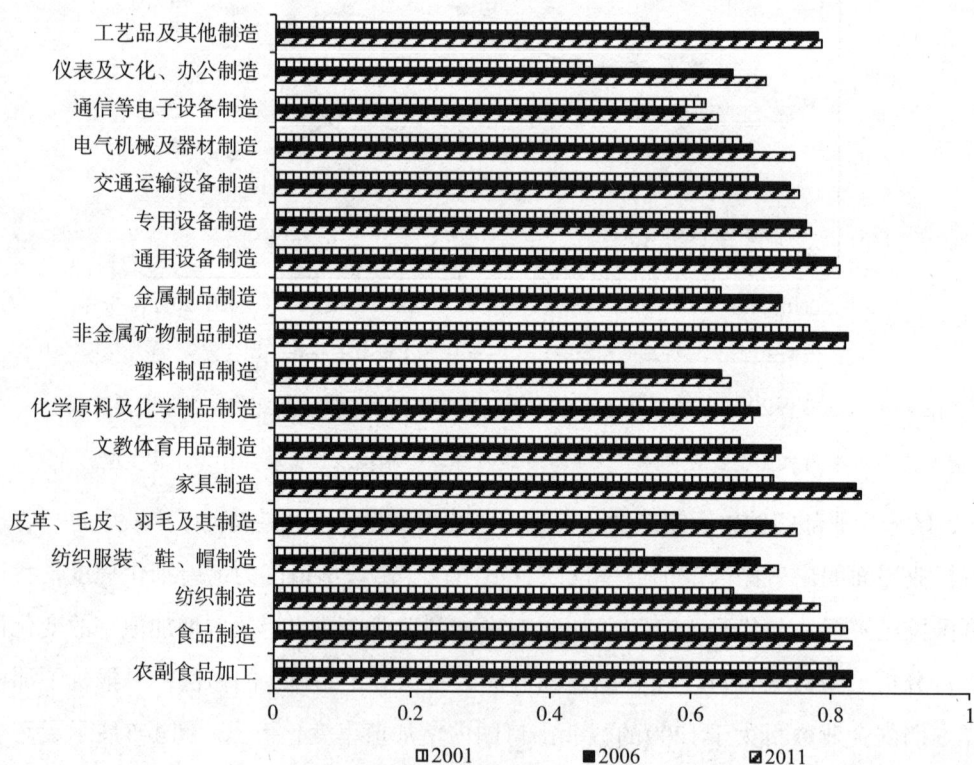

图4-5　2000—2011年中国制造业企业出口国内增加值率的动态变化（区分行业部门）

资料来源：中国工业企业数据库、海关贸易数据库、世界投入产出表，作者计算整理。

注：以2000年数据为基期，计算2000—2011年变化，在图中只展示了2001、2006、2011年。

其制造""塑料制品""专用设备制造""仪表及文化、办公制造""工艺品及其他制造"等行业部门的出口国内增加值增长速度较快，12年间增幅均超过20%，而"农副食品加工""食品制造""通信等电子设备制造"等产业部门的出口国内增加值变化幅度不大，12年间增幅均不超过5%。

五、制造业价值链嵌入位置与出口国内增加值率之间的关系

（一）模型设定与变量选择

通过上述分析我们发现中国制造业在区分行业特征以及贸易方式后，无论是产业上游度还是企业出口国内增加值率，均呈现出明显的差别化特征。那么上述两个变量之间是否存在"两端高，中间低"的"笑脸"状曲线？为了识别产业上游度与企业出口国内增加值率之间是否存在"微笑曲线"，我们将基准估计方程设定如下：

$$DVAR_{it} = \alpha + \beta_1 UI_{jt} + \beta_2 UI_{jt}^2 + \delta X' + \lambda_i + \lambda_t + \varepsilon_{it} \tag{6}$$

其中，下标i、j、t分别表示企业、行业（CIC2位码）和年份。UI表示产业上游度，UI^2表示产业上游度的平方项，DVAR表示企业出口国内增加值率，关键变量的定义和测算方法已在第二节进行详细论述，不再赘述。X′是控制变量集，λ_i和λ_t表示企业和年份固定效应，ε_{it}是随机扰动项。我们对控制变量集X′的定义进行说明：

企业生产率（tfp）：采用企业的劳均资本量衡量；

企业规模（size）：采用企业从业人员（对数）衡量；

企业年龄（age）：采用当年年份和企业开工年份之差衡量；

企业出口密度（expint）：采用企业出口交货值和企业销售额的比值衡量；

外资企业哑变量（foreign）：采用企业是否为外资企业控制企业的所有制类型，具体做法是设置相对应的外资企业所有制类型的哑变量，如果企业为中外合资、中外合作或外商独资企业，则定义foreign为1，否则为0；

赫芬达尔指数（hhi）：为控制产业的市场竞争程度，我们利用企业销售收入指标计算赫芬达尔指数，公式如下所示：$hhi_{jt} = \sum_{i=1}^{n} (sale_{it} / sale_{jt})^2$，其中，$sale_{it}$表示企业i在t年的销售收入，$sale_{jt}$表示行业j在t年的总销售收入，n表示行业j（CIC四位码）内的企业数量，hhi越大说明该行业的垄断程度越高。

（二）基准回归结果

表4-4报告了产业上游度对制造业企业出口国内增加值率的基准回归结果。其中，第（1）—（4）列分别展示了总体样本以及按照企业贸易方式划分为一般贸易、混合贸易和加工贸易子样本的分组回归结果。我们发现在控制相关变量后，总体样本和一般贸易企业样本中的产业上游度（UI）及其平方项（UI^2）的估计系数均不显著，未检测到产业上游度和企业出口国内增加值率之间存在显著的U型关系。在混合贸易企业样本中，我们发现产业上游度（UI）的估计系数在10%统计水平上显著为负，产业上游度平方项（UI^2）的估计系数显著为正，表明混合贸易企业中存在产业上游度和企业出口国内增加值率之间U型关系。进一步研究后发现，加工贸易企业中产业上游度（UI）以及产业上游度平方项（UI^2）的估计系数仍然显著为负和为正，同时显著性水平有了明显增强（5%水平上统计显著），产业上游度对企业出口国内增加值率的影响仍然呈现显著的"U型关系"。考虑到混合贸易企业是一般贸易企业和加工贸易企业的"综合体"，我们可以得到以下结论：中国制造业在总体层面上不存在产业上游度和企业出口国内增加值率之间的"微笑曲线"关系，"微笑曲线"更多是存在于加工贸易企业中。

表4-4　基准回归结果

变量	总体平均	一般贸易	混合贸易	加工贸易
UI	−0.0245 （−1.14）	−0.0379 （−1.12）	−0.0468* （−1.74）	−0.0580** （−2.05）
UI^2	0.0127 （1.28）	−0.0145 （−1.09）	0.0185* （1.67）	0.0103** （2.23）
tfp	0.0000*** （2.76）	0.0000*** （3.72）	0.0000*** （2.87）	0.0000** （2.36）
size	0.0017*** （2.76）	0.0042*** （3.72）	0.0110** （2.56）	0.0068*** （3.36）
age	0.0163*** （4.92）	0.0071* （1.67）	0.0652*** （13.22）	0.1087*** （11.68）
expint	0.0001*** （17.78）	0.0000** （2.31）	0.0034 （1.03）	0.0064*** （3.31）
foreign	−0.0101*** （−2.71）	−0.0287** （−2.39）	−0.1126*** （−2.77）	−0.1402*** （−2.94）
hhi	−0.1087*** （−2.60）	−0.1476* （−1.70）	−0.1410** （−2.31）	−0.0768 （−0.79）

变量	总体平均	一般贸易	混合贸易	加工贸易
常数项	0.6616*** （15.52）	0.9532*** （12.10）	0.4195*** （6.41）	0.2356*** （2.89）
样本量	217743	59136	75179	83428
企业效应	YES	YES	YES	YES
年份效应	YES	YES	YES	YES
R^2	0.8452	0.8251	0.8441	0.8298

说明：*、**和***表明变量系数在10%、5%和1%的水平上显著，括号内的值为t值，回归结果均以企业所处行业的cluster效应进行处理，下表类同。

控制变量方面，企业生产率（tfp）的系数显著为正，即生产效率越高，边际成本越少，企业可以在出口市场俘获的价值越多，有利于提高出口国内增加值。企业规模（size）的系数显著为正，原因在于相对规模小的企业，规模大的企业较少受到生产成本、融资约束等客观条件的限制，因而在推动出口国内增加值率上存在较大优势。企业年龄（age）的系数显著为正，企业年龄的增加意味着企业在生产、管理上的愈发成熟，进而转化成企业在出口市场中的比较优势。企业出口密度（expint）的系数显著为正，表明出口密集度越大的企业越有可能获得更高的出口国内增加值率。外资企业哑变量（foreign）的系数显著为负，表明外资企业相对中国本土企业存在着出口国内增加值率较低这一客观事实，可能的原因在于外资企业和加工贸易企业存在较大关联，而加工贸易企业由于"大进大出"和"两头在外"的贸易特征，因而外资企业的出口国内增加值率相对较低。最后，赫芬达尔指数（hhi）的系数显著为负，可能的解释是激烈的行业竞争有助于提升企业生产率，而生产效率提高是企业出口国内增加值率提升的重要原因。

为了更加清晰的展示中国制造业中是否存在产业上游度和企业出口国内增加值率之间的"微笑曲线"关系，我们画出了上游度和出口国内增加值率散点图的拟合曲线。图4-6展示了上游度与出口国内增加值率之间的相互关系，从图4-6（1）部分可以看出中国制造业企业总体层面上的价值链嵌入位置获取的出口国内增加值份额呈现均匀化趋势。进一步我们发现：随着上游度的增加，制造业一般贸易企业俘获的出口国内增加值份额呈现微弱的下降态势，距离最终消费端最近的产业部门获得的出口国内增加值份额相对较低。一个可能的解释是，国内上游市场存在垄断，而下游市场已经基本实现完全竞争，因而上游度较高的产业部门俘获的增值份额相对较多。而在加工贸易企业中，上游度和出口国内增加值率的拟合曲线开口向上，呈现出较为明显的正二次关系，即距离生产链两端的产业部门可以获得较高的出口国内增加值份额。这个现象产生的原因在于，生产链中间的产业部门通常从事中间产品生产，产品附加值能力较低，加之加工贸易"两头在外"和"大进大出"的特征，产业出口增值份额相对较小，因而加工贸易企业呈现出明显的"微笑曲线"特征。然而总体来看，拟合曲线和基准回归结果是类似的，即中国制造业总体上不存在上游度和出口国内增加值率之间的"微笑曲线"关系，"微笑曲线"更多是存在于加工贸易企业中。

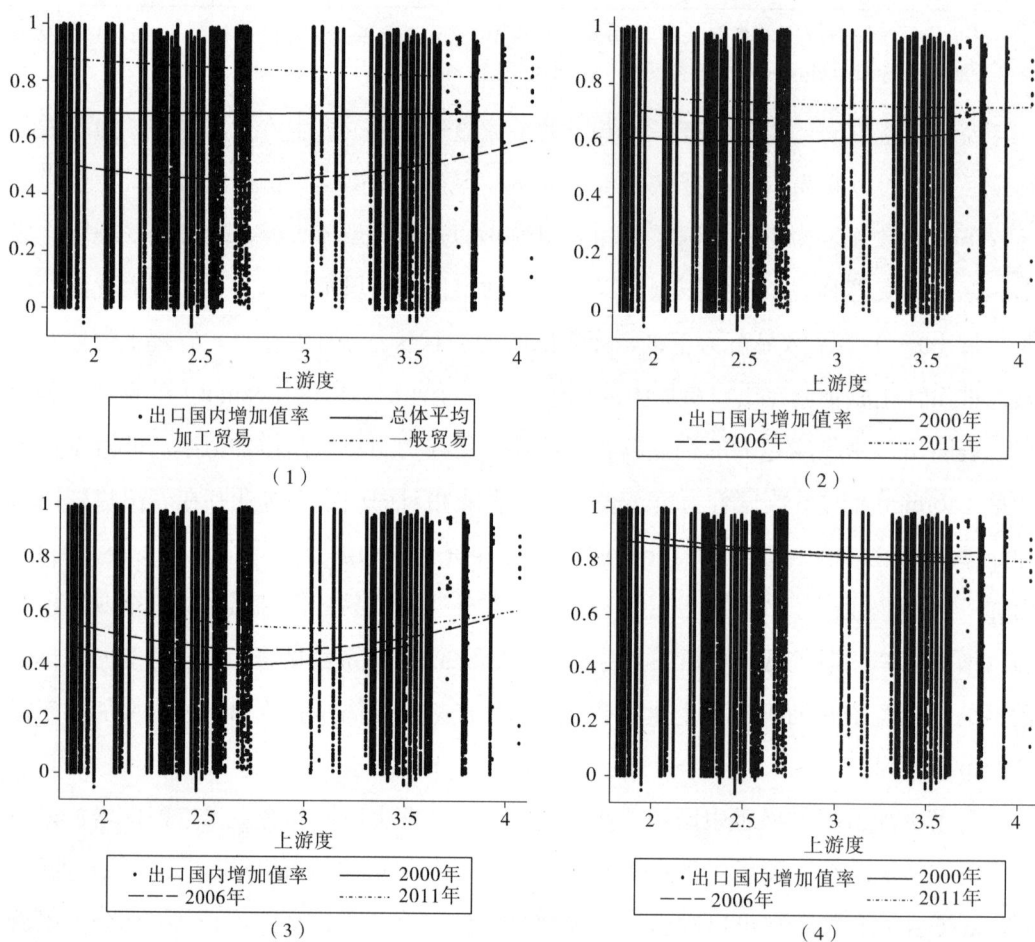

图4-6　上游度与出口国内增加值率之间的相互关系

图4-6（2）（3）（4）展示了总体企业样本、加工贸易企业样本和一般贸易企业样本上游度和出口国内增加值率散点图的拟合曲线在2000年、2006年和2011年间的动态变化趋势，我们发现三个样本的拟合曲线均呈现出右移和上移的特征，而右移和上移

的原因在于2000—2011年间我国制造业产业上游度和企业出口国内增加值率不断攀升（图4-3和图4-4）所致，这种右移和上移趋势在总体样本和加工贸易企业样本表现较为明显，在一般贸易企业样本中表现不明显。然而，上游度和出口国内增加值之间的"微笑曲线"仍然只存在于加工贸易企业样本中。具体来讲，产业上游度对加工贸易企业出口国内增加值率的促进作用存在一个临界值：当产业上游度小于这个阈值时，上游度对出口国内增加值率的影响表现为抑制作用；当产业上游度大于这个阈值时，上游度对出口国内增加值率的影响表现为促进作用，这个临界值大约由2000年的2.5上升到2011年的3.5。进一步观察后发现，随着时间的持续，加工贸易企业的"微笑曲线"开口有所增大，呈现出"扁平化"趋势。上述现象一方面表明我国制造业加工贸易部门的利润空间正在由于内部和外部的双重压力不断受到挤压，另一方面也说明全球价值链嵌入位置和出口增值能力之间并无密切关联，因而单纯依靠改变价值链嵌入位置不足以实现制造业部门产业升级和价值攀升的目标。

（三）稳健性检验

为确保本文结论准确可靠，我们对回归结果进行如下稳健性分析：

1.改变因变量（出口国内增加值率）

基准回归中测算的企业出口国内增加率数据采用公式（5）计算得到，在稳健性检验部分，我们还放松约束假设，借鉴Upward等（2013）的方法，采用公式（4）计算企业出口国内增加值率并对基准模型进行再估计，估计结果如表4-5前半部分所示。结果表明加工贸易企业样本中上游度（UI）及其平方项（UI^2）的估计系数仍然显著为负和为正，而总体企业样本和一般贸易企业样本中未检测到上游度和出口增值能力之间的"微笑曲线"关系（U型效应）。因此，本书的核心结论依然成立。

2.改变自变量（上游度指数）

基准回归中我们采用产业上游度指数衡量全球价值链嵌入位置，在稳健性检验部分，我们还借鉴潘文卿和李跟强（2018）的做法，采用下游度指标（Downstream Index，DI）作为上游度的替代指标。由于上游度和下游度作为"一枚硬币的两面"，呈现出高度的负相关关系。因而在计量检验上，产业下游度和企业出口增值能力之间应当同样呈现显著的正向二次关系。估计结果（表4-5后半部分）显示，加工贸易企业中下游度指数和出口国内增加值率之间仍然存在显著的U型关系，而在总体企业样本和一般贸易企业样本表现则不显著，本书主要结论未发生明显改变。

表 4-5　稳健性检验结果：改变因变量和自变量

	改变因变量（出口国内增加值率）			改变自变量（上游度指数）		
	总体平均	一般贸易	加工贸易	总体平均	一般贸易	加工贸易
UI	−0.0253 （−1.00）	−0.0324 （−0.93）	−0.0671** （−2.11）			
UI^2	0.0140 （0.88）	0.0094 （−0.99）	0.0111** （2.23）			
DI				−0.0759 （−0.39）	−0.0459 （−1.12）	−0.0399* （−1.85）
DI^2				0.0102 （1.05）	0.0147 （0.99）	0.0134** （1.99）
控制变量	YES	YES	YES	YES	YES	YES
企业效应	YES	YES	YES	YES	YES	YES
年份效应	YES	YES	YES	YES	YES	YES
样本量	217743	59136	83428	217743	59136	83428
R^2	0.8427	0.8190	0.8294	0.8451	0.8247	0.8297

注：*、**和***分别表示在10%、5%和1%水平上的显著性；括号中为t值。

3.改变投入产出数据

基准回归中我们测算产业上游度使用的是世界投入产出数据库公布的世界投入产出表，在稳健性检验部分，我们还借鉴Ju和Yu（2015）的做法，采用中国投入产出表测算2002年122个部门和2007年135个部门的产业上游度数据。根据本文研究主题选取2002年制造业78个部门和2007年制造业86个部门的产业上游度数据，通过部门名称和国民经济行业与代码关联，对基准模型进行再回归，结果如表4-6所示。我们发现

表 4-6　稳健性检验结果：改变投入产出数据

	2002年			2007年		
	总体平均	一般贸易	加工贸易	总体平均	一般贸易	加工贸易
UI	−0.1037 （−1.26）	−0.0729 （−1.06）	−0.0671*** （−2.81）	−0.0262 （−1.03）	−0.173 （−0.82）	−0.0826** （−2.11）
UI^2	0.0542 （1.47）	0.0187 （1.38）	0.0122*** （3.00）	−0.0038 （−1.24）	0.0275 （1.11）	0.0146*** （2.73）
控制变量	YES	YES	YES	YES	YES	YES
企业效应	YES	YES	YES	YES	YES	YES
样本量	11696	3546	2896	17371	6802	5309
R^2	0.1978	0.1871	0.1795	0.2089	0.1693	0.1784

注：*、**和***分别表示在10%、5%和1%水平上的显著性；括号中为t值。

无论是2002年还是2007年，在加工贸易企业样本中，产业上游度和出口国内增加值率之间呈现显著的正二次关系，而在总体企业样本和一般贸易企业样本中表现则不明显。本文核心结论在改变投入产出数据后依旧稳健。

六、进一步分析

在本节，我们根据国民经济行业与代码二位码讨论了中国制造业各个行业是否存在全球价值链嵌入位置和出口国内增值能力之间的"微笑曲线"关系。表4-7展示了区分贸易方式后中国制造业行业层面的"微笑曲线"存在情况，为报告结果准确考虑，与上文类似，我们只报告了那些在样本期内企业数目大于1200的行业。可以发现，总体层面上"微笑曲线"只存在于"农副食品加工""皮革、毛皮、羽毛及其制造""塑料制品""非金属矿物制品""金属制品""电气机械及器材制造""通信等电子设备制造"等七个行业，然而这些行业并无规律可循，例如"农副食品加工"属于资本密集型行业，"塑料制品"属于劳动密集型行业，而"电气机械及器材制造"属于知识密集型行业。进一步研究发现，制造业加工贸易部门也表现出类似的"微笑曲线"存在形式。因而产业"微笑曲线"在中国制造业并没有普遍存在，微笑曲线更多的是某些行业部门存在的价值链位置和出口增加值收益的特殊价值表现形式。值得注意的是，除了"塑料制品"这一行业外，制造业一般贸易部门均不存在价值链嵌入位置和出口增值能力的"微笑曲线"关系，这表明上游度的增加并不能带来制造业一般贸易部门出口增值能力的大幅提升。这也从另一个侧面反映"微笑曲线"在中国制造业不具有普遍意义，全球价值链嵌入位置与企业出口增值能力之间并无密切关联。

表4-7　区分贸易方式后中国制造业的"微笑曲线"存在情况

产业部门	总体平均	加工贸易	一般贸易	产业部门	总体平均	加工贸易	一般贸易
农副食品加工	YES	YES	NO	非金属矿物制品	YES	YES	NO
食品制造	NO	NO	NO	金属制品	YES	YES	NO
文教体育用品制造	NO	YES	NO	通用设备制造	NO	NO	NO
纺织服装、鞋、帽制造	NO	YES	NO	专用设备制造	NO	NO	NO
皮革、毛皮、羽毛及其制造	YES	YES	NO	交通运输设备制造	NO	NO	NO
家具制造	NO	NO	NO	电气机械及器材制造	YES	YES	NO
纺织制造	NO	YES	NO	通信等电子设备制造	YES	YES	NO
化学原料及化学制品制造	NO	YES	NO	仪表及文化、办公制造	NO	NO	NO
塑料制品	YES	YES	YES	工艺品及其他制造	NO	NO	NO

101

进一步，我们借鉴袁志刚和饶璨（2014）的研究，对全球投入产出表中的制造业产业进行分类，划分为劳动密集型、资本密集型和知识密集型三类样本[①]，并画出了三类样本中上游度和出口国内增加值率散点图的拟合曲线。其中，图4-7（1）（2）（3）分别展示了劳动密集型企业样本、资本密集型企业样本和知识密集型企业样本上游度和出口国内增加值率散点图的拟合曲线在2000—2011年的动态变化趋势。

观察图4-7后发现，随着产业上游化进程的推进，三类产业中的一般贸易企业出口增值能力的扁平化趋势明显，每个价值链位置上对应的增加值获取份额呈现出强烈的均匀化分散特征，产业类型的异质性特征较弱。这一结果和图4-4显示的2000—2011年间制造业一般贸易企业出口国内增加值率的变动幅度不大这一事实是相契合的。究其原因在于，一般贸易企业的产业链基本都在国内，单纯通过产业上游化进程改变企业价值链嵌入位置或者延长国内产业链长度，已无法满足该类型企业出口增值能力攀升的目标。一般贸易企业的出口价值攀升应当寄托于通过制造业创新体系的构建，特别是要提高关键核心技术的创新力培育。进一步研究后发现，随着产业上游化进程的推进，资本密集型产业和知识密集型产业的一般贸易企业呈现出一定程度的下移化和低值化趋势，原因在于，随着产业上游化进程的持续，大量中间产品被用于生产出口中，鉴于中间投入产品生产的低附加值、低技术含量等"粗放型"特征，因而这些产业类型的一般贸易企业出口国内增值份额有一定程度的减少。这也表明，资本密集型产业和知识密集型产业的一般贸易企业有必要通过产业升级驱动自身向全球价值链下游环节转移，实现出口增值能力的提高和国际分工地位的跃升。

进一步观察图4-7后发现，在劳动密集型产业和资本密集型产业的加工贸易企业中，呈现出显著的上游度和出口国内增加值率之间的产业"微笑曲线"关系。区别在于劳动密集型产业的加工贸易企业以上游度等于2.5为临界值，而资本密集型产业的加工贸易企业则以上游度等于3为临界值，对应的出口国内增加值率呈现出较为明显的先降后升的"微笑曲线"特征。这个现象与加工企业所属的产业类型相关，劳动密集型产业相对资本密集型产业距离消费端更近，对应的上游度更小，因而产业"微笑曲线"的拐点距离最终需求端要更早。此外，相对于劳动密集型产业加工贸易企业，资本密

[①] 劳动密集型包括"纺织及服装制造业（c4）""皮革、毛皮、羽毛（绒）及鞋类制成品业（c5）""木材加工及木、竹、藤、棕、草制品业（c6）""其他制造业及废弃资源回收加工业（c16）"；资本密集型包括"食品、饮料制造及烟草业（c3）""造纸及纸制品业，印刷业（c7）""石油加工、炼焦及核燃料加工（c8）""橡胶及塑料制品业（c10）""非金属矿物制品业（c11）""金属制品业（c12）"；知识密集型包括"化学原料及化学制品制造业（c9）""机械制造业（c13）""电气及电子机械器材制造业（c14）""交通运输设备制造业（c15）"。

（1）

（2）

（3）

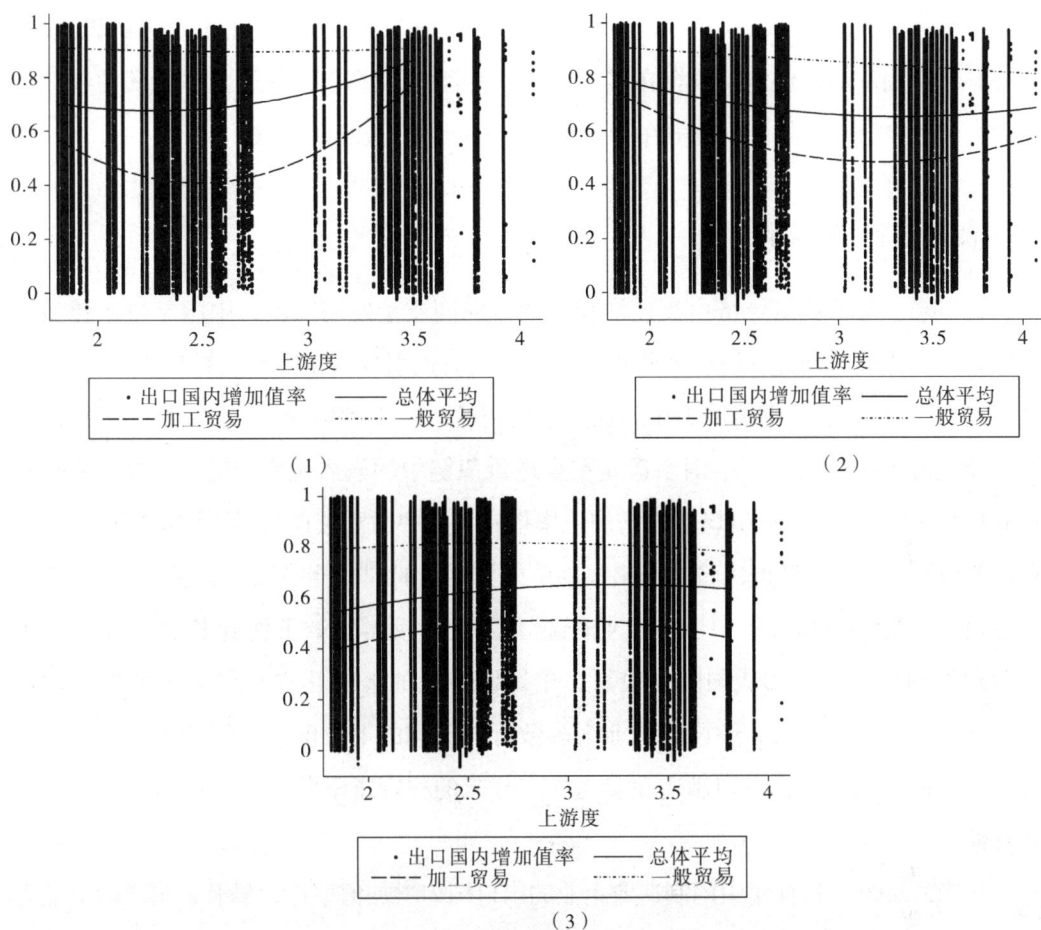

图4-7　上游度与出口国内增加值率之间的相互关系（区分产业类型与贸易方式）

集型产业加工贸易企业中的产业"微笑曲线"的弧度变浅，表明随着制造业产业链条的伸长，资本密集型产业链上各个嵌入位置所俘获的出口国内增加值呈现出一定程度的"均匀化特征"，这也意味着该资本密集型加工贸易企业的价值链嵌入位置和出口增值能力之间的相互关联正在逐步弱化。需要特别注意的是，知识密集型产业的加工贸易企业的上游度和出口国内增加值率散点图的拟合曲线则完成了由"微笑曲线"到"武藏曲线"①的"倒U型"反转。这个现象产生的原因在于，"化学原料及化学制品制造业""机械制造业""电气及电子机械器材制造业""交通运输设备制造业"等知识密集型产业通过研发成功获得垄断性优势后，继而依靠规模化生产等组装制造方式，同样

①"武藏曲线"与"微笑曲线"截然相反，是2004年由日本索尼中村研究所所长中村末广在对日本制造业调查后所创立的理论。该理论认为在制造业的业务流程中，组装、制造阶段的流程有较高的利润，而零件、材料以及销售、服务的利润反而较低。"武藏曲线"表明坚守制造完全可以实现厚利与价值。

可以获得高额利润。这也表明，企业所处的价值链分工地位由于行业或产业的异质性，使得其自身面临的价值链曲线存在多种选择。换言之，"微笑曲线"和"武藏曲线"可能没有好坏之分，只是由于价值在产业发展的不同环节被激发所致。

七、结论与启示

近年来，随着我国经济由高速增长阶段转向高质量发展阶段，中国制造业转型升级面临内部挑战与外部环境改变的双重压力，同时也引发了学界和业界有关"'微笑曲线'和'武藏曲线'，谁能助力中国制造"的讨论。本书利用Antras et al.（2012）提出的产业上游度指标度量了中国制造业在全球价值链中的嵌入位置，进一步结合Kee和Tang（2016）提出的企业出口国内增加值率指标，从中微观层面考察了中国制造业是否在产业层面存在价值链嵌入位置与出口增值能力之间的"微笑曲线"关系。研究表明：

第一，2000—2011年中国制造业产业上游度持续增加，上游化趋势明显，这主要表现为两个方面：①从国际比较看，中国制造业的上游化进程要高于世界平均水平。②从产业部门来看，中国制造业大多数行业部门的上游度水平得到了一定程度的提高。上述现象表明，中国制造业参与国际分工的程度正不断加深，价值链长度正不断延伸。

第二，2000—2011年中国制造业企业的出口国内增加值率持续攀升，出口增值能力不断提高。其中，一般贸易企业的出口国内增加值率在样本期内变动不大，而加工贸易企业是左右中国制造业企业出口国内增加值率升和降的主要动因。此外，中国制造业尽管在技术型产品出口上取得了一定程度的进步，但是在高技术产品出口上仍有待加强。

第三，2000—2011年中国制造业在总体层面上不存在产业"微笑曲线"，"微笑曲线"更多是存在于加工贸易企业中。进一步研究后发现，随着产业上游化进程的推进，一般贸易企业出口增值能力的扁平化趋势明显，劳动密集型产业和资本密集产业的加工贸易企业呈现出明显的"微笑曲线"特征，而知识密集型产业的加工贸易企业则呈现出截然相反的"武藏曲线"特征。

根据本书的研究结论，可以得到以下启示：

第一，重新审视"微笑曲线"理论在中国制造业发展中的适用性。本文研究结论表明单纯依靠改变价值链嵌入位置不足以实现制造业部门产业升级和价值攀升的目标，因而产业层面的"微笑曲线"在中国制造业不具备普遍意义，"微笑曲线"更多是企业根据自身条件实现价值升级的一种自发行为。因此，以"微笑曲线"理论指导中国制造业产业升级转型的科学性值得商榷。随着产业链架构逐步趋于完善，中国制造要思考的首要问题是如何在不同的价值链位置拥抱技术，围绕核心制造环节重塑出制造业竞争新优势。

第二，做好产业政策的评估和动态调整工作。在中国制造业内部，由于行业异质性，国际分工地位对价值链曲线有着重要的调节作用。换言之，"微笑曲线"和"武藏曲线"在制造业转型升级中可能并没有优劣之分，只是由于全球价值链嵌入地位不同，利润会在产业发展的不同环节被激发所致。因而通过技术创新实现对产业发展不同环节多点连续嵌入可能更加或至少与价值链的嵌入位置同等重要。实施产业政策时注意其针对性和动态性是大有必要的，同时根据形势变化制定出更合时宜和未来需要的价值链导向产业政策。

第三，厘清政府和市场的治理边界，确保产业政策对市场调节的统一性和协调性。本文研究发现，企业生产率的提高有助于出口国内增加值率的稳定和提升，而保持适度激烈的行业竞争同样是企业生产效率和出口国内增加值率提高的重要原因。因而在实施产业政策时，如何维护好以"竞争中性"为治理原则的市场经济体制，放活市场主体，培育企业内生动力，其重要性不言而喻。我国制造业出口增值能力的提升有赖于政府通过法制和政策维护良好的市场环境，特别是在市场集中度与竞争性之间寻求及保障动态合理的平衡点。

第四，积极推动加工贸易创新发展和产业升级。本文研究表明，"微笑曲线"更多是存在于加工贸易企业中。此外，在制造业转型升级和高质量发展过程中，加工贸易企业是左右中国制造业企业出口国内增加值率变化趋势的重要因素。因此，如何在"稳外资"的同时，提升外资的技术含量，加强产业纵向和横向的创新溢出、从而促进加工贸易转型升级是今后一个十分关键的政策实践环节。同时我们还应认识到，利用高技术外资和发展高层次的加工贸易也是国内产业更加广泛、高位对接全球价值链，实现价值链地位攀升的有效路径。

第五，构建高质量发展导向的产业政策，着力提升制造业产业的技术含量和全要素生产率。随着经济增长的传统动能逐渐势微以及外部环境日趋严峻，强调数量扩张的产业政策难以为继，高质量发展导向的产业政策应当是通过提供良好的制度环境、基础设施和公共服务以及配套相应技术和人才等措施，促进要素供给质量的升级和资源配置效率的提升，推动产业技术进步，加强基础产业的自主性，提高关键核心技术创新能力，中国制造才能"微笑"处于全球价值链顶端。

第五章 劳动力成本上升对中国加工贸易发展的影响分析

第一节 劳动力成本上升与加工贸易增长的二元边际分析

改革开放以来，中国经济的蓬勃发展很大程度上得益于中国进出口贸易的不断扩大，其中加工贸易占了很大比重。但是，由近年来的统计数据可以看出，加工贸易在中国进出口贸易中的比重趋于下降。那么在当今环境下，中国加工贸易的下滑源自哪些因素？今后中国加工贸易产业应该走向怎样的转型升级之路？本章基于新新贸易理论模型，从劳动力要素成本变动入手，使用联合国商品贸易统计（UN Comtrade Database）数据库按HS六位码划分的中国与主要贸易国进行双边加工贸易产品层面的数据，通过计算加工贸易增长的集约边际和扩展边际，再结合Chaney（2008）推导出的改进的引力模型筛选确定包括劳动力成本在内的影响贸易增长的因素，进而从整体性和按技术复杂度分类两个方面对混合截面数据进行回归，最后根据回归结果，提出中国加工贸易转型升级的合理建议。

一、中国加工贸易出口增长二元边际的测算

在新新贸易理论中，二元边际指的是把一个国家的出口贸易增长划分为集约边际（intensive margin）和扩展边际（extensive margin）。[1] 目前，对二元边际的界定还没有统一的标准，学者们对集约边际的界定基本一致，那就是指现有出口企业和现有出口产品在量上的扩张。但关于扩展的边际，现有学者的研究并没有一个统一的标准。本

---

[1] 陈勇兵，陈宇媚.贸易增长的二元边际：一个文献综述[J].国际贸易问题，2011（9）：160-168.

章借鉴 Amurgo-Pacheco 和 Pierola（2008）的做法，集约边际为原有出口产品在原有出口市场上的增加；扩展边际则包括原有出口产品出口到新的市场，新的出口产品出口到原有的市场，新的出口产品出口到新的市场三种情形。以2002年为基期，即如果在2002年某个产品以加工贸易方式由中国出口到17个国家中的某一个国家，则该产品属于集约边际的计量范围。我们依次考察2003—2013年是否依然有此贸易流量，如果有，集约边际为当年该产品由中国出口到某国该产品的贸易值；如果没有，集约边际记为0。如果某产品在2002年没有以加工贸易方式由中国出口到某国，而在2003—2013年间存在由中国以加工贸易方式出口到17个国家中某一国的贸易流量，则该产品属于扩展边际的计量范围，统计方式同集约边际。

由图5-1可以看出，以2013年为例，从产品数量角度来看，集约边际为主导力量，扩展边际对和集约边际对相差最小的是巴西，扩展边际对和集约边际对的比值为0.923；相差最大的是日本和美国，比值分别为0.115和0.14。

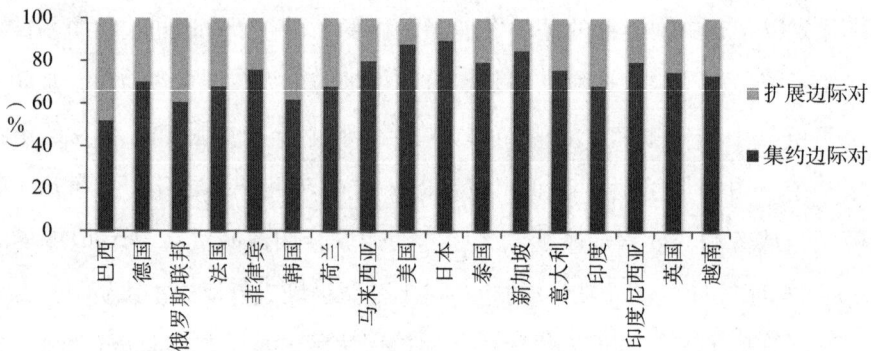

图5-1　2013年中国加工贸易出口到17国的二元边际结构—数量角度

资料来源：作者根据 UN Comtrade 数据库整理。

由图5-2可见，以2013年为例，在产品价值方面，扩展边际价值与集约边际价值相差最小的是巴西和越南，但它们扩展边际的价值仍不到集约边际价值的一半，扩展边际价值与集约边际价值的比值分别为0.453和0.409；相差最大的是美国、日本、德国、英国、荷兰、意大利等发达国家，扩展边际价值与集约边际价值的比值均不超过0.03。这样的数据结果说明，每种新产品的价值比每种老产品的价值要低，这可能是因为新产品的出口数量大大低于老产品出口的数量，也可能是因为新产品单价比老产品单价要低，但本文作者更倾向于前者的解释。

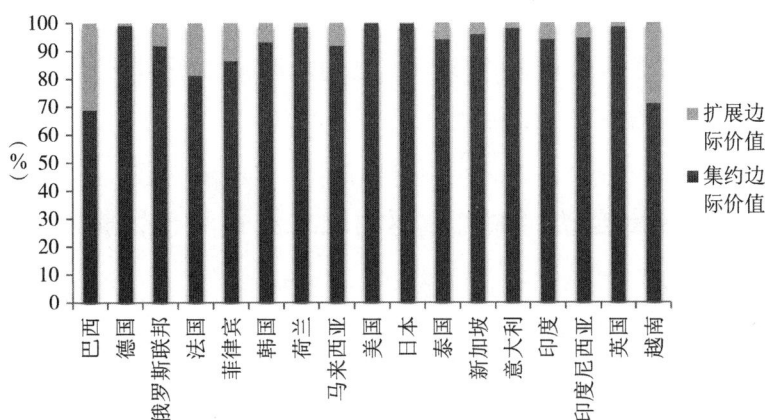

图5-2　2013年中国以加工贸易方式出口到17国二元边际结构—价值角度

资料来源：作者根据UN Comtrade数据库整理。

表5-1　2013年中国以加工贸易方式出口到17国二元边际情况表

边际 国家	集约边 际对	扩展边 际对	扩展边际对／集 约边际对（％）	集约边际价值 （美元）	扩展边际价值 （美元）	扩展边际价值／集 约边际价值（％）
巴西	1015	937	92.32	17860757370	8094786767	45.32
德国	1751	745	42.55	51515131855	512800658	1.00
俄罗斯联邦	1456	943	64.77	32726109184	2874462720	8.78
法国	1274	604	47.41	16622857217	3850927813	23.17
菲律宾	1507	482	31.98	10806606276	1704480248	15.77
韩国	1072	663	61.85	2258885983	165458452	7.32
荷兰	1251	590	47.16	49345124397	753063823	1.53
马来西亚	1671	420	25.13	29793430580	2679495611	8.99
美国	1928	271	14.06	299725000000	697772525	0.23
日本	1960	226	11.53	106920000000	338804035	0.32
泰国	1668	434	26.02	20863212065	1326329139	6.36
新加坡	1704	306	17.96	35226780539	1580708095	4.49
意大利	1485	474	31.92	18089011637	383193851	2.12
印度	1434	663	46.23	29961208372	1896813213	6.33
印度尼西亚	1653	423	25.59	24649447927	1430902511	5.81
英国	1464	492	33.61	38342309033	558371450	1.46
越南	1555	564	36.27	22601568130	9244262386	40.90

资料来源：本文作者根据UN Comtrade数据库整理。

以2013年中国加工贸易出口的二元边际情况为例，由图5-1、图5-2及表5-1可以看出，总的来说，中国加工贸易的增长无论是数量角度还是价值角度，都是以集约边际为主导力量。尤其是从价值角度上看，扩展边际贡献的增长与集约边际相比显得微乎其微。

二、劳动力成本变动对加工贸易出口二元边际整体影响的实证研究

（一）模型构建

本章研究的是劳动力成本变动与加工贸易的关系，需要探究加工贸易出口增长的二元边际结构及其影响因素，实际上还是对贸易流量的估计。因此，此处采用的估计模型要与传统的引力模型有所不同，它若能对加工贸易的二元边际进行有效估计，则必须满足以下两个条件：第一，它能将加工贸易总流量分解为集约边际和扩展边际两个维度；第二，由于国家之间加工贸易存在零点贸易，它必须能对这些零点贸易有所考虑且能做出有效解释。

Tinbergen（1962）和Pyhnen（1963）是最早将引力模型用于研究国家间贸易流量的学者。他们分别独立将引力模型用于分析双边贸易流量，而且得到了相同的结果，即认为两个国家双边贸易规模与他们的经济规模成正比，与两国之间的地理距离成反比。引力模型优点颇多，如数据具有很强的可获得性、结果可信度高、应用范围广泛等。因此，越来越多的学者使用引力模型进行实证研究，成为国际贸易领域中对双边贸易流量进行研究的主要工具。然而，经典引力模型（Anderson和Van Wincoop，2003）假定企业和消费者的偏好具有同质性，因此企业生产的所有产品都存在双边贸易，这样一来，贸易的增加只会体现在集约边际而不体现在扩展边际。同时，经典引力模型在进行国家间的样本回归时，通常仅纳入了国家间为正的贸易量，而忽略了数据中国家之间的零点贸易，使估计结果有偏。

Chaney（2008）将Meiliz（2003）中的企业异质性贸易模型进行扩展，强调由于当两国之间贸易壁垒下降时，按企业异质性理论，较低生产率的企业也会进入市场选择出口；如果企业间替代弹性较低，那么每个企业都能有一定的垄断势力，新企业也因为面对较少的竞争能在出口市场占较大份额，从而使贸易总量的增长更大；而如果企业之间替代弹性较小，意味着当生产率较低的新企业进入市场后面临更加激烈的竞争，生产率较低便会成为这些新企业的劣势而使他们占领较小的市场份额，那么，他们对贸易总量增长的贡献也将较小。由此，他们构建了一个更贴近现实的"扭曲"的引力

模型。本章借鉴Chaney（2008）的研究框架，分析包括劳动力成本在内的对加工贸易二元边际的影响机理。

1.模型假设

国家与生产部门：假设存在H个国家，劳动力L是唯一的生产要素。国家n拥有的人口数为L_n，L_n既表示所有生产要素存量又表示消费者数量。生产部门个数为M+1个，其中部门A规模收益不变且生产单一同质产品a，产品a被用作计价物，价格设定为1；第H国每投入1单位劳动力，可以生产出单位的A部门产品，则也可以看成第H国的工资水平。其余M个生产部门生产的是连续型差异产品，每个厂商在其生产的产品上都具有垄断势力，该垄断势力用来表示m部门差异化产品间的替代弹性和产品m的消费支出比重。因此，国家之间的差别体现在劳动力数量和工资水平的区别上。

贸易成本：假设部门A生产的同质产品为自由贸易产品，不存在贸易成本。其他M个部门的贸易成本分为可变成本和固定成本，其中可变成本为"冰山型"，即若可变贸易成本为τ，则1单位的出口产品将只有1/τ单位到达出口目的国；同时选择出口的企业还要面对固定成本f，即产品要进入对方市场所要付出的成本，不受产品出口量的影响。

技术层面。假设这H个国家都有相同的技术水平，由于固定成本的存在，生产差异性产品的部门呈现规模收益递增。差异化生产部门m之间的异质性体现在它们具有不同的生产率水平。假设m部门每一个企业都具有一个随机的单位劳动生产率φ，与Meiliz（2003）的设定相同，生产率φ符合参数为γ的帕累托分布，其中γ是与企业异质性分布负相关的参数，γ越大表明此部门越同质；并且存在一个生产率门槛，只有生产率在此门槛以上的企业才会选择出口。

2.模型推导

以如上假设为前提，根据Chaney（2008）多边非对称的企业异质性下国际贸易定理，我们得到改进的贸易引力模型：

$$X_{ij}^h(\phi) = \begin{cases} \mu_h \times \dfrac{Y_i \times Y_j}{Y} \times \left[\dfrac{w_i \times \tau_{ij}^h}{\theta_j^h}\right]^{-\gamma^h} \times (f_{ij}^h)^{-\left[\frac{\gamma_h}{\sigma_{h-1}}-1\right]}, & if\ \phi \geqslant \bar{\phi}_{ij} \\ 0, & otherwise \end{cases} \tag{1}$$

其中，X_{ij}^h表示i国h部门向j国的总出口量，Y表示一国经济规模，w_i表示用工资来衡量的劳动力生产率，τ_{ij}^h表示可变贸易成本，f_{ij}^h表示固定贸易成本，θ_j^h表示多边阻力，其中γ、μ、σ是三个外生参数，γ表示企业异质性参数，μ表示消费者对h产品的消费份额，σ表示不同产品之间的替代弹性。当h部门内的厂商生产率水平 φ 小于临界生产率水平 $\overline{\phi}_{ij}$ 时，h部门向j国出口量为零；当h部门内的厂商生产率水平 φ 大于或者等于生产率临界水平 $\overline{\phi}_{ij}$ 时，h部门向j国出口，存在为正的出口量。由此可见，该贸易引力模型能对双边贸易中存在的零点贸易有所考虑。此外，依据异质性企业贸易模型，我们可以将两国之间贸易总出口 X_{ij}^h 分解为集约边际和扩展边际。根据Anderson和Wincoop（2003）、Besedes和Prusa（2007）及Kancs（2007）之前的实证研究经验方法，从出口国i到目的国j的总贸易出口量 E_{ij} 等于单位厂商的平均出口量 e_{ij} 和出口厂商的数量 N_{ij} 的乘积，为下式所示：

$$E_{ij} = e_{ij} \times N_{ij} \tag{2}$$

Hummels和Klenow（2005）将单位厂商的平均出口量 e_{ij} 定义为贸易出口增长的集约边际，将出口厂商的数量 N_{ij} 定义为贸易增长的扩展边际。Chaney（2008）对模型进行推导时，将单位厂商的平均出口量即集约边际的表达式表示为：

$$e_{ij} = x_{ij}(\phi) = \lambda_3 \times \left[\frac{Y_i}{Y}\right]^{\frac{(\sigma-1)}{\gamma}} \times \left[\frac{\theta_i}{\tau_{ij}}\right]^{\sigma-1} \times \left[\frac{\phi}{w_i}\right]^{\sigma-1} \quad , \quad \phi \geq \overline{\phi}_{ij} \tag{3}$$

其中，除了 λ_3 假设为常参数外，其他所有变量的含义与式（1）中一样。我们可以看出，贸易出口增长的集约边际主要由经济规模、以劳动力工资衡量的厂商生产率水平、可变贸易成本和多边阻力所决定。

结合式（1）（2）（3），我们可以推出出口厂商的数量即扩展的边际为：

$$N_{ij} = \frac{E_{ij}}{e_{ij}} = \frac{X_{ij}^h(\phi)}{X_{ij}(\phi)} = \left[\frac{\sigma}{\sigma-1}\right]^{\sigma-1} \frac{Y_iY_j}{Y}f_{ij}^{-\frac{\gamma}{\sigma-1}}\left[\frac{w_i\tau_{ij}}{\theta_j}\right]^{-\gamma} \tag{4}$$

由式（4），我们可以看出，贸易出口增长的扩展边际主要受经济规模、以劳动力工资衡量的厂商生产率水平、固定贸易成本、可变贸易成本以及多边阻力作用。通过对比式（3）和式（4），我们可以发现，在Chaney（2008）推导的模型中，影响集约边际和扩展边际的因素存在一定程度的差别，即固定成本只对扩展边际有影响而对集约边际无影响。

3.计量模型

根据以上的模型推导，由式（3）和（4），我们建立了如下存在差异的二元边际影响因素计量方程：

其中，集约边际方程设定为：

$$lnEXMG_{ij} = \alpha + \beta_1 lnw_i + \beta_2 lnGDP + \beta_3 lnPRO_i + \beta_4 lnDIS_i + \beta_5 lnMUL_i +$$
$$\beta_6 lnShock_i + \varepsilon \tag{5}$$

扩展边际方程设定为：

$$lnINMG_{ij} = \alpha + \beta_1 lnw_i + \beta_2 lnGDP + \beta_3 lnPRO_i + \beta_4 lnDIS_i + \beta_5 lnFC_i + \beta_6 lnMUL_i +$$
$$\beta_7 lnShock_i + \varepsilon \tag{6}$$

表5-2对各变量简要说明如下：

表5-2 模型中各变量的含义

变量名		变量含义
被解释变量	$EXMG_{ij}$	加工贸易出口增长集约边际
	$INMG_{ij}$	加工贸易出口增长扩展边际
解释变量	w_i	中国劳动力成本
控制变量	GDP	出口目的国经济规模
	PRO	出口目的国生产率水平
	DIS	出口的可变成本
	FC	出口的固定成本
	MUL	多边阻力
	SHOCK	外部冲击（虚拟变量）

（二）变量与数据

本书选取2002—2013年中国与17个主要加工贸易伙伴国[①]的微观贸易数据及相关的宏观经济数据进行混合截面数据的实证分析。通过计算加工贸易和总贸易的比值，筛选出按HS2002编码前两位码分类共42章的产品种类[②]，代表对应行业。时间以2002年为基期，计算中国与各国2003—2013年的二元边际值。由计量模型方程5、6可知，需要用到的变量有二元边际、劳动力成本、经济规模、生产率水平、出口可变成本、出口固定成本、多边阻力及外部冲击。

1.二元边际（$lnEXMG_{ij}$和$lnINMG_{ij}$）

扩展边际和集约边际是按照HS-6位数产品分类的每种产品每年由中国出口到各国的贸易值。本文借鉴Amurgo-Pacheco和Pierola（2008）的做法，以2002年为基期，即如果在2002年某个产品以加工贸易方式由中国出口到17个国家中的某一个国家，则

[①] 巴西、德国、俄罗斯联邦、法国、菲律宾、韩国、荷兰、马来西亚、美国、日本、泰国、新加坡、意大利、印度、印度尼西亚、英国、越南。

[②] 钟表及其零件；光学、照相、电影、计量、检验、医疗或外科用仪器及设备、精密仪器及设备；上述物品的零件；附件、玩具、游戏品、运动用品及其零件、附件；船舶及浮动结构体；航空器、航天器及其零件；核反应堆、锅炉、机器、机械器具及其零件等42个按章分类产品。

该产品属于集约边际的计量范围。我们依次考察2003—2013年是否依然有此贸易流量，如果有，集约边际为当年该产品由中国出口到某国该产品的贸易值，如果没有，集约边际记为0。如果某产品在2002年没有以加工贸易方式由中国出口到某国，而在2003—2013年存在由中国以加工贸易方式出口到17国中某国的贸易流量，则该产品属于扩展边际的计量范围，统计方式同集约边际。采用此种方法最后会在数据中存在很多零点贸易，考虑到零点贸易的特殊性，本文参照钱学锋（2010）的做法，以 ln（$EXMG_{ij}+1$）和 ln（$INMG_{ij}+1$）的形式进入方程。此外，除外部冲击这个虚拟变量之外，钱学锋（2010）将其他变量的处理办法均采用加1后取对数，因此，本文也采用此种方法，之后将不再赘述。

2.劳动力成本（w_i）

本文所指的劳动力成本，采用的是中国国家统计局数据库[①]中中国城镇单位就业人员年平均工资与其他国家年平均工资的相对比值，这样能够真实地反映中国劳动力成本的变动幅度，更加科学地衡量中国劳动力成本的变动。我们预测劳动力成本对二元边际的影响为负。

3.经济规模（GDP）

本文选用GDP来衡量一国的经济规模，GDP数据来自世界银行网站，[②]我们采用其他17国的名义GDP与中国名义GDP的比值，以 ln（1+GDP）进入方程。我们预测经济规模对二元边际的影响为正。

4.生产率水平（PRO）

本文选用每单位雇佣劳动力的平均GDP（GDP为以1990年为基期的购买力平价GDP）作为衡量生产率水平的指标，数据来自世界银行网站。[③]我们采用各国每单位雇佣劳动力的平均GDP与中国每单位雇佣劳动力的平均GDP的比值，以便更好地反映各国真实的生产率水平，以 ln（1+PRO）进入方程。根据Melitz（2003）的企业异质性理论，生产率较高的企业比生产率低的企业出口可能性更高。因此，如果他国比中国生产率水平高，那么便增加了中国出口的难度。我们预测他国生产率水平对我国出口二元边际的影响为负。

[①]国家统计局网站：http：//www.stats.gov.cn/.

[②]World Bank 网站：http：//wdi.worldbank.org/.

[③]World Bank 数据库网站：http：//data.worldbank.org/indicator/SL.GDP.PCAP.EM.KD/countries.

5. 出口的可变成本（DIS）

通常，在前人的研究中，可变成本可由两个国家之间的距离来代替（钱学锋，2010；Amurgo-Pacheco 和 Pierola，2008）。因此，本文采用中国与17个主要加工贸易国的双边距离作为出口的可变成本。CEPII的地理距离数据库（GeoDist database）[①]提供了四种标准的统计数字，其中前两种（dist 和 distcap）属于绝对距离，dist 表示按照经纬度计算的贸易双方主要城市的球面距离，distcap 则是贸易双方的首都的球面距离；另外两种（distw 和 distwces）则属于相对距离，它们是以两国最主要城市的绝对距离为基础，通过一国内部的城市层面的人口分布状况作为权重计算的相对值。本文选择按人口分布加权的距离distwces。变量以 ln（1+DIS）进入模型，由于国家之间距离越远，双方进行贸易的成本就会越高，因此我们预测出口的可变成本对二元边际的影响为负。

6. 出口的固定成本（FC）

固定贸易成本指一国出口企业出口时受到的国内政策干预、双边及多边贸易协定等影响造成的成本。本文选取传统基金会（The Heritage Foundation）[②]提供的各国的经济自由度指数（Index of Economic Freedom）来衡量一国的固定贸易成本。经济自由度越高，企业出口所需克服的阻力就越小，出口的固定成本就越小。因此，我们预测出口的固定成本对扩展边际的影响为负，参数为正。

7. 多边阻力（MUL）

多边阻力衡量了一个国家与所有国家之间贸易所受到的阻力大小，一个国家与所有国家之间贸易受到的阻力越大，则该国与某一国家的双边贸易越容易发生。借鉴 Kancs（2007）的处理方法，本文将多边阻力定义为 $\mu_d^{-\gamma} = \sum_{r-1}^{R} (Y_r/Y)\theta_d$。$Y_r$ 代表各国 GDP，Y 代表世界总 GDP，θ_d 代表双边贸易自由度指数，计算公式为 $\theta_d = \sqrt{E_{dr}E_{rd}/E_{rr}E_{dd}}$，$E_{rr}$、$E_{dd}$ 代表出口国和目的国的国内总销售量，E_{rd}、E_{dr} 代表两国的相互出口量，两国的国内总销售量为本国的总产出与本国的总出口相减。计算所用数据来自世界银行数据库[③]。我们预测多边阻力对二元边际的影响为正。

8. 外部冲击（SHOCK）

由于金融危机等外部冲击会对出口造成影响，因此本文将外部冲击设为虚拟变量。在2003—2013年间，经历了2008年的金融危机，对中国的出口尤其是加工贸易的出口

[①] GeoDist database 网站：http://www.cepii.fr/CEPII/en/bdd_modele/download.asp?id=6.

[②] The Heritage Foundation 网站：http://www.heritage.org/index/.

[③] 世界银行数据库网站：http://wdi.worldbank.org/.

造成了很大的负面冲击。因此，将2008年、2009年该变量取值为1，其余年份取值为0。我们预测它的参数估计结果为负。

（三）估计方法

由于本书的数据存在大量的零点贸易，那么其因变量是受限因变量，若直接用普通最小二乘法估计会使结果有偏。因此，我们借鉴前人的方法使用Tobit模型的极大似然法（MLE）对本文数据进行估计。但是采用该估计方法会存在两个问题：①回归出来的原始系数不能直接解释为自变量对因变量的作用。对于这个问题，我们可以通过将回归所得系数与转换因子相结合计算出边际效应（marginal effects），从而使处理后的系数具有经济解释能力。②当存在异方差时，如果用该方法对贸易引力方程进行估计可能会产生不一致的估计量（Silva和Tenreyro，2006）[①]。针对这个问题，我们借鉴Silva和Tenreyro（2006）提出的方法，使用泊松伪最大似然估计方法（Poisson Pseudo–Maximum–Likelihood，PPML）作为稳健性检验，并且Silva和Tenreyro（2006）认为，泊松伪最大似然估计方法是贸易数据整体存在异方差和零贸易情况下对引力方程进行估计的最佳选择。

（四）检验结果及其分析

本书对中国与17个国家2003—2013年42大类产品中所有下属产品共268891条数据进行回归，回归结果见表5-3。表5-3是计算了边际效应的回归结果，由于使用PPML估计的结果与此估计结果相差不多，因此本节使用该结果进行讨论，PPML回归结果参见本章末附表5-1。

表5-3　Tobit 模型对二元边际决定因素回归结果（边际效应）

变量	扩展边际回归结果（$\ln EXMG_{ij}$）	集约边际回归结果（$\ln INMG_{ij}$）
w_i	$-0.0218(0.002)^{***}$	$-0.1543(0.003)^{***}$
GDP	$0.0081(0.0001)^{***}$	$0.0187(0.0012)^{***}$
PRO	$-0.0034(0.0002)^{***}$	$0.0109(0.0009)^{***}$
DIS	$-0.0029(0.0003)^{***}$	$-0.0026(0.0003)^{***}$
FC	$0.0062(0.0001)^{***}$	—
MUL	$0.0015(0.0012)^{**}$	$-0.0013(0.0015)^{**}$

---

① Silva. S. and S. Tenreyro , 2006, "The Log of Gravity", Review of Economics and Statistics , 88（4）, pp. 641—658.

变量	扩展边际回归结果（$\ln EXMG_{ij}$）	集约边际回归结果（$\ln INMG_{ij}$）
SHOCK	$-0.0002（0.00005）^{***}$	$-0.0033（0.0005）^{***}$
Pseudo R^2	0.026	0.012
Log likelihood	298876	396683
观察值	71088	197803
左设限观察值（$\ln X <= 0$）	39098	29967

注：括号内为标准差；***、**、*分别表示在1%、5%和10%的显著性水平下显著。需要说明的是，Tobit模型估计好坏程度在于最大化对数似然函数（Wooldridge，2003），而不是为了最大化R^2。

根据上表5-3的估计结果，我们可以看到劳动力成本对加工贸易的二元边际的影响均为负，与预期相一致。但是，劳动力成本上升对集约边际的负面作用大于对扩展边际的负面作用；出口目的地国经济规模的大小对加工贸易的二元边际均有正向效应，目的地国经济体量越大，出口到目的地国的加工贸易产品就越多；对于劳动生产率，在集约边际上出现了与预期不相符合的结果，扩展边际的结果与预期一致；出口目的地国相对于中国的劳动生产率提高，本应对中国出口有负面作用，但回归结果刚好与其相反。根据Melitz（2003）提出的企业异质性模型，只有生产率高的企业才有可能出口，生产率低的企业出口可能性更低，如果加工贸易出口目的地国的生产率越高，那么中国的生产率相对就越低，这样无论在品种还是数量上都不利于中国的出口。但在本文的回归结果中，在加工贸易的集约边际上，出现了截然相反的符号。根据戴觅和余淼杰（2014）对中国加工贸易企业进行的实证研究，发现中国出口的"企业异质性之谜"的存在是因为加工贸易企业，中国加工贸易企业的低生产率拉低了中国出口企业的生产率，这便解释了产生符号与预期相反结果的原因。可变成本地理距离符号与预期一致，出口国和目的地国距离越远，越不利于加工贸易产品的出口。固定成本对中国加工贸易出口的扩展边际影响为负，参数为正，参数代表出口目的地国的经济自由度指数，目的地国对外政策越开放，经济自由度越高，中国就更容易出口产品到目的地国。多边阻力与劳动生产率一样，在扩展边际上的符号与预期一致，在集约边际上的符号与预期相反。因此，在产品出口数量的增加上，并不是当中国与其他所有国家出口的阻力越大，中国与某个国家的产品出口数量就越多。这一结果与钱学锋（2010）所得结果一致，他对此的解释为可能多边阻力对二元边际的影响更大程度是体现在扩展边际上。对于外部冲击，回归结果与预期一致。2008年金融危机对中国加工贸易在集约和扩展边际上均有负面影响，并且相对于扩展边际，金融危机对加工贸易出口的集约边际影响更大。这说明中国加工贸易出口产品种类越多，对抗外部冲击的能力就越强。

从回归结果我们可以看出，劳动生产率和多边阻力对集约边际的影响与我们的直觉刚好相反。劳动生产率对集约边际的影响与预期不同是因为中国加工贸易的特殊性，中国加工贸易的低生产率使企业异质性模型在中国不适用。而多边阻力符号与预期相反的原因还需要进一步探究。劳动力成本对加工贸易出口二元边际的影响与预期一致，劳动力成本上升会从数量和品种上均造成加工贸易出口的减少，但是劳动力成本上升对集约边际的影响大于对扩展边际的影响，这为我们之后提出转型建议提供了一定的启发作用。

三、劳动力成本变动对不同技术复杂度加工贸易影响的实证分析

（一）模型构建

为了得到进一步的实证结论同时也是稳健性检验，本文对不同技术复杂程度加工贸易二元边际的影响因素进行探究。同样借鉴 Chaney（2008）"扭曲"的引力模型，将加工贸易出口产品按大类分为中高技术产品和中低技术产品，分类标准主要参见宗毅君（2011），之后再分别对中高技术加工贸易二元边际及中低技术加工贸易二元边际影响因素进行估计。Chaney（2008）推导的模型为：

集约边际为：

$$e_{ij} = x_{ij}(\phi) = \lambda_3 \times \left[\frac{Y_i}{Y}\right]^{(\sigma-1)/\gamma} \times \left[\frac{\theta_i}{\tau_{ij}}\right]^{\sigma-1} \times \left[\frac{\phi}{w_i}\right]^{\sigma-1} \quad , \quad \phi \geqslant \overline{\phi}_{ij} \qquad (1)$$

扩展边际为：

$$N_{ij} = \frac{E_{ij}}{e_{ij}} = \frac{X_{ij}^h(\phi)}{X_{ij}(\phi)} = \left[\frac{\sigma}{\sigma-1}\right]^{\sigma-1} \frac{Y_i Y_j}{Y} f_{ij}^{-\frac{\gamma}{\sigma-1}} \left[\frac{w_i \tau_{ij}}{\theta_j}\right]^{-\gamma} \qquad (2)$$

根据式（1）和（2），我们建立如下存在差异的二元边际影响因素计量方程：

其中，中高技术加工贸易集约边际方程设定为：

$$lnHEXMG_{ij} = \alpha + \beta_1 lnw_i + \beta_2 lnGDP + \beta_3 lnPRO_i + \beta_4 lnDIS_i + \beta_5 lnMUL_i + \\ \beta_6 lnShock_i + \varepsilon \qquad (3)$$

中高技术加工贸易扩展边际方程设定为：

$$lnHINMG_{ij} = \alpha + \beta_1 lnw_i + \beta_2 lnGDP + \beta_3 lnPRO_i + \beta_4 lnDIS_i + \beta_5 lnFC_i + \beta_6 lnMUL_i +$$
$$\beta_7 lnShock_i + \varepsilon \tag{4}$$

中低技术加工贸易集约边际方程设定为：

$$lnLEXMG_{ij} = \alpha + \beta_1 lnw_i + \beta_2 lnGDP + \beta_3 lnPRO_i + \beta_4 lnDIS_i + \beta_5 lnMUL_i + \beta_6 lnShock_i + \varepsilon \tag{5}$$

中低技术加工贸易扩展边际方程设定为：

$$lnLINMG_{ij} = \alpha + \beta_1 lnw_i + \beta_2 lnGDP + \beta_3 lnPRO_i + \beta_4 lnDIS_i + \beta_5 lnFC_i + \beta_6 lnMUL_i +$$
$$\beta_7 lnShock_i + \varepsilon \tag{6}$$

表5-4对各变量简要说明如下：

表5-4　模型中各变量的含义

变量名		变量含义
被解释变量	$HEXMG_{ij}$	中高技术加工贸易出口增长集约边际
	$HINMG_{ij}$	中高技术加工贸易出口增长扩展边际
	$LEXMG_{ij}$	中低技术加工贸易出口增长集约边际
	$LINMG_{ij}$	中低技术加工贸易出口增长扩展边际
解释变量	w_i	中国劳动力成本
控制变量	GDP	出口目的国经济规模
	PRO	出口目的国生产率水平
	DIS	出口的可变成本
	FC	出口的固定成本
	MUL	多边阻力
	SHOCK	外部冲击（虚拟变量）

（二）变量与数据

本部分选取2003—2013年间中国与17个主要加工贸易伙伴国的微观贸易数据，筛选出按HS2002编码两位分类共42章的产品种类，代表对应行业。我们对42章的产品按照技术复杂程度分为中高技术和中低技术组[①]分别进行回归，相当于进行稳健性检验，同时也能得到进一步的回归数据结果。时间仍以2002年为基期计算中国与各国

[①]按HS-2位码分类，中高技术行业对应章节为33、37、38、55、71、84、85、86、87、88、89、90、91、92；中低技术行业对应章节为11、13、18、19、27、39、40、41、42、43、47、48、49、51、52、56、60、62、64、67、74、75、76、78、80、94、95、96。

2003—2013年间的二元边际值，再按之前按技术复杂度分组标准分成两组。由计量模型方程（3）（4）（5）（6）可知，需要用到的变量有二元边际、劳动力成本、经济规模、生产率水平、出口可变成本、出口固定成本、多边阻力及外部冲击。变量与前文一致，在此不加以赘述。

在二元边际（$\ln HEXMG_{ij}$、$\ln LINMG_{ij}$、$\ln LEXMG_{ij}$、$\ln LINMG_{ij}$）中，扩展边际和集约边际是42类产品里按HS-6位码前两位码产品分类的每种产品，每年由中国出口到各国的贸易值。在这里，需要将中高技术加工贸易出口的二元边际与中低技术加工贸易出口的二元边际分别统计。本文借鉴Amurgo-Pacheco和Pierola（2008）的做法，以2002年为基期，即如果在2002年某个产品以加工贸易方式由中国出口到17个国家中的某一个国家，则该产品属于集约边际的计量范围，那我们依次考察2003—2013年间是否依然有此贸易流量，如果有，集约边际为当年该产品由中国出口到某国该产品的贸易值，如果没有，集约边际记为0；如果某产品在2002年没有以加工贸易方式由中国出口到某一个国，而在2003—2013年间存在由中国以加工贸易方式出口到17个国家中的贸易流量，则该产品属于扩展边际的计量范围，统计方式同集约边际。采用此种方法会在数据中存在很多零点贸易，参照钱学锋（2010）的做法，以$\ln(EXMG_{ij}+1)$和$\ln(INMG_{ij}+1)$的形式进入方程。

（三）检验结果及其分析

本文使用Tobit模型MLE方法对数据进行估计，再将回归所得系数与转换因子相结合计算出边际效应（marginal effects），从而使处理后的系数具有经济解释；之后使用PPML估计作为稳健性检验。我们对中国与17个国家2003—2013年间42大类产品中所有下属产品共268891条数据按技术复杂程度分成两组分别进行回归，回归结果见表5-5所示。此表是计算了边际效应的回归结果，由于使用PPML估计的结果与此估计结果相差不多，因此本文直接使用该结果进行讨论，PPML回归结果参见本章末附表5-2。

表5-5　Tobit模型对加工贸易不同技术复杂度产品出口二元边际决定因素回归结果

变量	集约边际回归结果（$\ln HINMG_{ij}$）	集约边际回归结果（$\ln LINMG_{ij}$）	扩展边际回归结果（$\ln HEXMG_{ij}$）	扩展边际回归结果（$\ln LEXMG_{ij}$）
w_i	-0.0143（0.0012）***	-0.3255（0.023）***	-0.0190（0.003）***	-0.0318（0.005）***
GDP	0.1187（0.0132）***	0.0097（0.0002）***	0.0271（0.002）***	0.0032（0.0001）***

变量	集约边际回归结果（$\ln HINMG_{ij}$）	集约边际回归结果（$\ln LINMG_{ij}$）	扩展边际回归结果（$\ln HEXMG_{ij}$）	扩展边际回归结果（$\ln LEXMG_{ij}$）
PRO	−0.0207（0.0019）***	0.1108（0.0179）***	−0.0134（0.0022）***	−0.0004（0.0001）***
DIS	−0.0009（0.0001）***	−0.0126（0.0055）***	−0.0010（0.0002）***	−0.0221（0.0031）***
FC	−	−	0.0057（0.0001）***	0.0069（0.0002）***
MUL	0.0117（0.0173）**	−0.0206（0.033）**	0.0023（0.003）**	0.0018（0.002）**
SHOCK	−0.0013（0.0004）***	−0.0109（0.0035）***	−0.0004（0.00003）***	−0.0011（0.00006）***
Pseudo R^2	0.032	0.039	0.048	0.066
Log likelihood	218170	184540	108879	99579
观察值	110176	87627	38387	32701
左设限观察值（$\ln X <= 0$）	16691	13275	21112	17985

注：括号内为标准差；***、**、*分别表示在1%、5%和10%的显著性水平下显著。需要说明的是，Tobit模型估计好坏程度在于最大化对数似然函数（Wooldridge，2003），而不是为了最大化R^2。

根据上表5-5的估计结果，首先对加工贸易出口集约边际回归结果进行阐述。我们可以看到，劳动力成本对不同技术复杂程度的加工贸易出口二元边际的影响均为负，与预期相一致，但劳动力成本的变动对中低技术产品出口的集约边际的影响大于对中高技术产品出口的集约边际的影响；出口目的地国经济规模的大小对不同技术复杂度的加工贸易出口的二元边际均有正向效应，目的地国经济体量越大，无论技术复杂程度高低，出口到目的国的加工贸易产品就越多；对于劳动生产率，在中低技术加工贸易产品出口集约边际上出现了与预期不相符的结果，而中高技术加工贸易产品出口集约边际的结果与预期一致，出口目的地国相对于中国的劳动生产率提高，本应对中国出口有负面作用，但对中低技术产品回归结果刚好与其相反。根据Melitz（2003）提出的企业异质性模型，只有生产率高的企业才有可能出口，生产率低的企业出口可能性低，如果加工贸易出口目的地国的生产率越高，那么中国的生产率就相对越低，这样无论在品种还是数量上都不利于中国的出口。但在部分的回归结果中，在加工贸易的集约边际上，出现了截然相反的符号。根据戴觅和余淼杰（2014）对中国加工贸易企业进行的实证研究发现，中国出口的"企业异质性之谜"是因为加工贸易企业的低生产率拉低了中国出口企业的生产率。可想而知，中国中低技术水平加工贸易企业的生产率普遍会低于中高技术水平加工贸易企业，这便解释了为什么只有中低技术加工贸易出口的集约边际符号与预期相反。可变成本距离符号与预期一致，出口国和目的地国距离越远，越不利于加工贸易产品的出口。多边阻力与劳动生产率一样，中低技术加工贸易出口在集约边际上的符号与预期相反。因此，在中低技术产品出口数量的增加上，并不是当中国对其他所有国家出口的阻力越大，中国对某个国家的产品出口数量就越多。对于外部冲击，回归结果与预期一致。2008年金融危机对中国不同技术复杂度加工贸易在集约边际上均有负面影响，并且金融危机对中低技术加工贸易出口的集约边际影响更大。这说明，中国加工贸易产品技术复杂度越高，抗外部冲击的能力就越强。对于扩展边际的回归结果，大体上均与之前预期符号相同。值得一提的是，劳动力成本的变动对中低技术产品出口集约边际的影响大于对中高技术产品出口的集约边际的影响。

从回归结果我们可以看出，劳动生产率和多边阻力对中低技术产品加工贸易出口集约边际的影响和我们的直觉刚好相反。劳动生产率对中低技术产品出口集约边际的影响与预期不同，由此可以解释使Melitz的企业异质性模型在中国不适用的主要原因，是中国中低技术加工贸易产品企业的低生产率。而多边阻力符号与预期相反的原因还需要进一步探究。劳动力成本对加工贸易出口二元边际的影响与预期一致，劳动力成本上升会从数量和品种上均造成加工贸易出口的减少，但是劳动力成本上升对中低技术加工贸易产品出口二元边际的影响均大于对中高技术加工贸易产品出口二元边际的影响。

四、结论及政策建议

（一）结论

中国面临劳动成本上升的现状已经是一个不可逆转的事实，当廉价劳动力不再充裕，按照要素禀赋来衡量的劳动力成本不再是中国的比较优势，中国加工贸易必须及时转型升级。通过本书的模型和面板数据回归结果，我们可以看出劳动力成本上升从数量和品种上均造成了加工贸易出口的减少，但对中国加工贸易数量上的增长影响效果大于在产品品种上增长的效应，并且对中低技术加工贸易产品出口二元边际的影响均大于对中高技术加工贸易产品出口二元边际的影响，而我们知道，如果一国出口在集约边际的增长占多数，那么表示该国更容易受到外界经济动荡的影响。因此，企业异质性理论在总体集约边际及中低技术产品加工贸易出口集约边际上对中国不适用。中国加工贸易尤其是中低技术产品生产的低生产率拉低了中国出口企业的整体生产率水平。固定成本对扩展边际有着显著的负面作用，但对集约边际没有影响（即模型中 ln FC 越大，出口目的国的固定成本就越小，则扩展边际越大。因此 lnFC 与扩展边际的同方向变动）。这个结果表示，目的国对外政策越开放，经济自由度越高，中国就更容易出口新产品到目的国，出口固定成本的降低更能促进新企业新产品的出口，即促进贸易增长的扩展边际（钱学锋，2008）。多边阻力（lnMUL）衡量了一个国家与所有其他国家之间贸易所受到的阻力大小。本节的结论为：多边阻力对总体集约边际及对中低技术产品加工贸易出口集约边际有负作用；也就是说，中国某个贸易伙伴与全球其他贸易伙伴贸易成本的增加并不能促进中国对该给定贸易伙伴国在集约边际上的出口，但是能促进扩展边际的出口。

（二）实现中国加工贸易转型升级的政策建议

通过对现状的研究及实证结果分析，中国加工贸易转型路径主要为以下几点：

1.产业政策与用工政策双管齐下，由内至外提升产业结构

中国国情与日本有着十分相似的地方，同日本一样，中国在产业结构升级和节能方面推出了许多政策和措施。未来几年，中国劳动力成本将持续升高，中国出口产品在劳动力成本、资源和环境的约束等多重压力下，将不得不向更高附加值产品转型。我们的实证结果也可以看出，劳动力成本的变动对中高技术加工贸易产品二元边际的影响低于对中低技术的影响。因此，中国的产业政策需适应国情，优先关注发展技术含量及附加值高的产业，如船舶、飞机制造。同时，在用工制度上，中国可以效仿德国的"双轨培训制度"，与企业联合起来，要求企业用工的同时对劳动力进行培训，实行培训上岗政策，提高劳动力技能从而提高劳动生产率，形成高质量劳动力集群。根据 Melitz 企业异质性理论，生产率高的企业更有可能出口，当中国廉价劳动力不再是优势之时，中国就必须从质量上提升劳动力水平。只有在产业政策和用工政策同时实施时，中国的产业格局才能由内到外实现真正的转型升级，从而提高中国对外部经济冲击的抗风险能力。

2.科技政策合理引导企业技术升级，丰富企业出口产品的多样性

从实证结果可以看出，劳动力成本主要影响的是加工贸易增长的集约边际。那么，在劳动力成本上升的情况下，中国加工贸易企业可以利用自身独有的优势，即在制造过程中充分利用技术的溢出性，借鉴国外企业先进技术，加快自身研发水平的提升，丰富出口产品的多样性，尤其是进料加工企业。如此一来，既减少了劳动力成本

上升的影响，还提高了其对外界市场的抗冲击性。我国在政策上应鼓励企业自主创新发展核心技术，尤其是发达国家不愿意出口的技术，并且整个产业体系的研究开发及技术能力必须加快升级步伐与之相配合，这将提高对装备工业机械的更新需求，用技术上更省时、省能源、少污染的生产工艺和机械替代落后的生产工艺，实现中国制造由"低廉"标签升级到"高品质"标签。学习日本科技政策，不论成本高低也要增强自主创新，自主研发重点在于外国不肯出口的技术。同时，资源分配要有重点。此外，应学习日本真正将大学的科研活动和市场挂钩，中国需要增加大学与企业的联系，增强大学科研成果的市场转化率。

3.加速城镇化进展及适当调整移民政策，为加工贸易企业转型提供缓冲时间

目前，中国的城镇化率已超过50%，但城镇户籍人口的比重却只有35%左右，农民工进城很大程度并没有真正的城市化。中国劳动力一直存在着东、西分布不匀的状况，之前沿海地区的廉价劳动力主要来自大量中、西部的农村务工人员。中国长期存在的户籍制度等因素在一定程度上制约了劳动力的流动性，如今沿海地区加工贸易企业面临的用工荒一定程度上源于农村劳动力不似之前那样愿意进城务工，虽然中国已经出台一系列政策促进城镇化建设，但效果不是很显著。因此，加快中国城镇化建设对加工贸易企业的转型十分重要，刺激农村劳动力再次涌入沿海城市，能够为加工贸易企业争取一部分转型的缓冲时间。同时，我们可以效仿之前德国的做法，放松对周边拥有廉价劳动力的国家如越南、缅甸等的移民政策。在过渡时期作为劳动力供给的后备力量，有利于加工贸易企业实现平稳过渡。

4.完善供应链，借助互联网的势头，促成加工贸易企业参与工业改革4.0

由实证结果可知，加工贸易企业面临着可变成本和固定成本。因为涉及运输可变成本由双边距离来衡量。加工贸易企业尤其是进料加工企业在生产和销售过程中时刻涉及供应链，供应链是否完善、高效直接影响加工贸易企业的成本。在互联网已十分发达的今天，中国加工贸易企业可以充分利用其脱媒性和去中心化性，通过网络及实体系统，建立物联网，节约寻找需求、进料、运输等成本，同时，可以利用互联网金融中的供应链金融来节约融资成本，与时代热点接轨。工业4.0是德国政府最新提出的一个旨在提高制造业智能化水平的高科技战略计划，该计划以网络实体系统及物联网为技术基础，包括通过建立具有资源效率、适应性以及人因工程学的智慧工厂，用于在价值流程与商业流程中更好地将客户以及商业伙伴进行整合。工业改革4.0是朝智能化发展的改革，在第十六届中国工业博览会上中国展出了国内首套工业4.0流水线，可见，中国已开始加入工业4.0改革的道路，因此加工贸易企业可以结合自身优势，抓住机遇，参与到此项改革中，以实现颠覆式的转变。

5.加速资本积累，提高资本使用效率

根据新兴工业化国家和地区的经验，资本积累对外贸和产业结构有重要的影响。资本这一生产要素，从亚当·斯密的绝对成本说开始，就被视为进行国内生产和贸易交换的基本要素之一。因此，资本积累对提升国家和地区要素禀赋的作用毋庸置疑。

资本的积累可以从宏观经济资本的积累和微观加工贸易企业资本积累两方面来考虑。宏观上的积累主要通过国内从事各种生产活动创造财富来实现，主要由产业结构、制度安排和技术水平来决定。若一国的生产活动较为活跃，资本创造能力强且积累速度快，则会相应地引起该国要素禀赋结构的变化。资本由于逐渐的积累会变得相对便宜，依据新古典贸易理论，一国应该出口其富裕要素集中得产品，从事密集使用其丰裕要素的生产环节。微观加工贸易企业资本积累可以增加企业对劳动力的人力资本投入，加强培训从而提高劳动生产率及劳动力的熟练程度；同时也对企业的管理改善、技术改造等提供了资金支持，综合提高了企业的竞争力。

6.加大国际合作，借助国家政策将出口与投资结合

目前，中国提出的"一带一路"倡议是依靠中国与有关国家既有的双多边机制，以经贸合作为基石，遵循开放包容、和平合作、互利共赢、互学互鉴的丝路精神，中国与沿路各国在交通基础设施建设、能源合作、贸易与投资、区域经济一体化、人民币国际化等领域进行合作，共同创建共享共创新时代。[1]

在"一带一路"倡议的战略合作中，中国应发展加工贸易，以资本输出带动商品劳务输出，创造出口需求。现在中国不仅是轻纺等劳动密集型产业具备了海外投资能力，家电、汽车、钢铁等技术、资本密集型产业也都具备了海外投资能力。这些产业到东南亚、南亚、中亚、西亚投资，可以起到"一箭三雕"之效果：带动零部件、原材料和劳务出口；转移消化国内过剩产能；将部分外汇储备转变为海外投资，提高外汇使用效益。

---

[1]杨眉，郭芳，姚冬琴.新丝路战略的经济支点[J].中国经济周刊，2014（26）.

第二节　成本加成与企业出口国内增加值的决定：来自中国企业层面数据的经验研究

一、引言

伴随全球价值链（Global Value Chain，GVC）嵌入程度的不断加深，中间品贸易在全球得到快速发展。在这一国际贸易的主流形势影响下，许多最终出口产品的价值实际上被多个国家或地区"瓜分"。中国作为全球第一贸易大国，中间品贸易占据着我国对外贸易的"半壁江山"，因而传统的贸易总值指标已不能真实地反映我国的出口利得，应该关注的是中国企业能否从出口产品中俘获更多的国内增加值（Domestic Value Added，DVA）。近年来伴随着要素成本价格的大幅上升，提升中国企业出口国内增加值率（Domestic Value Added Ratio，DVAR），促进产业结构向全球价值链高端地位延伸，成为摆在中国政府面前一道亟待完成的重大课题。我们不禁要问，都有哪些因素决定着中国企业出口DVAR？然而令人遗憾的是，目前对于出口DVAR的研究大多停留在测算方法上（Koopman et al.，2012；Upward et al.，2013；张杰等，2013；Koopman et al.，2014；王直等，2015；Kee和Tang，2016），而鲜有文献关注出口DVAR的决定因素。

本书试图从成本加成这一视角探讨其对出口DVAR的影响效应及其内在机制。事实上，作为衡量企业市场势力和出口竞争力的重要指标，近年来国内外学者针对企业加成率的研究层出不穷，这些研究主要是基于市场竞争（Epifani和Cancin，2011）、产品质量（Kugler和Verhoogen，2012；）、对外投资（毛其淋和许家云，2016）、产品创新（刘啟仁和黄建忠，2016）、汇率变动（盛丹和刘竹青，2017）等研究视角。相对而言，加成率和出口DVAR之间的相互关系却鲜有研究探讨。据此，本文的核心内容旨在从成本加成视角剖析中国企业获取出口DVAR的微观机制，相信对这一问题的研究有助于为我国"调整产业结构，促进外贸发展"找寻其背后的动力源泉进行了有益的探索。

本书可能的贡献体现在：第一，本书借鉴Kee和Tang（2016）的研究，通过构建模型分析了加成率对出口DVAR的影响，并对其影响机制进行细致刻画；第二，将企业层面的加成率拆分为出口产品价格与全要素生产率两部分并纳入实证模型，验证了产品价格和全要素生产率影响出口DVAR的边际效应；第三，本书的经验研究证实了加成率显著推动了出口DVAR的提升，同时也揭示了加成率不仅通过提升产品定价能力抬高了出口产品价格，进而对出口DVAR产生正向影响（"产品价格效应"），还通过生产效率的改进降低了企业边际成本，进而对出口DVAR产生促进作用（"边际成本效应"），且"边际成本效应"要大于"产品价格效应"。

后续结构安排如下：第二部分是相关文献回顾；第三部分是模型分析和研究假说的提出；第四部分介绍了计量模型设定、核心指标测度和数据处理工作；第五部分是加成率对出口DVAR的实证结果报告及分析；第六部分是加成率对出口DVAR影响渠道的检验；最后提出本文的主要结论和政策意涵。

二、相关文献回顾

与本书研究主题密切相关的主要包括以下两类文献：第一类文献是关于出口DVAR的测算方法研究，在本书前文中已有叙述，此处不再缀述；第二类文献则是关于异质性企业理论框架下对成本加成的理论经验研究和测算方法研究。

加成率的理论经验研究和测算方法研究：

近年来飞速发展的异质性企业贸易理论深化了我们对企业成本加成问题的理解。最初的异质性企业模型假设企业加成率是外生不变的，这显然有违于现实中企业加成率的动态变化情况。Melitz和Ottaviano（2008）首次将内生的可变企业成本加成因素纳入异质性企业模型的分析框架中。在内生可变的假设条件下，后续的国内外学者们针对企业加成率做了诸多经验研究。例如：DeLoecker和Warzynski（2012）利用斯洛文尼亚企业数据研究指出，出口企业拥有更高的加成率，且企业加成率会随着进入（退出）出口市场而上升（下降）。Kugler和Verhoogen（2012）利用哥伦比亚制造业企业数据研究发现，产品质量可以通过"竞争逃离效应"促进加成率的提升。刘啟仁和黄建忠（2015）研究发现，由于出口企业面临的市场竞争程度大于内销企业，导致出口市场的"竞争效应"大于"选择效应"，最终使得我国出口企业陷入"低加成陷阱"。黄先海等（2016）则以我国中间品进口企业为研究对象指出，较低的全球价值链地位和融资约束导致我国中间品进口企业加成率较低。

在对加成率的经验研究中，一个重要的问题就是如何测算企业加成率。目前对企业加成率的测算根据研究视角和测算方法可以分为两大类：第一类是会计法（Martin，2002；盛丹等，2012），该方法利用企业的工业增加值、工资支出和中间要素投入计算加成率，会计法最明显的优点是定义简单明了，数据易得，然而过于严苛的理论约束条件和不考虑外部冲击带来的影响极有可能导致测算结果失真。第二类是生产函数法（DeLoecker和Warzynski，2012；Edmond et al.，2015），该方法以生产函数作为基本分析框架，将加成率表示为可变生产要素的产出弹性和该生产要素在工业总产出中的占比之间的相互关系。此外，生产函数法放松了对市场结构的理论假设，并可以识别一些不可观测因素（例如企业生产率冲击）对加成率的影响（Olley和Pakes，1996；Levinsohn和Petrin，2003；Ackerberg et al.，2015）。尽管采用生产函数法估计企业加成率对数据（需要产品价格和产品数量信息）的要求较高，但是相对于会计法而言，生产函数法的优势无疑是明显的。

三、模型分析

在本节，我们借鉴了Kee和Tang（2016）的研究，将中间要素投入纳入企业生产函数当中，通过一个简单模型探讨了加成率对出口DVAR的影响效应以及作用机制。理论模型设定如下：

假定企业生产函数满足规模报酬不变的柯布－道格拉斯（CD）形式：

$$y_{it} = \psi_{it} k_{it}^{\alpha_k} l_{it}^{\alpha_l} m_{it}^{\alpha_m} \; ; \; \alpha_k + \alpha_l + \alpha_m = 1 \tag{1}$$

其中，y_{it}表示企业工业总产出，ψ_{it}表示随机抽取的企业生产率，k_{it}、l_{it}和m_{it}分别表示资本、劳动和中间要素投入，α_k、α_l和α_m分别是相对应的资本、劳动和中间要素投入的产出弹性。此外，模型还将中间要素投入m_{it}根据其原料来源区分为来自国内的部分m_{it}^D和来自国外的部分m_{it}^F，企业中间要素投入m_{it}的生产函数满足如下CES形式：

$$m_{it} = (m_{it}^{D \frac{\sigma-1}{\sigma}} + m_{it}^{F \frac{\sigma-1}{\sigma}})^{\frac{\sigma}{\sigma-1}} \; ; \; \sigma > 1 \tag{2}$$

其中，参照Kee和Tang（2016）的设定，我们将国内中间要素价格p_t^D、国外中间要素价格p_t^F和中间要素价格p_t^m之间关系表示为如下，常替代弹性CES函数形式：

$$p_t^m = ((p_t^D)^{1-\sigma} + (p_t^F)^{1-\sigma})^{\frac{1}{1-\sigma}} \tag{3}$$

企业的资本成本和劳动力成本分别为γ_t和ω_t，连同国内中间要素价格p_t^D和国外中间要素价格p_t^F，我们将企业的利润π_{it}最大化函数可以表示为：

$$\pi_{it} = p_{it} y_{it} - \gamma_t k_{it} - \omega_t l_{it} - p_t^D m_{it}^D - p_t^F m_{it}^F \tag{4}$$

根据生产函数的对偶性可以反推企业成本函数以及成本最小化条件：

$$c_{it}(y_{it}, \gamma_t, \omega_t, p_t^D, p_t^F) = \frac{y_{it}}{\psi_{it}} (\frac{\gamma_t}{\alpha_k})^{\alpha_k} (\frac{\omega_t}{\alpha_l})^{\alpha_l} (\frac{p_t^m}{\alpha_m})^{\alpha_m} \Rightarrow \frac{p_t^m m_{it}}{c_{it}} = \alpha_m \tag{5}$$

进一步的，企业边际成本mc_{it}可以被表示为：

$$mc_{it} = \frac{\partial c_{it}}{\partial y_{it}} = \frac{1}{\psi_{it}} \left(\frac{\gamma_t}{\alpha_k}\right)^{\alpha_k} \left(\frac{\omega_t}{\alpha_l}\right)^{\alpha_l} \left(\frac{p_t^m}{\alpha_m}\right)^{\alpha_m} \tag{6}$$

我们将企业进口的国外中间要素在工业总产值中的支出份额表示为：

$$\frac{p_t^F m_{it}^F}{p_{it} y_{it}} = \frac{p_t^F m_{it}^F}{p_t^m m_{it}} \frac{p_t^m m_{it}}{c_{it}} \frac{c_{it}}{p_{it} y_{it}} = \frac{p_t^F m_{it}^F}{p_t^m m_{it}} \alpha_m \frac{mc_{it}}{p_{it}} = \alpha_m (1-\chi_{it}) \frac{p_t^F m_{it}^F}{p_t^m m_{it}} \tag{7}$$

（7）式中，企业的价格成本边际 $\chi_{it} = p_{it} - mc_{it}/p_{it}$，考虑到企业加成率 $markup_{it}$ 的定义，两者已然十分接近，价格成本边际 χ_{it} 和加成率 $markup_{it}$ 间的关系可以表示为：

$$markup_{it} = \frac{p_{it}}{mc_{it}} = \frac{1}{1-\chi_{it}} \tag{8}$$

最后，为了求出企业生产中所需的国外中间要素在总的中间要素中的支出占比（ $p_t^F m_{it}^F / p_t m_{it}$ ），我们假设企业选择中间要素生产时面临如下问题：

$$min \ p_t^F m_{it}^F + p_t^D m_{it}^D$$
$$s.t. \ m_{it} = (m_{it}^{D \frac{\sigma-1}{\sigma}} + m_{it}^{F \frac{\sigma-1}{\sigma}})^{\frac{\sigma}{\sigma-1}} \tag{9}$$

对（9）式求解，得到：

$$\frac{p_t^F m_{it}^F}{p_t m_{it}} = \frac{1}{1 + (\frac{p_t^F}{p_t^D})^{\sigma-1}} \tag{10}$$

假定模型中的企业工业总产出全部被用于出口，对（7）式稍加拓展，那么企业出口国内增加值率（DVAR）就可以表示为：

$$DVAR_{it} = \frac{p_{it} y_{it} - p_t^F m_{it}^F}{p_{it} y_{it}} = 1 - \alpha_m \frac{1}{markup_{it}} \frac{1}{1 + (\frac{p_t^F}{p_t^D})^{\sigma-1}} \tag{11}$$

观察（11）式我们可以发现，假定中间要素产出弹性（ α_m ）、国外中间要素价格和国内中间要素价格之比（ p_t^F/p_t^D ）不变条件下，那么企业加成率（markup）对企业出口 DVAR 的影响可以表示为：

$$\frac{\partial DVAR_{it}}{\partial markup_{it}} = \alpha_m \frac{1}{1 + (\frac{p_t^F}{p_t^D})^{\sigma-1}} \frac{1}{markup_{it}^2} > 0 \tag{12}$$

观察（12）式我们发现，企业出口 DVAR 和企业加成率之间存在明显的正向关联，即加成率越高，出口 DVAR 也越高，据此，我们提出研究假说1：

研究假说1：在其他条件不变的情况下，加成率可以促进出口 DVAR 的提升。

进一步的，我们对企业加成率根据其定义拆分为产品价格（ p_{it} ）和边际成本（ mc_{it} ）两部分，将（8）式代入（11）式得到：

$$DVAR_{it} = 1 - \alpha_m \frac{1}{\dfrac{p_{it}}{mc_{it}}} \frac{1}{1 + (\dfrac{p_t^F}{p_t^D})^{\sigma-1}} \quad (13)$$

对（13）式中的产品价格（p_{it}）和边际成本（mc_{it}）求一阶导数，那么产品价格（p_{it}）和边际成本（mc_{it}）对企业出口DVAR的影响可以分别表示为：

$$\frac{\partial DVAR_{it}}{\partial p_{it}} = \alpha_m \frac{1}{1 + (\dfrac{p_t^F}{p_t^D})^{\sigma-1}} \frac{mc_{it}}{p_{it}^2} > 0 \quad (14)$$

$$\frac{\partial DVAR_{it}}{\partial mc_{it}} = -\alpha_m \frac{1}{1 + (\dfrac{p_t^F}{p_t^D})^{\sigma-1}} \frac{1}{p_{it}} < 0 \quad (15)$$

观察（14）和（15）式我们发现，产品价格（p_{it}）和边际成本（mc_{it}）的提升对企业出口DVAR分别起到正向促进作用和负向抑制作用。其背后暗含的经济学原理是一目了然：一方面，在其他条件不变时，产品价格的提升有助于企业在出口市场中获得更多的出口价值，进而企业出口DVAR增加。另一方面，在其他条件不变时，边际成本的增加意味着企业全要素生产率的降低，企业需要支付的成本相应增多，企业获得的出口价值相对减少，进而导致企业出口DVAR的下降。基于此，我们提出研究假说2：

研究假说2：成本加成率将通过产品价格和边际成本两个渠道对出口DVAR产生影响，即存在"产品价格效应"和"边际成本效应"。

四、计量模型设定、核心指标测度与数据处理

（一）计量模型设定

本节的核心问题在于考察企业加成率（markup）会对企业出口DVAR产生何种影响，我们在模型分析和研究假说1的基础上将计量模型设定如下：

$$DVAR_{it} = \beta_0 + \beta_1 markup_{it} + \beta X + \tau_j + \tau_k + \tau_t + \varepsilon_{it} \quad (16)$$

其中，下标i、j、k、t分别表示企业、行业、地区和年份。DVAR表示企业出口国内附加值率，markup表示企业加成率，DVAR和markup的测算方法将在下文的核心指标测度部分进行详细论述。X是控制变量集，主要包括：企业规模（size）：采用企业就业人数的对数来衡量；企业年龄（age）：采用当年年份和企业开工年份之差+1来衡量；企业工资水平（wage）：采用企业本年应付工资总额和福利总额之和除

以企业就业人数来衡量；企业出口密集度（expint）：采用企业出口交货值在企业销售总收入的比重衡量；加工贸易份额（Pro_share）：采用企业来料加工和进料加工占总出口的比重（加工贸易出口占比）来衡量；国有企业哑变量（SOE）：采用企业是否是国有企业的哑变量来衡量，若企业是国有企业，则SOE取1，若不是，取0；赫芬达尔指数（HHI）：为了控制企业所在行业的市场竞争程度，我们需要利用企业销售收入指标计算出行业层面（4位码）的赫芬达尔指数，具体计算公式如下所示：$HHI_{jt} = \sum_{i=1}^{N}(sale_{it}/sale_{jt})^2$。其中，$sale_{it}$表示企业i在t年的销售总收入，$sale_{jt}$表示行业j在t年的销售总收入，N则表示行业j内的企业总数量，HHI越大表明该行业的垄断程度较高。τ_j、τ_k和τ_t分别表示不可观测的行业、地区和年份效应，ε_{it}是残差项。

（二）核心指标测度

1. 企业出口DVAR的测度

本文借鉴了张杰等（2013）和Kee和Tang（2016）的做法，利用中国工业企业数据库和海关贸易数据库，从企业层面测算出口DVAR。与以往研究有所不同的是，本文首次将返回并被本国吸收的出口DVAR和纯重复计算的出口DVAR纳入企业出口DVAR的测算框架中，具体测度方法如下所示：

我们首先定义DVA和DVAR的表达式：

$$DVA_{ijt} = (exp_{ijt}^o + exp_{ijt}^p) - \frac{(exp_{ijt}^o + exp_{ijt}^p)}{Y_{ijt}}(imp_{ijt}^o + imp_{ijt}^p) \tag{17}$$

$$DVAR_{ijt} = \frac{DVA_{ijt}}{exp_{ijt}} = 1 - \frac{(imp_{ijt}^o + imp_{ijt}^p)}{Y_{ijt}} \tag{18}$$

（17）式和（18）式中，下标的i、j和t分别表示企业、行业和年份，DVA表示企业俘获的出口国内附加值，exp_t^{oij}和exp_{pt}^{ij}分别表示企业i从事一般贸易和加工贸易对应的出口量，二者相加得到企业i当年的出口总量exp_{ijt}，我们可以据此计算出企业i的加工贸易份额（$Pro\_share_{ijt} = exp_{pt}^{ij}/exp_{ijt}$），$imp_t^{oij}$和$imp_{pt}^{ij}$分别表示企业i从事一般贸易和加工贸易对应的国外中间品进口量，二者相加得到企业i的国外中间品进口总量imp_{ijt}。Y_{ijt}表示企业工业总产值。其中，企业的出口量exp_t^{oij}和exp_{pt}^{ij}以及企业的国外中间品进口量imp_t^{oij}和imp_{pt}^{ij}可以通过海关贸易数据库加总计算得到，企业工业总产值Y_{ijt}可以通过中国工业企业数据库获得。在具体的数据处理中，本文还需解决以下问题：

第一，解决贸易中间商问题：受融资能力的约束，中国企业进出口依赖贸易中间商已成为普遍现象（张杰等，2013），因此我们需要识别贸易中间商企业并考虑其影响。参照Ahn et al.（2011）的做法，我们将海关贸易数据库中企业名称包含有"进出口""经贸""贸易""外经"和"科贸"等字样的企业归为贸易中间商，进而计算出贸易中间商企业进口量占全行业（2位码）总进口量的份额$share_{jt}$，期中j表示企业所在的行业。最后利用公式$imp_{adj\ ijt}=imp_{ijt}/(1-share_{jt})$对企业实际进口量进行调整。经调整后的一般贸易进口量和加工贸易进口量分别表示为$imp_{o\_adj\ ijt}$和$imp_{p\_adj\ ijt}$。

第二，区分企业进口产品中的中间品（M）、资本品（K）和消费品（C）：依照Upward et al.（2013）的假定，加工贸易企业进口的产品全部被识别为进口中间品，而一般贸易企业进口的产品中则包含了中间品（M）、资本品（K）和消费品（C）三个部分，因此我们需要识别一般贸易企业进口的国外中间品并对$imp_{o\_adj\ ijt}$进行调整。参照Feng等（2016）的做法，我们利用联合国广义经济分类标准BEC和HS6位产品代码关联识别一般贸易企业进口的国外中间品（M）信息[①]，经过调整的一般贸易企业的国外中间品进口量用$imp_{o\_adj\_BEC\ ijt}$表示。

第三，识别进口资本品折旧和国内中间品包含的国外要素部分：企业进口国外资本品的折旧部分（张杰等，2013）和国内中间品包含的国外要素部分（Kee和Tang，2016）同样也是中国企业出DVAR的一个来源，若不剔除这两部分，容易高估中国企业出口DVAR，我们通过计算国外进口资本品的折旧系数θ_{Kijt}和国内中间品中的国外要素含量系数θ_{Mijt}考虑上述两部分的影响，具体计算公式可以表示为：

$$\theta_{Kijt}+\theta_{Mijt}=\frac{\delta\times K_{ijt}}{Y_{ijt}}+\frac{\sigma\times dom_{ijt}}{Y_{ijt}} \tag{19}$$

其中，δ表示固定资产折旧率，我们根据单豪杰（2008）的研究将其设定为10.96%。K_{ijt}是企业进口的国外资本品量，资本品的标识方法和中间品相似[②]，不再赘述。σ是国内中间品中的国外要素份额，我们根据Koopman et al.（2012）的研究将其设定为5%。dom_{ijt}是企业使用的国内中间品量，我们采用企业总的中间品投入减去企业进口的国外中间品投入计算得到，数据来自中国工业企业数据库和海关贸易数据库。

第四，考虑返回并被本国吸收的出口DVAR和纯重复计算的出口DVAR的影响：我们根据王直等（2015）的论述，将返回并被本国吸收的出口国内增加值（RDV）和纯重复计算的出口国内增加值（PDC）纳入企业出口DVAR的测算框架中[③]。具体做法

[①]进口中间品的BEC代码为"111""121""21""22""31""322""42"和"53"。

[②]进口资本品的BEC代码为"41"和"521"。

[③]王直等（2015）将总出口（EXP）分解为被国外吸收的国内附加值（DVA）、返回并被本国吸收的国内附加值（RDV）、国外附加值（FVA）和纯重复计算部分（PDC）四部分，即$EXP=\underbrace{DVA+RDV}_{国内附加值}+\underbrace{FVA+PDC}_{垂直专业化}$。

是根据王直等（2015）提出的总贸易核算方法（WWZ方法），利用全球投入产出表（WIOT）计算出2000—2006年中国16个行业的RDV和PDC数据并转化为相对应的行业层面的本国回流系数 θ_{Djt} 和纯重复计算系数 θ_{Pjt}，并将WIOD中行业代码和CIC行业代码进行对照[①]，从行业层面（2位码）对企业层面的出口DVAR数据进行调整。

综上所述，解决上述问题后，结合企业贸易方式的特征，企业出口DVAR的表达式最终被定义为：

$$
DVAR_{ijt} = \begin{cases}
1 - \dfrac{imp_{ijt}^{o\_adj\_BEC}}{Y_{ijt}^{o}} + \theta_{Djt} - \theta_{Pjt} - \theta_{Kijt} - \theta_{Mijt} & i \in O \\[2ex]
1 - \dfrac{imp_{ijt}^{p\_adj}}{Y_{ijt}^{p}} + \theta_{Djt} - \theta_{Pjt} - \theta_{Kijt} - \theta_{Mijt} & i \in P \\[2ex]
\omega_O(1 - \dfrac{imp_{ijt}^{o\_adj\_BEC}}{Y_{ijt}^{o}}) + \omega_p(1 - \dfrac{imp_{it}^{p\_adj}}{Y_{ijt}^{p}}) + \theta_{Djt} - \theta_{Pjt} - \theta_{Kijt} - \theta_{Mijt} & i \in M
\end{cases}
\tag{20}
$$

（20）式中，O、P和M表示一般贸易企业、加工贸易企业和混合贸易企业，ω_O 和 ω_P 表示混合贸易企业中的一般贸易出口占比和加工贸易出口占比。我们还参照Kee和Tang（2016）的做法，剔除了出口DVAR大于1或小于0的异常企业样本（图5-3展示了中国企业2000—2006年出口DVAR的变动情况）。

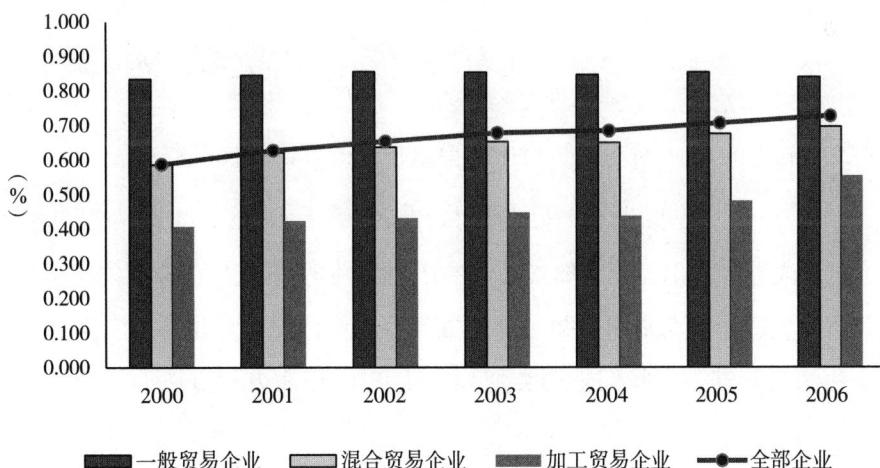

图5-3 中国企业2000—2006年出口国内附加值率（DVAR）的动态演进

---

①具体测算结果见附表5-1和附表5-2，CIC和WIOD行业代码和行业分类的对照表具体见附表5-3，测算结果表明，如果不解决返回并被本国吸收的出口国内附加值问题，将会导致中国企业出口DVAR数据被低估1个百分点，如果不解决纯重复计算的出口国内附加值这一问题，将会导致中国企业出口DVAR数据被高估3个百分点～4个百分点。

2.企业成本加成率（markup）的测算

本文在DeLoecker和Warzynski（2012）的生产函数法基础上，依据Ackerberg et al.（2015）对生产函数的两步估计得到可变要素的产出弹性系数，进而测算出较为稳健的企业可变加成率（markup_y_tl_m）。此外我们还考虑企业进入、退出行为对生产率动态的影响，通过构建Probit模型估计企业退出市场的概率，对生产函数估计中可能存在的"自我选择效应（self-selection effect）"予以纠偏，进而得到采用企业退出概率调整后的可变加成率（markup_y_tl_m_p）。具体测算过程如下所示：

假定企业生产函数服从如下基本形式：

$$y_{it} = \beta_k k_{it} + \beta_l l_{it} + \beta_m m_{it} + \psi_{it} + \varepsilon_{it} \tag{21}$$

其中，y表示工业总产值，k、l和m分别表示资本投入、劳动投入和中间要素投入，下标的i和t表示企业和年份，ψ表示可以被经济学家识别的异质性企业生产率部分，ε表示随机干扰项。

企业加成率测算的关键步骤是估计生产投入要素的产出弹性系数，CD生产函数假定各个企业的要素产出弹性固定不变且相同，这就使得加成率的变化仅仅和生产要素投入份额相关联。本文借鉴了DeLoecker和Warzynski（2012）方法，放松了对需求结构或市场结构的假设条件，采用了更具灵活性和实用性的"对数生产函数（Translog）"形式：

$$y_{it} = \beta_k k_{it} + \beta_l l_{it} + \beta_m m_{it} + \beta_{kk} k_{it}^2 + \beta_{ll} l_{it}^2 + \beta_{mm} m_{it}^2 + \beta_{kl} k_{it} l_{it} + \beta_{km} k_{it} m_{it}$$
$$+ \beta_{lm} l_{it} m_{it} + \beta_{klm} k_{it} l_{it} m_{it} + \psi_{it} + \varepsilon_{it} \tag{22}$$

对（22）式中的m_{it}一阶求导可得中间要素投入的产出弹性系数：

$$\theta_{it}^m = \frac{\partial y_{it}}{\partial m_{it}} = \beta_m + 2\beta_{mm} m_{it} + \beta_{kn} k_{it} + \beta_{lm} l_{it} + \beta_{klm} k_{it} l_{it} \tag{23}$$

从（23）式可以看出，中间要素投入的产出弹性θ_{it}^m不仅与自身有关，同时也与资本、劳动明显关联，因而采用对数生产函数计算出中间要素产出弹性考虑了其他生产要素的变化情况。进一步我们采用类似LP估计中的控制方程方法，将企业生产率表示为：

$$\psi_{it} = h_t (k_{it}, l_{it}, m_{it}) \tag{24}$$

将（24）式代入（22）式，我们得到生产函数的简化形式：

$$y_{it} = \kappa_t (k_{it}, l_{it}, m_{it}) + h_t (k_{it}, l_{it}, m_{it}) + \varepsilon_{it} = \varphi_t (k_{it}, l_{it}, m_{it}) + \varepsilon_{it} \tag{25}$$

为得到生产要素的产出弹性系数，我们依照Ackerberg等（2015）的方法进行两步估计：

第一步：采用非参数（non-parametric）方法对生产函数（25）进行估计，通过三阶多项式逼近拟合，得到产出和随机冲击的拟合值 φ_{it}' 和 ε_{it}'。

第二步：假设企业生产率服从马尔可夫过程（Markov Process），我们可以根据企业生产率动态过程中的假设估计生产函数中的任意参数向量 β 并得到相应的生产率 $\psi_{it}(\beta)$，同时利用 Probit 模型估计企业退出市场的概率的 P_{it}（用以代替企业退出生产率下限 ψ_{it-1}）估计随机的生产率冲击，最后利用随机的生产率冲击与当期固定要素投入、可变要素投入的滞后期不相关的矩条件得到（22）式中所有参数（β_k、β_l、β_m、β_{kk}、β_{kl}、β_{km}、β_{klm}）的估计值，进而根据（23）式得到行业层面（2位码）的中间要素投入的产出弹性 θ_{it}^m，最后考虑 DeLoecker 和 Warzynski（2012）对企业成本加成率的定义：

$$markup_{it} = \theta_{it}^m / \alpha_{it}^m \tag{26}$$

根据公式（26）测算出企业加成率（markup）。其中，α_{it}^m 表示中间要素投入支出份额，即中间要素投入成本在企业工业总产值中的比重。

（三）数据处理

本书用到的企业层面数据来自 2000—2006 年的中国工业企业数据库和海关贸易数据库。中国工业企业数据库包含了销售额在 500 万以上的工业企业的主要会计变量信息，海关贸易数据库则包含了企业每月出入境的所有交易目录，统计了企业从事贸易活动的基本信息。为研究需要，我们将海关贸易数据库的月度数据加总为年度数据。同时为了更好地和 BEC 相匹配，我们将 HS8 位码加总到 HS6 位码，并依照 Upward et al.（2013）的方法通过企业名称以及企业所在地邮政编码和电话号码后 7 位与中国工业企业数据库进行匹配。

企业层面数据处理方面，我们首先依照 Brandt et al.（2012）的方法对工业企业数据库进行整理，并依照聂辉华等（2012）的论述，对整理好的工业企业海关贸易匹配数据进行如下处理：①剔除工业总产值、工业增加值、资产总计、销售额、就业人数缺失或为负的企业；②剔除销售额低于 500 万元或就业人数小于 8 人的企业；③剔除固定资产大于总资产的企业或代码缺失的异常企业；④本文中关键变量企业出口 DVAR 和企业成本加成率处于样本前后各 1% 的极端值；⑤对于固定资产按照固定资产投资价格指数，其他名义变量按照工业品出厂价格指数以 2000 年为基期进行平减。与此同时，本文还借鉴 Ahn 等（2011）的做法，将海关贸易数据库中企业名称包含有"进出口""经贸""贸易""外经"和"科贸"等字样的归为贸易中间商企业，从样本中予以剔除。最后，为了和现有的国内外研究文献相一致，我们只选择了 CIC2 位码介于 13—43 的制造业企业进行研究分析。

此外，在企业出口DVAR测算部分，为了计算本国回流系数θ_{Djt}和纯重复计算系数θ_{Pjt}（详见核心指标测度部分），本文还利用了世界投入产出数据库（WIOD）公布的世界投入产出表（WIOTs），根据王直等（2015）方法，对WIOTs进行拆分并计算出中国2000—2006年制造业行业的本国回流系数θ_{Djt}和纯重复计算系数θ_{Pjt}，进一步通过WIOD行业代码和CIC行业代码相关联，将本国回流系数θ_{Djt}和纯重复计算系数θ_{Pjt}合并到工业企业海关贸易匹配数据中，最终得到一个包含74680个企业在非平衡面板数据作为基本分析样本。

表5-6与表5-7分别报告了变量说明和数据来源与变量的描述性统计。我们将通过严谨的计量分析，研究加成率对出口DVAR的影响效应及其内在机制。

表 5-6　变量说明和数据来源

变量	变量说明	数据来源
DVAR	企业出口国内附加值率	工业企业数据库和海关贸易数据库，笔者通过测算得出，详见核心指标测度
markup_y_tl_m	企业加成率	工业企业数据库，作者计算而得，详见核心指标测度
markup_y_tl_m_p	企业加成率（经过企业退出概率调整）	工业企业数据库，作者计算而得，详见核心指标测度
size	企业规模	工业企业数据库，企业就业人数取对数
age	企业年龄	工业企业数据库，当年年份–企业开工年份+1
wage	企业工资水平	工业企业数据库，（工资+福利）/就业人数
expint	企业出口密集度	工业企业数据库，出口交货值/销售收入
Pro_share	加工贸易份额	海关贸易数据库，加工贸易出口占比
SOE	国有企业哑变量	工业企业数据库，作者计算而得
HHI	赫芬达尔指数	工业企业数据库，行业层面（4分位），作者计算而得

表 5-7　描述性统计

变量	观测值	均值	标准差	最大值	最小值
DVAR	74680	0.6792	0.2841	0.9994	0.0001
markup_y_tl_m	74680	1.2405	0.8246	164.6110	0.7769
markup_y_tl_m_p	74680	1.2479	0.7258	163.6167	0.8191
size	74680	6.4316	1.4370	11.5266	1.6094
age	74680	9.7007	9.2153	156	0
wage	74680	16.3290	116.7701	19918.18	0.0006

变量	观测值	均值	标准差	最大值	最小值
expint	74680	0.6690	0.4651	1	0
Pro_share	74680	0.4639	0.4446	1	0
SOE	74680	0.1169	0.3213	1	0
HHI	74680	0.0202	0.0409	1	0.0006

五、实证结果报告及分析

（一）基本模型回归结果

表5-8报告了基本模型的回归结果。其中第（1）列我们仅加入了可观测的控制变量而未控制不可观测的行业、地区和年份效应。回归结果显示加成率每提高10个百分点，企业出口DVAR上升0.762个百分点，这就表明加成率显著促进了企业出口DVAR的上升（见图5-4）。第（2）列我们控制了行业效应和地区效应，第（3）列则在第（2）列的基础上进一步控制了年份效应。结果显示，核心解释变量加成率（markup）的系数均显著为正并且在1%水平上显著，这就意味着加成率对提升企业出口DVAR有着显著的推动作用。在第（1）—（3）列中，核心解释变量我们采用加成率（markup_y_tl_m），而在第（4）—（6）列中，我们则将核心解释变量替换为采用企业退出概率调整后的加成率（markup_y_tl_m_p），类似于第（1）—（3）列的处理方法，我们一一控制行业、地区和年份效应对模型进行回归。结果显示：采用markup_y_tl_m_p得到的估计系数要比采用markup_y_tl_m得到的估计系数略大，但是无论采用何种指标，核心解释变量的系数符号和显著性水平均未发生根本变化。综上所述，加成率对企业出口DVAR具有显著促进作用，企业成本加成能力的提升有助于企业在出口市场中俘获更多的DVAR，进而帮助中国实现全球价值链地位的攀升。

表5-8　基本模型回归结果

	以 markup_y_tl_m 为核心解释变量			以 markup_y_tl_m_p 为核心解释变量		
	（1）	（2）	（3）	（4）	（5）	（6）
markup	0.0762*** （4.22）	0.0728*** （4.01）	0.0727*** （4.01）	0.0802*** （4.22）	0.0803*** （4.13）	0.0802*** （4.13）
size	0.0105*** （14.55）	0.0103*** （14.39）	0.0104*** （14.40）	0.0105*** （14.41）	0.0103*** （14.17）	0.0103*** （14.18）

续　表

	以 **markup_y_tl_m** 为核心解释变量			以 **markup_y_tl_m_p** 为核心解释变量		
	（1）	（2）	（3）	（4）	（5）	（6）
age	0.0031*** （9.58）	0.0030*** （9.37）	0.0030*** （9.36）	0.0031*** （9.54）	0.0030*** （9.30）	0.0030*** （9.29）
wage	0.0000*** （3.16）	0.0000*** （3.11）	0.0000*** （3.10）	0.0000*** （3.15）	0.0000*** （3.09）	0.0000*** （3.09）
expint	0.0071*** （3.14）	0.0071*** （3.12）	0.0070*** （3.10）	0.0071*** （3.16）	0.0071*** （3.14）	0.0071*** （3.11）
Pro_share	−0.0790*** （−20.50）	−0.0787*** （−20.47）	−0.0786*** （−20.44）	−0.0790*** （−20.50）	−0.0786*** （−20.47）	−0.0786*** （−20.44）
SOE	0.0112 （0.57）	0.0106 （0.54）	0.0095 （0.48）	0.0113 （0.58）	0.0108 （0.55）	0.0096 （0.49）
HHI	−0.1192*** （−2.87）	−0.1291*** （−3.05）	−0.1284*** （−3.04）	−0.1163*** （−2.79）	−0.1273*** （−3.01）	−0.1266*** （−3.00）
常数项	0.5984*** （101.25）	0.6591*** （17.61）	1.0945*** （14.62）	0.5972*** （99.87）	0.6575*** （17.51）	1.0934*** （14.59）
行业效应	否	是	是	否	是	是
地区效应	否	是	是	否	是	是
年份效应	否	否	是	否	否	是
obs	74680	74680	74680	74680	74680	74680

注：***、**和*表示变量系数在1%、5%和10%的统计水平上显著；括号内数值为t值，下表类同。

　　控制变量方面，企业规模（size）的系数显著为正，表明规模越大的企业可以通过规模经济效应减少其在生产或出口环节的边际成本，进而捕获更多的出口DVAR。企业年龄（age）的系数显著为正，意味着企业年龄的增加意味着企业在生产技术、管理水平上的愈发成熟，进而转化成企业在出口市场中的竞争优势。企业工资水平（wage）的系数显著为正，显示工资和企业出口DVAR之间存在某种正向联系，表明劳动力成本上升是推动中国企业出口DVAR提升的一个重要影响因素。企业出口密度（expint）的系数显著为正，表明出口密集度越大的企业越有可能获得更高的出口DVAR。加工贸易份额（Pro_share）的系数显著为负，表明加工贸易占比越高的中国企业俘获的出口DVAR越低，这也和张杰等（2013）和Kee和Tang（2016）描述的中国加工贸易企业拥有较低的出口DVAR的事实相符。国有企业哑变量（SOE）的系数不显著，则表明企业是否是国有企业和企业出口DVAR之间并无必然联系。最后，赫芬达尔指数（HHI）的系数显著为负，表明企业所处的行业竞争程度越高，其俘获的出口DVAR越多。

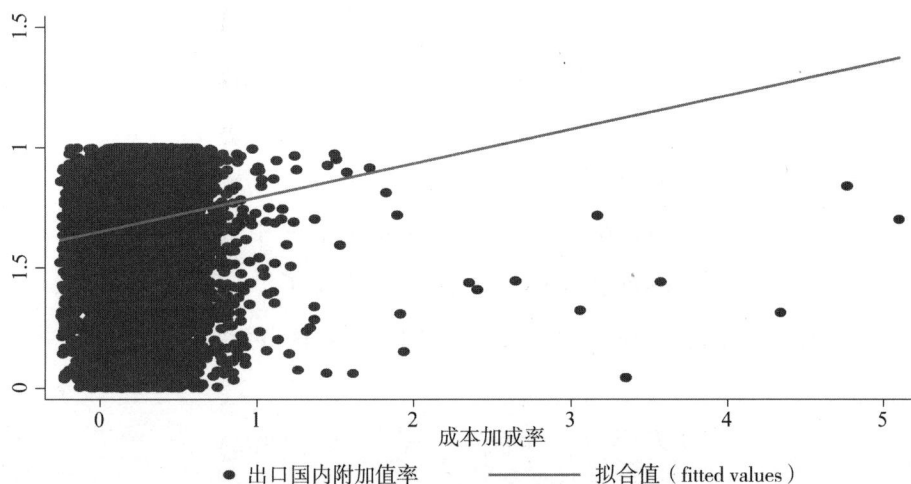

图5-4　企业加成率和DVAR关系散点图及拟合线

（二）稳健性检验

1.内生性问题的处理

在基本模型回归中，我们仅分析了企业加成率对企业出口DVAR的影响效应，然而加成率和出口DVAR可能存在高度的双向因果关系，进而可能产生较为严重的内生性问题，我们需要对内生性问题进行处理。为降低内生性偏误，一方面，根据学界普遍做法，我们采用企业加成率的滞后一期项作为工具变量进行回归分析。我们在表5-9第（1）列报告的是采用企业加成率滞后一期项作为工具变量的二阶段最小二乘法（2SLS）回归结果，结果表明企业加成率的系数有明显上升（由0.0727上升到0.0898），上升了23.52%，除企业工资水平外，其他变量的显著性水平都较为稳定。结果显示核心解释变量的符号和显著性未发生明显变化，结论仍与上文一致。

表5-9第（2）列报告的是采用本地区同行业中剔除本企业之外的其他企业平均加成率作为工具变量的二阶段最小二乘法（2SLS）回归结果。使用该工具变量的原理是：一方面这些同类企业和本企业有着相同的外部环境，相关性较高，另一方面，由于剔除了本企业信息，因而不会直接影响本企业的加成率，满足工具变量外生性条件。结果表明企业加成率的系数仍然显著为正（5%显著水平），核心结论并未发生明显改变。考虑到工具变量的合理性将直接影响估计结果的有效性和一致性，本文需要对表5-9第（1）和（2）列的工具变量采用多种统计检验加以判断：①KP-rk-LM统计量分别为1660.828和1277.488，对应的P值为0.0000，在1%的显著水平上强烈拒绝工具变量识别不足的零假设。②KP-rk-Wald统计量统计量分别为210.067和215.117，远大于Stock-

Yogo检验（2002）在10%水平上的临界值16.38，因此拒绝"弱工具变量"的原假设。因此，本文选取的工具变量是合适可取的。总之，处理内生性问题之后，结论仍然表明了加成率对企业出口DVAR的显著贡献。

2.采用企业出口国内增加值率的替换指标

我们在基本模型中使用企业出口DVAR衡量企业俘获国内增加值的能力。Upward等（2013）根据企业层面的垂直专业化指标（vs）提出了另一种衡量企业出口DVAR的指标（DVS）。我们依照Upward等（2013）的方法测算出企业层面的DVS指标，测算公式为：

$$DVS_{it} = 1 - \left(imp_{it}^{p} + \frac{imp_{it}^{o}}{Y_{it} - exp_{it}^{p}} exp_{it}^{o} \right) / exp_{it} \qquad (27)$$

（27）式中的指标我们已在前文进行了说明，不再赘述。我们利用企业出口DVS指标替换原有的企业出口DVAR指标并对基本模型进行再估计，回归结果报告在表4的第（3）列。结果表明，虽然加成率的系数虽然在数值上有所下降，但仍在5%水平上显著为正，同时控制变量的符号和显著性未发生较大改变，结论再次验证了企业加成率对企业出口DVS的推动作用。总之，替换被解释变量并未导致核心结论的改变。

3.采用企业加成率的替换指标

本文重点关注的核心解释变量是企业加成率。在基本模型回归中我们采用生产函数法估计的企业加成率（markup），在稳健性检验部分，我们还参照盛丹和王永进（2012）的方法，利用"会计法"对企业加成率进行重新测算，得到另一个衡量企业加成率的指标MKP，"会计法"测算企业加成率的公式表示为：

$$MKP_{it} = (va_{it} + ncm_{it}) / (pr_{it} + ncm_{it}) \qquad (28)$$

（28）式中，va_{it}表示企业工业增加值，pr_{it}表示企业应付工资和福利费用总额，ncm_{it}则表示企业的净中间要素投入成本。我们将使用"会计法"算出的企业加成率的替代指标MKP代入基本模型中进行再估计，结果报告表5-9第（4）列中。观察结果发现企业加成率仍显著（5%水平）促进企业出口DVAR。上述结果表明，替换核心解释变量得到的结论仍然较为稳健。

4.考虑汇率因素的影响

汇率变动会对我国的出口贸易产生重大影响。考虑到汇率因素可能会对企业出口DVAR造成影响，我们进一步在基本模型中加入人民币实际有效汇率（REER）这一指标进行估计。人民币实际有效汇率的测算参照Baggs（2009）的算数加权方法，具体测算公式表示为：

$$REER_{ijt} = \sum_{n=1}^{N}(X_{in} / \sum_{n=1}^{N} X_{in}) \times RER_{nt} \qquad (29)$$

其中，$X_{in} / \sum\limits_{n=1}^{N} X_{in}$ 表示企业 i 在第 t 期对国家 n 的出口额占其当期出口总额的比例，RER_{nt} 表示中国对国家 n 在 t 期的实际有效汇率，同时利用中国和国家 n 的消费者价格指数折算为以 2000 年为基期的实际有效汇率。加入 REER 的回归结果报告在表 5-9 第（5）列。结果显示，企业加成率的估计系数仍然显著为正，同时 REER 的估计系数也显著为正（10% 水平）。这一发现同 Kee 和 Tang（2016）的研究结论类似，人民币汇率变动是促进中国企业出口 DVAR 提升的另一个关键因素。总体来看，引入汇率因素对本文核心结论干扰较小，结论依旧稳健。

5. 考虑产品质量的影响

考虑到企业出口产品质量可能会对企业出口 DVAR 产生影响，在稳健性检验部分，我们还进一步将企业出口产品质量作为一个控制变量纳入基本模型进行再估计。借鉴张明志和铁瑛（2016）的做法，本文从产品层面（HS6 位码）利用价格信息对产品质量进行估计，同时为了将产品层面的质量加总到企业层面的质量，我们进行标准化处理，最终得到企业总体层面的产品质量 Quality，具体测算公式表示为：

$$Quality_{imt} = (\ln q_{imt} - \overline{\ln q_{imt}}) / (\sigma - 1) \qquad (30)$$

其中，q_{imt} 表示 i 企业在 t 年份对 m 国的出口数量，σ 表示产品种类之间的替代弹性，$\sigma > 1$。为方便比较，我们对求得的产品质量进行标准化处理。加入产品质量（Quality）的回归结果报告在表 5-9 第（6）列。结果显示，出口产品质量（Quality）的估计系数显著（1% 水平）为正，表明出口产品质量对企业出口 DVAR 的巨大推动作用。同时，企业加成率系数依然显著为正，表明本文的核心结论在控制产品质量因素的影响后仍然具有较好的稳健性。

表 5-9　稳健性检验

	（1）	（2）	（3）	（4）	（5）	（6）
	滞后一期 2SLS	工具变量 2SLS	替换 DVAR	替换 markup	控制企业汇率因素	控制企业产品质量因素
markup	0.0898*** (4.38)	0.0678** (2.54)	0.0472** (2.03)	0.0073** (2.02)	0.0721*** (3.92)	0.0727*** (4.05)
size	0.0045*** (4.21)	0.0053*** (6.04)	0.0048*** (2.84)	0.0111*** (15.87)	0.0104*** (14.18)	0.0104*** (14.46)
age	−0.0010*** (−5.51)	−0.0007*** (−5.00)	0.0030*** (11.33)	0.0033*** (9.97)	0.0030*** (9.10)	0.0030*** (9.35)

续　表

	（1）	（2）	（3）	（4）	（5）	（6）
	滞后一期2SLS	工具变量2SLS	替换DVAR	替换markup	控制企业汇率因素	控制企业产品质量因素
wage	0.0000 （0.07）	0.0000 （0.69）	0.0000[**] （1.96）	0.0000[***] （3.16）	0.0000[***] （3.08）	0.0000[***] （3.08）
expint	0.0299[***] （6.04）	0.0386[***] （9.24）	−0.0118 （−1.64）	0.0065[***] （2.84）	0.0063[***] （2.77）	0.0064[***] （2.83）
Pro_share	−0.3516[***] （−91.33）	−0.3781[***] （−121.38）	−0.1201[***] （−7.29）	−0.0790[***] （−20.52）	−0.0778[***] （−20.04）	−0.0792[***] （−20.65）
SOE	0.0374[***] （7.64）	0.0316[***] （7.81）	−0.0015 （−0.12）	0.0082 （0.41）	0.0061 （0.30）	0.0089 （0.45）
HHI	−0.1947[***] （−4.09）	−0.2027[***] （−5.17）	−0.0736[**] （−2.07）	−0.1210[***] （−2.86）	−0.1294[***] （−3.02）	−0.1259[***] （−2.98）
REER					0.0013[*] （1.71）	
Quality						0.1813[***] （7.42）
常数项	0.8000[***] （94.90）	0.7907[***] （116.52）	−0.7951[***] （−15.93）	1.1071[***] （14.95）	0.6575[***] （17.51）	1.0934[***] （14.59）
KP−rk−LM统计量	1660.828 （0.0000）	1277.488 （0.0000）				
KP−rk−Wald统计量	210.067 （16.38）	215.117 （16.38）				
行业效应	是	是	是	是	是	是
地区效应	是	是	是	是	是	是
年份效应	是	是	是	是	是	是
obs	36104	64006	74680	74680	74680	74680

注：***、**和*表示变量系数在1%、5%和10%的统计水平上显著；括号内数值为t值，下表类同。

（三）异质性分析

1. 区分企业贸易方式的回归结果

一般贸易、加工贸易和混合贸易并存是我国外贸发展历程中的一个普遍现象，受制于加工贸易独特的"两头在外"的贸易方式特征，在企业加成率对企业出口DVAR的影响效应方面，加工贸易企业会和一般贸易企业存在较大差异。我们将样本企业按照一般贸易、加工贸易和混合贸易3种贸易方式进行划分并按基本模型进行再估计，具体结果显示在表5-10第（1）—（3）列。具体结果显示：一方面，在从事一般贸易和混合贸易的企业中，企业加成率对企业出口DVAR均起到显著的促进作用；而从事加工贸易的企业中，企业加成率和企业出口DVAR之间则并无必然联系。这种现象产生的可能原因在于，加工贸易企业通常从事产品的组装、加工等低端环节，并没有实际对产品定价产生重要影响，因而加成率并不是加工贸易企业出口DVAR的决定因素。另一方面，我们也注意到，混合贸易企业的加成率系数要比一般贸易企业高（0.1077>0.0597），表明企业适度融入全球价值链对通过产品定价能力推动出口产品中出口DVAR的提升具有重要意义。

2.区分企业所有制属性的回归结果

结合中国的现实背景，考虑到企业加成率对企业出口DVAR的影响效应在不同所有制类型企业中可能存在差异，因此有必要对全部样本依据企业所有制类型予以区分。我们将全部企业样本划分为国有和集体企业、民营企业及外资企业三个子样本，以便考察企业加成率对不同所有制企业出口DVAR的影响效应是否存在差别，具体估计结果汇报在表5-10第（4）—（6）列中，归纳结果我们发现：在外资企业中，企业加成率的估计系数显著为正，而在国有和集体以及民营企业中，均未检验出企业加成率显著促进了企业出口DVAR。综上，我们可以归纳出如下有意义的发现：在中国的本土企业中，企业产品定价能力的提升并没有促进企业出口DVAR的提升；但是在外资企业中，企业加成率对企业出口DVAR的促进作用却表现得尤为明显。这就表明了相对于中国本土企业，外资企业更容易通过掌握产品定价的话语权促进了其出口DVAR的提升。

表5-10　异质性分析

	（1）	（2）	（3）	（4）	（5）	（6）
	混合贸易	加工贸易	一般贸易	国有和集体	民营	外资
markup	0.1077***	0.0003	0.0597**	0.0593	0.0164	0.0404**
	（3.35）	（0.01）	（2.03）	（1.33）	（0.25）	（2.38）
size	0.0141***	0.0084***	0.0041***	0.0047**	0.0047**	0.0073***
	（12.07）	（3.63）	（3.65）	（2.07）	（2.23）	（8.19）
age	0.0035***	0.0125***	0.0004	0.0000	0.0015**	0.0088***
	（6.00）	（8.06）	（1.06）	（0.01）	（2.20）	（12.28）
wage	0.0000***	0.0000	0.0000	−0.0000	0.0001*	0.0000***
	（2.77）	（1.28）	（0.99）	（−0.94）	（1.92）	（2.99）
expint	0.0079**	−0.0066*	0.0263***	0.0270**	0.0422***	0.0054**
	（2.45）	（−1.67）	（3.89）	（2.44）	（4.91）	（2.40）
Pro_share				−0.0994***	−0.0650***	−0.0713***
				（−7.05）	（−3.83）	（−17.72）

续　表

	（1）	（2）	（3）	（4）	（5）	（6）
	混合贸易	加工贸易	一般贸易	国有和集体	民营	外资
SOE	0.0023 （0.07）	−0.2014 （−1.50）	0.0173 （0.66）			
HHI	−0.1459** （−2.39）	−0.0830 （−0.84）	−0.1462* （−1.67）	0.1267 （0.79）	0.0123 （0.07）	−0.1601*** （−3.65）
常数项	0.5240*** （8.55）	0.7920*** （6.82）	1.0451*** （14.71）	0.8094*** （9.09）	0.7931*** （19.65）	1.0297*** （14.83）
行业效应	是	是	是	是	是	是
地区效应	是	是	是	是	是	是
年份效应	是	是	是	是	是	是
obs	33053	16187	25440	9750	8860	56070

注：***、**和*表示变量系数在1%、5%和10%的统计水平上显著；括号内数值为t值，下表类同。

六、影响机制的检验

本节结合第二节的机制分析和研究假说2，将企业加成率分解为产品价格和边际成本两部分，我们将企业出口产品的平均价格（price）作为产品价格的代理变量，虽然我们无法找到边际成本的代理变量，但是细想之后不难发现边际成本的降低往往意味着企业全要素生产率的提升，因而将企业全要素生产率（tfp）作为边际成本的代理变量。基于上述分析后，本文在借鉴盛丹和刘竹青（2017）的做法后，将检验"产品价格效应"和"边际成本效应"的模型设定如下：

$$DVAR_{it} = a_0 + a_1 price_{it} + \beta X + \tau_j + \tau_k + \tau_t + \varepsilon_{it} \tag{31}$$

$$DVAR_{it} = b_0 + b_1 tfp_{it} + \beta X + \tau_j + \tau_t + \varepsilon_{it} \tag{32}$$

$$DVAR_{it} = c_0 + c_1 price_{it} + c_2 tfp_{it} + \beta X + \tau_j + \tau_t + \varepsilon_{it} \tag{33}$$

$$DVAR_{it} = d_0 + d_1 price_{it} + d_2 tfp_{it} + d_3 price_{it} \times tfp_{it} + \beta X + \tau_j + \tau_k + \tau_t + \varepsilon_{it} \tag{34}$$

在（31）—（34）式中，price表示企业i所有出口产品的平均价格，tfp表示利用生产函数法测算企业加成率时估计的ACF生产率。我们利用模型（31）式检验企业加成率通过"产品价格效应"影响企业出口DVAR；利用模型（32）式检验企业加成率通过"边际成本效应"影响企业出口DVAR。利用模型（33）式检验产品价格和边际成本的"双重效应"；利用模型（34）式检验产品价格和边际成本的"双重效应"以及"产品价格效应"和"边际成本效应"之间是否存在某种关系（替代抑或促进）。根据推论，我们预期price和tfp的估计系数均显著为正。

表5-11第（1）—（4）列报告了模型（31）—（34）式的检验结果。从表5-11第（1）列可以看出，出口产品的平均价格（price）的估计系数为正并且通过1%水平的显著性检验，这就表明加成率通过"产品价格效应"显著的促进了企业出口DVAR。表5-11第（2）列显示，企业生产率（tfp）的估计系数显著（1%水平）为正，这就表明加成率可以带动企业生产率的提升，进而通过"边际成本效应"增加中国企业出口DVAR。进一步的，我们将产品价格和企业生产率纳入同一个模型进行回归分析，回归结果展示在表5-11第（3）列，结果表明在控制相关变量后，产品价格和企业生产率的系数分别为0.0093和0.1419（均通过1%水平的显著性检验），这就表明加成率同时通过"价格效应"和"边际成本效应"提升中国企业的出口DVAR，并且"边际成本效应"要大于"产品价格效应"。表5-11第（4）列展示的是产品价格、企业生产率以及二者交互项的回归结果，产品价格和企业生产率的估计系数仍然显著为正，表明"价格效应"和"边际成本效应"依旧存在。然而，交互项系数虽为正却未通过10%水平的显著性检验。这就表明产品价格和企业生产率在推动中国企业出口DVAR的提升中并不存在"促进"抑或"替代"的相互关系。综上所述，我们就验证了"产品价格效应"和"边际成本效应"的存在，即出口产品价格的提升和边际成本的下降是加成率影响中国企业出口DVAR的重要渠道，且"边际成本效应"要大于"产品价格效应"。

表5-11　影响机制检验

	（1）	（2）	（3）	（4）
	产品价格效应	边际成本效应	双重效应 （无交互项）	双重效应 （有交互项）
price	0.0107*** （5.06）		0.0093*** （4.37）	0.0084*** （3.75）
tfp		0.1456*** （12.89）	0.1419*** （12.59）	0.1204*** （6.90）
price × tfp				0.0061 （1.54）
size	0.0108*** （15.62）	0.0072*** （9.91）	0.0070*** （9.59）	0.0070*** （9.60）
age	0.0032*** （9.89）	0.0023*** （7.97）	0.0023*** （7.93）	0.0023*** （7.95）
wage	0.0000*** （3.23）	0.0000*** （2.61）	0.0000*** （2.64）	0.0000*** （2.67）

续　表

	（1）	（2）	（3）	（4）
	产品价格效应	边际成本效应	双重效应 （无交互项）	双重效应 （有交互项）
expint	0.0068*** （3.00）	0.0072*** （3.23）	0.0071*** （3.18）	0.0071*** （3.17）
Pro_share	−0.0794*** （−20.64）	−0.0770*** （−20.08）	−0.0774*** （−20.21）	−0.0774*** （−20.21）
SOE	0.0096 （0.48）	0.0156 （0.79）	0.0166 （0.85）	0.0170 （0.87）
HHI	−0.1200*** （−2.80）	−0.1055** （−2.50）	−0.1048** （−2.45）	−0.1048** （−2.46）
常数项	1.0689*** （14.33）	1.0824*** （14.22）	1.0495*** （13.70）	1.0525*** （13.76）
行业效应	是	是	是	是
地区效应	是	是	是	是
年份效应	是	是	是	是
obs	74680	74680	74680	74680

注：***、**和*表示变量系数在1%、5%和10%的统计水平上显著；括号内数值为t值。

七、主要结论与政策意涵

本章通过借鉴Kee和Tang（2016）的模型分析了企业加成率对企业出口DVAR的影响效应，并从产品价格和全要素生产率两部分着手剖析了企业加成率影响企业出口DVAR的内在机制。还利用2000—2006年中国工业企业数据库、海关贸易数据库和国际投入产出表，借鉴了DeLoecker和Warzynski（2012）、Kee和Tang（2016）的方法，从企业层面测算出加成率和出口DVAR，且就企业加成率对企业出口DVAR的影响效应及其内在机制进行了检验研究。结果表明：①企业加成率显著的提升了企业出口DVAR，并且这一结论在考虑内生性问题、替换核心指标和考虑汇率、产品质量等因素后依然稳健。②在区分企业贸易方式和所有制属性后，企业加成率对企业出口DVAR的影响效应呈现出显著的异质性特征。③我们进一步还通过检验企业加成率影响企业出口DVAR的内在机制后发现：一方面，加成率通过提升产品定价能力抬高了出口产品价格，进而提升了企业出口DVAR，即"产品价格效应"；另一方面，加成率带来的生产效率改进降低了企业的边际成本，同时也提升了企业出口DVAR，即"边际成本效应"，并且"边际成本效应"要大于"产品价格效应"。

本章研究结论所体现的主要政策意涵表现在：首先，由于成本加成在总体上显著提升了中国出口企业的出口DVAR，因而中国政府应当进一步加大政策力度，通过鼓励和引导企业提升其在市场中的产品定价能力；进而通过融入全球价值链，进一步提升中国企业出口产品的技术含量和出口竞争力。其次，政府应当进一步推动对外开放进程，通过鼓励中国对外直接投资（OFDI）和参与"一带一路"等措施，推动国内贸易部门的自由化，进而通过培育中国企业的出口新优势带动产业结构的升级转型。再次，应当优化我国外贸结构，大力提升中国附加值率高的制造业部门比重，同时大力发展服务贸易，将制造业的优势拓展为我国外贸竞争力的优势。最后，中国企业需要降低对加工贸易的依赖，提升自己的中间品生产能力，并在产品创新、技术标准和品牌营销上强化自身优势，努力提升自身获得附加值的能力，最终实现在全球价值链地位上的攀升。

附　录

附表 5-1　PPML 方法二元边际决定因素回归结果

变量	扩展边际回归结果（lnEXMG$_{ij}$）	集约边际回归结（lnINMG$_{ij}$）
w$_i$	-0.0324^{***}	-0.0863^{***}
GDP	0.0243^{***}	0.0796^{***}
PRO	-0.0435^{***}	0.0792^{***}
DIS	-0.0034^{***}	-0.0054^{***}
FC	0.0097^{***}	－
MUL	0.0150^{**}	-0.0193^{**}
SHOCK	-0.0021^{***}	-0.0100^{***}
R^2	0.0187	0.0082
Pseudo Log likelihood	-498876	-596683
观察值	71088	197803

注：***、**、*分别表示在1%、5%和10%的显著性水平下显著。

附表 5-2　PPML 法对不同技术复杂度加工贸易产品出口二元边际决定因素回归结果

变量	集约边际回归结果（lnHINMG$_{ij}$）	集约边际回归结果（lnLINMG$_{ij}$）	扩展边际回归结果（lnHEXMG$_{ij}$）	扩展边际回归结果（lnLEXMG$_{ij}$）
w$_i$	$-0.0213（0.001）^{***}$	$-0.1231（0.012）^{***}$	$-0.025（0.002）^{***}$	$-0.0518（0.005）^{***}$
GDP	$0.201（0.01）^{***}$	$0.0057（0.0001）^{***}$	$0.0411（0.005）^{***}$	$0.0053（0.0002）^{***}$
PRO	$-0.0185（0.0015）^{***}$	$0.0918（0.0109）^{***}$	$-0.0322（0.0051）^{***}$	$-0.001（0.0001）^{***}$
DIS	$-0.001（0.0005）^{***}$	$-0.0097（0.003）^{***}$	$-0.0098（0.0015）^{***}$	$-0.0472（0.0081）^{***}$
FC	－	－	$0.0066（0.001）^{***}$	$0.0109（0.002）^{***}$
MUL	$0.011（0.0183）^{**}$	$-0.0415（0.0215）^{**}$	$0.0048（0.002）^{**}$	$0.0033（0.0015）^{**}$
SHOCK	$-0.0085（0.0004）^{***}$	$-0.0215（0.005）^{***}$	$-0.0012（0.0005）^{***}$	$-0.0123（0.003）^{***}$
R^2	0.026	0.04	0.032	0.091
Pseudo Log likelihood	-327176	-253841	-217724	-18757
观察值	110176	87627	38387	32701

注：***、**、*分别表示在1%、5%和10%的显著性水平下显著。

附表 5-3 CIC 和 WIOD 行业代码和行业分类的对照表

CIC行业名称	CIC代码	WIOD 行业名称	WIOD代码
农副食品加工业	13	食品、饮料及烟草制品业	c3
食品制造业	14	食品、饮料及烟草制品业	c3
饮料制造业	15	食品、饮料及烟草制品业	c3
烟草制造业	16	食品、饮料及烟草制品业	c3
纺织业	17	纺织原料及纺织制品业	c4
纺织服装、鞋、帽制造业	18	纺织原料及纺织制品业	c4
皮革、毛皮、羽毛及其制造业	19	皮革和鞋类制造业	c5
木材加工及其制造业	20	木材和软木制品业	c6
家具制造业	21	木材和软木制品业	c6
造纸及纸制品业	22	造纸、印刷和出版业	c7
印刷和出版业	23	造纸、印刷和出版业	c7
文教体育用品制造业	24	造纸、印刷和出版业	c7
石油加工及核燃料加工业	25	石油及核燃料加工业	c8
化学原料及化学制品制造业	26	化学原料及化学制品业	c9
医药制造业	27	化学原料及化学制品业	c9
化学纤维制造业	28	化学原料及化学制品业	c9
橡胶制品业	29	橡胶和塑料制品业	c10
塑料制品业	30	橡胶和塑料制品业	c10
非金属矿物制品业	31	非金属矿物产品业	c11
黑色金属冶炼及压延加工业	32	基本金属及金属制品业	c12
有色金属冶炼及压延加工业	33	基本金属及金属制品业	c12
金属制品业	34	基本金属及金属制品业	c12
通用设备制造业	35	机械设备制造业	c13
专用设备制造业	36	机械设备制造业	c13
交通运输设备制造业	37	交通运输设备制造业	c15
电气机械及器材制造业	39	电气、光学设备制造业	c14
通信等电子设备制造业	40	电气、光学设备制造业	c14
仪表及文化、办公制造业	41	电气、光学设备制造业	c14
工艺品及其他制造业	42	其他制造业和废物回收业	c16
废弃资源和材料回收加工业	43	其他制造业和废物回收业	c16

第六章　服务贸易的发展与服务贸易自由化的作用分析

　　我国国内增加值率（DVAR）的上升可能是劳动力成本上升所引致的加工贸易转移的客观结果。我国应致力于设法提升国内中间品的供给水平，扩大可供给的种类、提升质量，实现中间品的进口替代，从而推动DVAR的"主动"上升。这意味着，我们应进一步深化要素市场改革，提升开放水平，继续推进投资的自由化。值得指出的是，服务业尤其是生产性服务业，所提供的专业性服务也是重要的中间投入。如今，我国的制造业开放已经取得了一定的成绩，以服务业有序稳步开放作为新的增长引擎是值得考虑的方案。

　　作为国际贸易的重要组成部分，服务贸易正在逐渐成为国际贸易新的增长点。随着参与经济全球化和对外开放程度的加深，以及国家对服务贸易创新发展的大力支持，中国的服务业进一步扩大开放，服务贸易在对外贸易（货物和服务进出口额之和）中的比重持续攀升，由2011年的10.3%上升到2017年的16.9%。[①]根据商务部出台的《服务贸易发展"十三五"规划》，我国要不断优化服务行业结构，积极扩大新兴服务出口。利用互联网等现代信息技术，推进服务贸易数字化和交易模式创新，并重点培育通信、金融、保险、计算机和信息服务等资本、技术和知识密集型服务出口，推动通信、计算机和信息服务、金融等领域企业积极参加国际标准和规范制修订。同时我国要积极推进对外开放，提升服务市场国际化新水平。进一步推进金融、电信、教育、文化等服务业领域开放，积极与主要服务贸易合作伙伴签订服务贸易合作协议，深化服务贸易合作，并在服务市场准入、人员出入境管理、服务提供人员资质互认等方面建立和完善与边境服务贸易相配套的服务贸易自由化、便利化政策体系。

　　服务贸易发展及其自由化程度对加工贸易规模、结构与模式形态变化具有直接的影响。《中国制造2025》明确指出，制造大国迈向制造强国的重要路径是提升制造业的

---

　　① 数据来源：商务部 http://finance.sina.com.cn/stock/t/20141118/104420849188.shtml

服务化、信息化水平。经合组织（OECD）甚至有专家动议认为，加工贸易属于服务贸易的特殊种类。国内外研究文献中，已有不少的成果关注到服务贸易尤其是金融、保险、通信、计算机和信息服务，以及服务外包对制造业全要素生产率的影响。近年来，人工智能、5G技术应用与数字贸易带来了一系列新产业、新业态、新渠道、新模式，以互联网技术为基础的跨境电子商务方兴未艾，也给加工贸易注入了全新的动力。限于篇幅，本章仅选择其中一些重要的侧面展开研究和分析。

第一节　监管政策异质性对金融服务贸易的影响研究

服务贸易也是国际贸易中一个壁垒最为森严的领域。由于部分核心服务产品具有"准公共产品"的性质，各国纷纷设立服务贸易壁垒，限制服务产品在国际间的流动。在贸易自由化趋势下，这势必影响国家间的贸易往来。一方面，各国在服务贸易领域的监管政策会对双边服务贸易产生影响。另一方面，各国监管政策的不同也可能会在服务贸易领域构建新的贸易壁垒。近些年来，随着服务贸易显性壁垒下降，区域间合作增多，服务贸易协定越来越地关注贸易和投资的边境后壁垒和监管合作。相比过去降低关税和其他边境壁垒的协定而言，测量边境后壁垒的影响则更具有挑战性。

服务贸易总协定（GATS）将服务贸易划分为4种提供形式：境外消费、商业存在、跨境交付以及自然人流动。金融服务是服务贸易发展的重要领域，金融服务贸易目前在各国最主要形式是商业存在和跨境贸易两种，中国金融服务贸易发展现状也是如此。那么，贸易伙伴国之间对于金融服务领域的监管政策存在差异，如何量化这种差异？这种差异会如何影响双边金融服务贸易流量，其影响机制是什么？本节希望通过对OECD国家在金融服务贸易领域监管政策异质性的贸易效应进行研究，以期能够发现这两者之间的关系和作用机制，为我国在金融服务贸易领域监管政策的制定以及进行贸易协定谈判时提供参考依据。

一、文献综述

（一）对金融服务贸易自由化的研究

金融服务自由化对本国经济的影响是决策者关注的焦点，国内外学者围绕金融服务贸易自由化与经济增长的关系、对本国金融体系和金融稳定的影响等方面展开了一系列的研究。Claessens et al.（2001）、Claessens 和 Laeven（2004）、Cull 和 Pería（2010）研究发现外资银行加大了东道国银行市场的竞争程度，因为它迫使国内银行变得更有效率，提高贷款的质量，降低净息差、成本比率和租金。Herrero 和 Pería（2007）研究表明：在开放的贸易制度、透明和有效的监督框架以及适当的竞争政策和执法的情况下，金融自由化更有效地降低金融体系的波动。同时，金融发展水平以及外国银行进入的规模和类型也在不同程度上产生影响。刘能华（2008）的研究表明，金融体系开放要经历一个从高潮期进入敏感期的过程，我国的金融服务开放正处于一个敏感期，需要通过一系列恰当的政策组合保持足够的成本优势，才能避免国外竞争者对我国金融体系造成巨大冲击，保障我国金融服务业长期稳定的发展。

对金融服务贸易开放程度的测定一定程度上可以用来量化贸易政策的宽松程度。Mattoo（1998）在1998年WTO报告中通过赋值权重的方法建立了一个量化金融服务对外开放承诺水平的模型，并实证测评了100多个WTO成员国的承诺开放水平。Valckx（2002）认为一国的承诺水平与其宏观经济指标和制度因素有关，具有较高经济增长率、较低银行业增长率和较严格的金融政策的国家自由化承诺水平低。宋耀等（2003）从贸易、FDI、金融服务贸易的提供方式和贸易政策四个角度评估我国金融服务贸易开放度，发现我国金融服务贸易开放程度不高，与发达国家相比有很大的差距，我国银行服务业的开放度偏低，保险服务业的开放程度要大于银行业。

对开放政策路径选择的研究很多是基于前两个方面的研究事实。Tamirisa et al.（2000）的研究表明：金融服务贸易政策的设计应依据不同的贸易提供方式。跨境交付开放政策主要考虑由此引起额度资本波动问题；而商业存在开放政策需要与金融监管政策的强化等措施相协调。薛伟贤等（2000）在GATS框架下的研究表明许多发展中国家都不同程度实施了自由化承诺，促进了这些国家的金融改革、投资环境改善。郭根龙（2002）构建了一个动态博弈模型来探索我国金融业在入市过渡期内的政策取向，研究表明：当一国对外贸易和对外投资活跃时，金融服务贸易政策就应相对宽松；当本国金融体系还不完善、竞争力较弱时，应着重进行国内相关领域的改革。林文顺、曲诗源（2014）通过将我国金融服务业的实际开放水平与其他金砖五国进行横向相比发现，我国金融业尤其是银行业关于外资持股比例的限制较为严格，而当前中国金融业发展势头良好，金融业存在进一步开放的空间。

（二）监管政策及政策差异对服务贸易的影响研究

对于监管政策异质性与服务贸易之间的相关关系，国内学术界鲜有研究。Nicoletti et al.（2003）最先利用引力模型来研究服务贸易，他们在模型中加入监管变量，并通过研究发现进口国如果有更强的监管水平，会对双边服务贸易产生负向影响，但他们只考虑了单方国家的监管强度，并没有比较双边国家监管水平的不同。Kox 和 Lejour（2005）最先研究并构造了监管异质性指数，研究欧盟服务贸易指令对欧盟国家服务贸易的影响。研究发现由于监管合作，尤其是在有竞争壁垒和投资壁垒的地方的监管合作，使欧盟内部的服务贸易额提高了30%～62%，服务贸易FDI提高了18%～32%。Kox 和 Nordås（2006）发现监管政策影响服务贸易市场的市场进入成本，监管政策差异对市场进入和贸易流量同时具有很大的负向影响，而那些旨在矫正市场失灵的监管政策对贸易有正面影响。Nordås[1]（2016）通过比较国家之间的监管措施差异来构造了一个监管异质性指标，研究表明监管异质性对总体服务贸易流量有负面影响，并且超过了一国监管强度对贸易流量的影响。

（三）本章的创新点

第一，选题和内容具有时效性和现实意义。在服务贸易逐渐成为贸易新的增长点，各国在金融服务领域的开放和合作力度不断加大的时代背景下，各国监管政策的不同越来越成为阻碍企业进入国际市场的一种新型的非关税壁垒，并在当今的区域贸易协定中备受关注。由于对政策效果的量化一直没有很好的方法，加之各国监管体系和监管政策的复杂性，国际上对这方面的研究屈指可数，而国内则更是乏善可陈。在此背景下，本文根据OECD组织最新研究所提出的衡量监管异质性的方法，利用OECD国家和中国的相关数据，研究监管异质性对金融服务贸易的影响，能够为我国制定相关监管政策和金融服务贸易的发展方向提供参考，具有很强的现实意义。

第二，不同于一般的研究把政策对贸易的影响归为对企业可变成本的影响，本文基于一系列的事实和相关研究，把监管政策异质性带来的成本看作是企业进入出口市场的一种"固定成本"，并将其设定为企业在国内市场所面临的固定成本的一个比例，通过基于CES消费多样性函数的模型分析，我们从理论上解释了监管政策异质性是如何影响金融服务贸易市场上的企业数量和企业规模，从而对双边金融服务贸易流量造

① H. K. Nordås, "Services Trade Restrictiveness Index（STRI）: The Trade Effect of Regulatory Differences", *OECD Trade Policy Papers, No. 189,* OECD Publishing, Paris, 2016.

成影响。

第三，本章将金融行业细化到金融和保险两大部门，而不是单一用总量数据进行析。这在目前来说算是比较深入，可以在更微观的层面分析监管政策异质性的影响效应，也更加合理。

二、监管异质性对金融服务贸易影响的实证分析

（一）计量模型设定

引力模型是估计双边贸易和贸易壁垒的主流方法，本文在标准的引力模型中加入 STRI 指标和监管异质性指数来分别衡量服务贸易监管强度和监管异质性，以此来研究它们对双边金融服务贸易的影响。模型设定如下：

$$X_{ijkt} = \alpha_0 + \alpha_1 Z_{ijkt} + \alpha_2 Het_{ijkt} + \alpha_3 STRI_{ikt} + \alpha_4 STRI_{jkt} + \varepsilon_{ijkt}$$

其中，X_{ijkt} 代表的是在时间 t，i 国金融行业中 k 部门向 j 国的出口。我们的核心解释变量是 Het_{ijkt}，即监管政策异质性指标。$STRI_{ikt}$ 和 $STRI_{jkt}$ 分别代表出口国和进口国国内的贸易监管强度，是需要重点关注的变量。Z_{ij} 是一个双边控制变量的向量集，涵盖了距离，两国 GDP 总量和人口，共同边境，共同语言，是否同为欧盟成员国，是否具有共同的殖民历史等引力模型基本控制变量。另外，ε_{ijkt} 为误差项。本文采用泊松拟最大似然估计（PPML）方法对计量模型进行回归。

（二）样本数据和指标

本文采用的监管异质性指标是 OECD 组织贸易委员会在其搭建的监管政策数据库的基础上，用科学系统的方法构建的[1]。在金融服务领域，分别针对金融服务和保险服务构建指标。金融服务方面主要关注信贷机构开展的活动，例如：存款、贷款、支付服务、融资租赁和担保等。对于保险服务，则主要关注人寿保险、非人寿保险（财产险和意外险）以及再保险等方面的监管政策措施。其中一些限制也适用于保险中介人和精算师提供的辅助服务。

本文构建的监管政策异质性指数不包含投资银行服务和非银行投资等，一方面，虽然有些银行也参与或者拥有参与这些活动的子公司，但这些服务并不是商业银行的核心业务。另一方面，对于投资银行、资产管理基金和货币市场基金等非银行服务提供商的监管与存贷款机构有很大不同。更为重要的是，由于金融危机的影响，对于交

---

① OECD 数据库：https://stats.oecd.org/.

易、证券、承销和资产管理的监管在很多国家变化异常迅速和频繁。同样，健康险和养老金服务也未包含在我们针对保险服务构建的监管异质性指数中。

金融服务和保险服务受到各种具体部门监管措施的制约，本节选取监管政策的标准如下：①GATS和OECD相关准则中明确提到的壁垒和条例；②在区域服务贸易协定中明确提到的壁垒和条例；③专家学者和相关研究文献确定的相关的壁垒和条例。

1. 双边金融服务贸易流量（X_{ijkt}）

OECD国家之间双边金融服务贸易流量的数据来自国际收支平衡统计表（EBOPS2010），在金融服务行业层面我们能获取的数据包括25个OECD国家的出口数据，以及42个国家的进口数据，包括35个OECD国家和7个非OECD国家[①]。这里统计的数据主要是对应于GATS规定的服务贸易模式1—跨境交付、模式2—境外消费、模式3—商业存在和模式4—自然人流动则由于技术原因没法统计在列。为了保证数据的质量同时跟核心解释变量相匹配，我们选取了上述国家2012—2016年的数据进行分析。

2. 监管政策异质性指数（Het）

监管政策异质性指数是我们基于前部分的方法构建而成，为了能更可靠的衡量监管政策异质性的效果，本文采用两种不同的方法来构建指标，即基于回答（Het_answer）和基于评分（Het_score）的监管政策异质性指标，针对一些国家极端的监管政策（如完全限制外资进入），基于回答构建的指标更能反映真实的情况，而基于评分的指标则不能刻画出极端情况下国家监管政策的差别。在不极端的情况下，基于评分构建的指标则效果更好。

3. 国内监管强度

出口国和进口国国内监管强度（$STRI_i$，$STRI_j$）。这是另外一个重要的变量，监管强度越大，说明国内对金融服务的限制越强，可能会对金融服务贸易产生一定影响。本文选取OECD组织构建的STRI指数（服务贸易限制指数）来衡量出口国和进口国对本国金融服务贸易的监管强度。

4. 进口国和出口国的GDP和人口数据（$\ln GDP_i$，$\ln GDP_j$，$\ln POP_i$和$\ln POP_j$）

这部分数据来自于联合国贸发组织经济趋势数据库（Economic trends）和人口与劳动力数据库（Population and labour force）。

---

① 中国、巴西、俄罗斯、印度、印度尼西亚、立陶宛（于2018年成为OECD成员国）和南非

5.其他控制变量

距离（lnDist、共同殖民历史（Comcol）、共同边境（Comborder）、共同语言（Comlang）、以前是否为同一国家（Smctry）和是否为内陆国（Landlocked），这些是引力模型的基本控制变量，数据从法国国际预测研究中心（Centre d' Etudes Prospectives et d'Informations Internationales，CEPII）获得。另外考虑OECD国家中很多都同属于欧盟，我们额外加入BothEU这个虚拟变量来控制其影响。

（三）实证分析

1.全样本回归

本部分先将金融服务贸易出口数据对引力模型基本控制变量进行回归，在此基础上加入监管政策异质性指数进行回归，结果如表6-1所示：

表6-1　金融服务贸易全样本数据回归结果

变量	（1） trade_ex	（2） trade_ex	（3） trade_ex	（4） trade_ex	（5） trade_ex	（6） trade_ex
$lnDist_{ij}$	−0.546***	−0.475***	−0.418***	−0.539***	−0.483***	−0.421***
	（0.0384）	（0.0356）	（0.0363）	（0.0355）	（0.0350）	（0.0364）
$lnGDP_i$	0.239	0.309	0.392	0.306	0.355	0.431
	（0.417）	（0.410）	（0.403）	（0.383）	（0.386）	（0.382）
$lnGDP_j$	0.601**	0.667**	0.683**	0.582**	0.639**	0.669**
	（0.284）	（0.273）	（0.265）	（0.275）	（0.272）	（0.266）
$lnPOP_i$	5.361**	5.940**	6.679***	5.700**	6.108***	6.752***
	（2.337）	（2.327）	（2.225）	（2.268）	（2.251）	（2.145）
$lnPOP_j$	4.878	5.219	5.530*	4.802	4.986	5.186*
	（3.073）	（3.177）	（3.159）	（3.100）	（3.116）	（3.042）
$Comcol_{ij}$	1.138**	1.237***	1.352***	1.183**	1.255***	1.365***
	（0.478）	（0.480）	（0.487）	（0.475）	（0.478）	（0.486）
$Comborder_{ij}$	0.195**	0.247***	0.194**	0.205**	0.248***	0.212***
	（0.0865）	（0.0846）	（0.0805）	（0.0818）	（0.0813）	（0.0779）
$Comlang_{ij}$	0.259***	0.194***	0.279***	0.223***	0.168***	0.241***
	（0.0670）	（0.0678）	（0.0645）	（0.0608）	（0.0626）	（0.0610）
$BothEU_{ij}$	0.684***	0.489***	0.532***	0.716***	0.547***	0.553***
	（0.110）	（0.110）	（0.102）	（0.0978）	（0.0995）	（0.0932）
$Smctry_{ij}$	0.186	0.208*	0.194	0.162	0.173	0.160
	（0.129）	（0.125）	（0.120）	（0.128）	（0.124）	（0.118）
$Landlocked_j$	−0.595***	−0.650***	−0.550***	−0.604***	−0.634***	−0.542***
	（0.124）	（0.128）	（0.125）	（0.123）	（0.124）	（0.120）

续 表

变量	（1） trade_ex	（2） trade_ex	（3） trade_ex	（4） trade_ex	（5） trade_ex	（6） trade_ex
Het_score_{ij}		−4.087*** （0.521）			−3.292*** （0.490）	
Het_answer_{ij}			−6.111*** （0.554）			−5.643*** （0.599）
$STRI_i$				−7.181*** （0.985）	−5.567*** （0.995）	−3.603*** （1.034）
$STRI_j$				2.040* （1.135）	3.200*** （1.099）	4.427*** （1.124）
I−FE	Yes	Yes	Yes	Yes	Yes	Yes
J−FE	Yes	Yes	Yes	Yes	Yes	Yes
Year−FE	Yes	Yes	Yes	Yes	Yes	Yes
Observations	6,884	6,884	6,884	6,884	6,884	6,884
R^2	0.879	0.892	0.900	0.894	0.899	0.905

注：*，**，***分别表示在10%、5%、1%水平上的显著性。

从表6-1的回归结果来看，出口国与进口国距离越远则金融服务贸易出口就越少；出口国和进口国若有共同边境、共同的殖民历史和共同语言，则他们之间的贸易量会越大；进口国若为内陆国则会减少金融服务贸易的出口。这与基本引力模型回归结果（表6-1（1））一致。另外双方同属欧盟（BothEU）对金融服务贸易量也有显著的正向影响。进口国的GDP和出口国的人口对贸易量有显著的正向影响，而出口国的GDP和进口国的人口则对金融服务贸易出口影响不明显，这可能是由于金融服务贸易的特殊性导致。

表6-1（2）和表6-1（3）在基本引力模型上分别加入基于评分的监管政策异质性指标（Het_score）和基于回答的监管政策异质性指标（Het_answer）进行的回归，其结果在1%的水平上显著，并且符号与预期的一致，这说明国家之间金融服务的监管政策差异对金融服务贸易量确实是有显著的负向影响。

在表6-1（4）—（6）中，我们考察了出口国和进口国的国内监管强度。从结果中可以看出，出口国的监管强度对金融服务贸易出口有显著负向影响，而进口国的监管强度对其的影响却为正。可能原因包括：一方面，由于把金融服务和保险服务的数据同时放到一个方程里进行回归，监管强度对不同部门的影响被平均，而事实上监管强度对不同部门的影响可能存在很大差异；另一方面，出口国首先考虑的是克服本国的监管成本，之后才会考虑是否出口，因此本国监管强度越大，金融服务企业的成本也就越大，从而影响其进入出口市场的决策，进而影响整体出口量。进口国监管强度越大，为什么使出口国出口量增加呢？可能的原因是进口国高强度的监管使其国内本身能达到出口条件的企业就很少，因此其需要从外部市场上进口金融服务从而满足国内的需求。表6-1（5）和（6）的结果中也表明：即使加入了进口国和出口国的监管强度，也几乎不会对监管异质性指标的结果产生大的影响，其系数依然显著为负，进一步证实了回归结果的稳健性和可靠性。

2.分行业样本回归

本部分将金融服务贸易分为金融和保险两个部门分别回归，同时控制国家固定效应和时间固定效应，结果如表6-2和表6-3所示。

表6-2 金融部门样本数据回归结果

变量	（1） trade_ex	（2） trade_ex	（3） trade_ex	（4） trade_ex	（5） trade_ex	（6） trade_ex
$\ln GDP_i$	0.0690	0.174	0.299	0.114	0.172	0.239
	（0.369）	（0.372）	（0.367）	（0.449）	（0.450）	（0.446）
$\ln GDP_j$	0.354	0.407	0.463*	0.350	0.406	0.467*
	（0.274）	（0.277）	（0.275）	（0.276）	（0.279）	（0.277）
$\ln POP_i$	5.338**	5.650**	6.408***	5.328**	5.659**	6.455***
	（2.361）	（2.323）	（2.209）	（2.383）	（2.342）	（2.225）
$\ln POP_j$	3.740	4.010	4.502*	3.910*	4.064*	4.398*
	（2.451）	（2.460）	（2.438）	（2.367）	（2.385）	（2.389）
Het_score_{ij}		−3.274***			−3.269***	
		（0.530）			（0.526）	
Het_answer_{ij}			−5.697***			−5.733***
			（0.751）			（0.740）
$STRI_i$				−1.768	−0.123	1.971
				（6.729）	（6.667）	（6.636）
$STRI_j$				−2.395	−0.791	1.507
				（7.694）	（7.543）	（7.122）
I–FE	Yes	Yes	Yes	Yes	Yes	Yes
J–FE	Yes	Yes	Yes	Yes	Yes	Yes
Year–FE	Yes	Yes	Yes	Yes	Yes	Yes
Observations	3,472	3,472	3,472	3,472	3,472	3,472

续　表

变量	（1）	（2）	（3）	（4）	（5）	（6）
	trade_ex	trade_ex	trade_ex	trade_ex	trade_ex	trade_ex
R^2	0.933	0.937	0.941	0.933	0.937	0.941

注：*，**，***分别表示在10%、5%、1%水平上的显著性。

其他控制变量：包括距离（lnDist）、共同殖民历史（Comcol）、共同边境（Comborder）、共同语言（Comlang）、以前是否为同一国家（Smctry）、是否为内陆国（Landlocked）和是否同属于欧盟（BothEU）的影响结果在表中省略，在文中说明。

表6-3　保险部门样本数据回归结果

变量	（1）	（2）	（3）	（4）	（5）	（6）
	trade_ex	trade_ex	trade_ex	trade_ex	trade_ex	trade_ex
$\ln GDP_i$	0.291	0.287	0.306	0.735	0.736	0.762
	（0.697）	（0.698）	（0.700）	（0.701）	（0.703）	（0.705）
$\ln GDP_j$	1.274**	1.280**	1.258**	1.284**	1.289**	1.273**
	（0.585）	（0.582）	（0.583）	（0.596）	（0.593）	（0.595）
$\ln POP_i$	2.550	2.807	3.024	−2.917	−2.732	−2.489
	（8.982）	（8.937）	（8.897）	（10.02）	（9.983）	（9.933）
$\ln POP_j$	6.378	6.348	6.362	7.072	7.054	6.915
	（7.685）	（7.746）	（7.705）	（7.926）	（7.988）	（7.946）
Het_score_{ij}		−1.052			−1.087	
		（1.368）			（1.360）	
Het_answer_{ij}			−2.317**			−2.307**
			（1.119）			（1.125）
$STRI_i$				20.31	20.56	20.74
				（14.66）	（14.63）	（14.68）
$STRI_j$				−5.312	−5.453	−4.524
				（10.27）	（10.17）	（10.20）
I–FE	Yes	Yes	Yes	Yes	Yes	Yes
J–FE	Yes	Yes	Yes	Yes	Yes	Yes
Year–FE	Yes	Yes	Yes	Yes	Yes	Yes
Observations	3,412	3,412	3,412	3,412	3,412	3,412
R^2	0.737	0.739	0.740	0.739	0.741	0.742

注：*，**，***分别表示在10%、5%、1%水平上的显著性。

其他控制变量：包括距离（lnDist）、共同殖民历史（Comcol）、共同边境（Comborder）、共同语言（Comlang）、以前是否为同一国家（Smctry）、是否为内陆国（Landlocked）和是否同属于欧盟（BothEU）的影响结果在表中省略，在文中说明。

从结果可以看出，距离、共同殖民历史、共同语言、同属欧盟和进口国是内陆国这些变量对金融部门的影响与全样本中的结果一致且符合预期。共同边境、以前是同一个国家这两个变量则无显著影响。另外，除了出口国的人口对金融部门有显著正向影响外，进口国的人口、出口国的GDP和进口国的GDP均对结果无显著影响。相比之下，保险部门样本回归的结果有些许不同，除了距离、共同殖民历史、同属欧盟和以前是同一个国家这四个变量的回归结果显著且与全样本一致外，其余变量基本上对保险部门无明显影响。另外，进口国的GDP对保险部门有显著正向影响，而出口国的GDP和人口变量均对保险部门无影响。

对于金融部门，回归的核心变量，无论是基于评分的监管政策异质性指标还是基于回答的监管政策异质性指标依然对结果有显著负影响，且是在1%的水平上显著。而对于保险部门，基于回答的监管政策异质性指标在5%的水平上显著，而基于评分的监管政策异质性指标则无明显影响。这个结果说明监管政策异质性对金融服务贸易的不同部门具有不同的边际效果，相比之下，其对金融部门的影响更大。除此之外，对于保险部门而言，评分指标不显著而回答指标显著，可能的原因是保险服务领域有更多比较极端的措施，监管程度更严格。

从表6-2、表6-3中（4）—（6）列可以发现，无论是在金融部门中还是在保险部门中，出口国和进口国的监管强度均对贸易量无显著影响，这与全样本回归中的结果不一致，原因可能是金融服务的特殊性。但是，监管强度指标并不影响监管政策异质性指标的回归结果，其与全样本回归结果保持高度一致，说明回归结果是稳健可靠的。同时，也进一步指出，两国之间金融服务贸易监管政策的差异才是影响双边贸易量的重要因素，其相比国内监管强度对贸易量的影响更为重大。

3. 分区域回归

本部分将大部分OECD国家及一些非OECD国家按照南北差异（即发达程度）进行分组，考察监管政策异质性对不同发达程度的国家的影响。按照联合国开发计划署（UNDP）提出的人类发展指数对所有国家进行分组，人类发展指数达到0.8以上的国家为极高人类发展水平的国家，也即发达国家[①]。本文将所有报告国家分为两个组别：发

①根据《2015年人类发展报告》，挪威、澳大利亚、瑞士、丹麦、荷兰、德国、爱尔兰、美国、加拿大、新西兰、瑞典、比利时、英国、冰岛、韩国、以色列、卢森堡、日本、奥地利、法国、芬兰、斯诺文尼亚、西班牙、意大利、捷克、希腊、爱沙尼亚、斯洛伐克、波兰、立陶宛、智利、葡萄牙、匈牙利和拉脱维亚这34个国家（除了立陶宛，其他均为OECD国家，立陶宛于2018年成为OECD成员国）人类发展指数为0.8以上，为发达国家。土耳其、中国、俄罗斯、巴西、印度、印度尼西亚和南非则为发展中国家，其中土耳其为OECD成员国。

达国家–发达国家（N–N）和发达国家–发展中国家（N-S），由于没有发展中国家对OECD国家的金融服务贸易出口数据，故发展中国家–发达国家（S–N）这个组别在本节中不予讨论。另外，由于我们采用的是PPML计量方法进行回归，其对样本的要求比较高，而我们的样本国家多数为发达国家，在将全样本分为N-N和N-S两个组后，明显发现N-S这个组别的数据过少，因此该组PPML回归后的结果可能会存在一定偏差。因此，将金融部门和保险部门进行分区域回归，其结果（表6-4）表明：对于N-N组，无论是金融部门还是保险部门，监管异质性都对其有显著的负影响，且对金融部门的边际影响大于对保险部门的边际影响，这与分行业样本回归中得出的结论一致。而对于N-S组，由于样本数量非常少，很多控制变量不显著，甚至有的变量符号与预期完全相反（如共同边境）。基于评分的监管政策异质性指标对金融部门和保险部门的影响均不显著，基于回答的指标对金融部门有显著负影响，而对于保险部门则无明显影响。证实了之前的观点：国家之间监管政策的异质性会通过增加企业的固定成本构建金融服务贸易壁垒，从而阻碍企业进入出口市场，对金融服务贸易流量产生负影响。

表6-4　金融部门和保险部门分区域回归结果

变量	金融部门				保险部门			
	N-N		N-S		N-N		N-S	
$\ln GDP_i$	0.217	0.440	0.139	0.0990	0.358	0.385	2.905**	2.884**
	(0.433)	(0.430)	(0.520)	(0.517)	(0.775)	(0.778)	(1.339)	(1.337)
$\ln GDP_j$	0.473	0.588*	0.699***	0.680***	1.347*	1.325*	0.157	0.891*
	(0.356)	(0.350)	(0.220)	(0.208)	(0.691)	(0.695)	(0.511)	(0.513)
$\ln POP_i$	6.029**	6.831***	2.727	3.663	3.679	3.902	−6.650	−11.20
	(2.428)	(2.286)	(4.747)	(4.942)	(9.586)	(9.551)	(9.974)	(10.70)
$\ln POP_j$	4.621*	5.376**	−0.179	−0.911	6.854	7.005	−44.95***	−27.27**
	(2.562)	(2.529)	(3.917)	(3.767)	(8.433)	(8.333)	(11.26)	(10.73)
Het_score_{ij}	−3.487***		−0.904		−1.882		−6.780	
	(0.590)		(0.983)		(1.615)		(1.476)	
Het_answer_{ij}		−6.494***		−2.622**		−3.212**		−8.963
		(0.895)		(1.221)		(1.297)		(2.087)
I–FE	Yes	Yes	Yes	Yes	Yes	Yes	Yes	Yes
J–FE	Yes	Yes	Yes	Yes	Yes	Yes	Yes	Yes
Year–FE	Yes	Yes	Yes	Yes	Yes	Yes	Yes	Yes

变量	金融部门				保险部门			
	N-N		N-S		N-N		N-S	
Observations	2,618	2,618	835	835	2,577	2,577	511	511
R-squared	0.938	0.942	0.961	0.964	0.743	0.743	0.829	0.839

注：*，**，***分别表示在10%、5%、1%水平上的显著性。

其他控制变量：包括距离（lnDist）、共同殖民历史（Comcol）、共同边境（Comborder）、共同语言（Comlang）、以前是否为同一国家（Smctry）、是否为内陆国（Landlocked）和是否同属于欧盟（BothEU）的影响结果在表中省略，在文中说明。

4. 与中国相关的回归

表6-5　监管政策异质性对 OECD 国家向中国出口和进口的影响

变量	金融服务贸易出口		金融服务贸易进口	
	trade_ex	trade_ex	trade_im	trade_im
$\ln GDP_i$	0.235	0.241	0.161	0.162
	（0.416）	（0.415）	（0.539）	（0.539）
$\ln GDP_j$	0.593**	0.594**	0.547	0.537
	（0.281）	（0.279）	（0.439）	（0.439）
$\ln POP_i$	5.370**	5.408**	5.608**	5.631**
	（2.338）	（2.345）	（2.414）	（2.409）
$\ln POP_j$	4.896	4.908	−4.101	−4.075
	（3.075）	（3.074）	（6.386）	（6.387）
$CHN*Het\_score_{ij}$	−4.652		−1.232	
	（3.528）		（2.979）	
$CHN*Het\_answer_{ij}$		−6.587**		−7.597***
		（2.881）		（2.892）
I–FE	Yes	Yes	Yes	Yes
J–FE	Yes	Yes	Yes	Yes
Year–FE	Yes	Yes	Yes	Yes
Observations	6,884	6,884	6,870	6,870
R^2	0.880	0.880	0.786	0.786

注：*，**，***分别表示在10%、5%、1%水平上的显著性。

其他控制变量：包括距离（lnDist）、共同殖民历史（Comcol）、共同边境（Comborder）、共同语言（Comlang）、以前是否为同一国家（Smctry）、是否为内陆国（Landlocked）和是否同属于欧盟（BothEU）的影响结果在表中省略，在文中说明。

本部分考察监管政策异质性对OECD国家向中国出口和进口的影响，由于单独把中国的数据提取出来样本量太小，进行回归后的结果极度有偏，故我们在方程中单独加入一个中国的虚拟变量和监管政策异质性指标的交乘项，即$CHN*Het\_score_{ij}$和$CHN*Het\_answer_{ij}$，并用全样本数据进行回归。$CHN*Het\_score_{ij}$和$CHN*Het\_answer_{ij}$分别表示在OECD国家向中国出口或者进口时，基于评分的监管政策异质性指标和基于回答的监管政策异质性指标对其有何影响。从结果来看，基于评分的指标虽然系数为负，但并无显著影响，而基于回答的指标则非常显著，表明OECD国家向中国出口或者进口时，若其监管政策与中国差异较大，则会降低其出口或进口的贸易量。

三、主要结论及政策建议

（一）主要结论

（1）监管政策异质性对金融服务贸易出口有重要的负向影响，且其影响效果比出口国和进口国国内的监管强度更大。

（2）监管政策异质性对金融部门的边际影响大于对保险部门的边际影响。

（3）监管政策异质性对发达国家之间、发达国家与发展中国家之间的金融服务贸易均有显著的负向影响，并且对发达国家的影响比对发展中国家的影响更大。

（4）监管政策异质性对金融服务贸易的进口也有显著的负向影响，并且影响不低于对出口的影响。同样，其对金融部门的进口影响程度大于保险部门。

（5）监管政策异质性对OECD国家向中国出口和进口金融服务有显著的负向影响。

（二）政策建议

金融服务贸易作为服务贸易中重要和特殊的组成，为了更好应对当今出现的由监管政策产生的"边境后贸易壁垒"，促进金融服务贸易的发展，本文提出以下建议：

第一，国家之间应该加强监管标准互认和监管合作，重点减少金融部门监管政策的异质性。这样可以就金融部门的监管框架和具体措施达成合作，在相关的资质认证、合规标准和市场准入等方面达成更多的监管互认。

第二，金融服务贸易会是我国一个重要的经济增长点。因此可从以下几点着手改进：首先，在中国目前参与的诸多双边或多边贸易谈判中，应在金融服务领域与谈判方达成更多的监管互认和监管合作,就金融服务的监管援引国际权威组织制定的标准。

其次，我国可以在保险部门逐步进行监管改革，减少或削弱一些极端的限制措施，促进保险服务贸易的发展。最后，可以把保险部门相关成功的经验应用到金融部门的监管改革中，从而促进我国金融服务贸易的整体发展。

第二节　中日韩服务贸易竞争力的比较分析

一、引言

服务贸易已经成为当代国际竞争中的重要内容。目前，在逆全球化的局势下，建立自由贸易区，提升服务贸易开放度从而加强服务贸易竞争力在区域经济合作中意义重大。本节特选择地域相毗邻、人文制度环境相近、正倡导构建自由贸易区而在经济发展阶段上具有继起性的中国（发展中国家）、韩国（新兴工业化国家）、日本（发达国家）的服务贸易国际竞争力加以比较并进行定量分析。

20世纪70年代以来，国内外的学者开始关注服务贸易竞争力这一问题，提出了很多显示性指标来说明服务贸易竞争力的结果，如显示性比较优势指数（RCA指数）、贸易竞争优势指数（TC指数）、显示性竞争比较优势指数（CA指数）、出口优势变差指数（P指数）等。已有的中日韩服务贸易竞争力的研究成果停留在贸易竞争力指数和显性竞争优势指数层面，具体分析的问题可以概括为三个方面：第一，中日韩服务贸易竞争力的比较优势的行业；第二，中日韩服务贸易产业内贸易水平；第三，中日韩服务贸易的互补性和竞争性分析。

刘晨阳（2011）基于中日韩服务业竞争力比较优势分析的视角，采用3个国家2004—2008年的服务贸易数据，通过计算TC指数、RTA指数以及NRCA指数发现，中国在旅游、其他商业服务这两个部门对日韩具有比较优势；日本在建筑、专有权利使用费和特许费、运输等部门具有比较优势；韩国在运输、政府服务这两个部门的比较优势最为明显。袁晓莉和王威（2013）运用2001—2010年的中日韩服务贸易数据进行RCA指数分析得出类似的结论。庄芮和方领（2013）计算了2002—2011年中日韩三国服务业的TC指数、RCA指数和CA指数，据此分析了中日韩三国服务贸易的整体竞争力和分部门竞争力。李爱文和肖雅（2014）通过计算中日2001—2011年的TC指数发现，中方主要在自然资源以及劳动集约型服务领域具有对日比较优势，而日方主要在资本、技术集约型服务领域具有对华比较优势。高晗和闫理坦（2017）基于中日2003—2012年创意产业的数据，就TCA计算结果分析认为中国文化创意产业具有巨大的发展空间。罗芳和王丽琪（2019）通过对中日韩服务贸易各部门的国际市场占有率、出口贡献率、TC指数和RCA的分析发现，日本的服务贸易高附加值的新兴服务贸易部门发展较快。中韩在传统服务贸易部门所占比重较大，且贸易结构类似。

陈双喜和王磊（2010）基于中日韩服务业产业内贸易水平视角，利用中日2000—2007年服务业发展数据，就静态测算指数（GL指数）分析得出中日劳动密集型行业的产业内贸易水平要明显高于资本技术密集型行业，这是中国对外服务贸易中长期存在的问题。陈巧慧，戴庆玲（2014）利用2000—2010年中日、中韩服务贸易数据，采用产业内贸易（GL指数）、动态测算指数（MIIT）以及分类指标得到了相似的结论。中日服务贸易行业中，劳动密集型行业的产业内贸易水平高于资本技术密集型行业。且劳动密集型行业的产业内贸易水平较为稳定，资本技术密集型行业的产业内贸易水平呈上升趋势。

朱卫新和韩岳峰（2009）基于中日韩服务贸易的互补性与竞争性分析视角，计算了2001—2006年中日的TC指数和RCA指数，研究发现中日双边服务贸易具有一定互补性，但主要集中在少数类别上，并且普遍呈逐步下降的趋势。邵亚申和丁赟（2012）运用中日韩三国2000—2010的RCA指数，进行相同的分析发现，中国与日本、韩国的贸易中存在着互补性和竞争性：当中国作为出口国时，与日本的贸易具有比较大的互补性；当中国作为进口国时，与韩国的贸易具有比较大的互补性，且中日两国的服务贸易竞争性要大于中韩两国之间的服务贸易竞争性。总体上，中国在三国服务贸易竞争中处于比较劣势地位。韩岳峰和张龙（2013）通过计算2005—2009年中日两国的RTC指数、RRCA指数、竞争力互补指数与竞争优势互补指数进行分析。研究发现，中日两国服务贸易竞争性和互补性同时存在，且竞争性居多；中日两国服务贸易出口政策实施力度有所不同，且中国服务贸易政策倾向于鼓励出口。

总之，上述研究多采用2001—2011年的服务贸易数据分析2013年中日韩自贸区第一轮谈判之前服务贸易合作的可能性，且研究较少将TC指数与RCA指数联系起来对中日韩服务贸易政策进行比较。本部分采用国际贸易中心（International Trade Center，ITC）提供的2011—2018年服务贸易统计数据，对中日韩服务贸易的发展规模、贸易结构进行了比较，并且进一步在服务贸易出口的贸易竞争力指数和显性比较优势指数的基础上分析了中日韩在服务贸易方面的竞争力、竞争优势、贸易互补性及贸易政策实施情况，探寻三国的服务贸易发展新方向。

二、中日韩服务贸易竞争力比较分析

（一）中日韩服务贸易发展规模比较

在全球经济转向服务经济的过程中，服务贸易的发达程度标志着国家间对外贸易增长的协调性和持续性，也标志着一个国家贸易增长方式的科学性与合理性。自20世纪60年代以来，由于各国政府逐步放宽了对服务贸易的限制，国际服务贸易得到了迅速发展。如表6-6所示，从服务贸易发展规模来看，中国目前的服务贸易出口额位于第五，日本位于第九，韩国排名第十七。

表6-6　2014—2018年世界各国（地区）服务贸易出口额

单位：亿美元

排名	国家（地区）	2014年	2015年	2016年	2017年	2018年
1	美国	7410.94	7553.10	7588.88	7976.90	8284.28
2	英国	3738.11	3557.56	3481.99	3565.48	3761.57
3	德国	2998.15	2767.49	2858.19	3074.83	3311.56
4	法国	2728.44	2556.08	2599.94	2751.42	2914.94
5	中国	2191.41	2186.34	2095.29	2280.90	2668.41
6	荷兰	2060.54	1977.82	1908.13	2176.72	2424.89
7	爱尔兰	1325.26	1333.52	1494.15	1799.67	2057.32
8	印度	1571.96	1562.78	1618.19	1852.94	2051.08
9	日本	1637.90	1626.37	1758.07	1863.71	1920.06
10	新加坡	1557.59	1557.62	1569.84	1726.01	1840.15
11	西班牙	1332.45	1180.86	1265.66	1384.51	1491.67
12	瑞士	1210.67	1138.00	1188.77	1218.31	1242.75
13	比利时	1249.25	1134.18	1138.43	1197.42	1234.05
14	意大利	1138.96	979.30	1003.20	1114.19	1215.89
15	中国香港	1069.22	1043.57	985.33	1043.13	1140.24
16	卢森堡	1028.32	983.81	978.70	1027.42	1131.39
17	韩国	1121.06	977.31	949.03	874.97	966.01
18	加拿大	888.77	811.53	827.91	879.99	928.81

排名	国家（地区）	2014年	2015年	2016年	2017年	2018年
19	泰国	555.36	617.59	677.93	755.26	840.91
20	奥地利	685.72	590.18	615.34	667.02	741.44

数据来源：ITC提供的 International trade statistics, http：//www.intracen.org/itc/market-info-tools/trade-statistics/.

近年来，在全球服务贸易出口当中，中国的服务贸易出口额逐渐超过日本和韩国，并且增长迅速；但是中国服务贸易出口额占本国总贸易出口额的比重小于日本，如表6-7所示，中国2018年服务贸易出口额占出口总额的比重为8.81%，与日本的20.84%，韩国的13.67%相比，水平仍低于这两国。

表6-7　中日韩服务贸易出口额占出口总额的比重

国家	年份	2011年	2012年	2013年	2014年	2015年	2016年	2017年	2018年
中国	服务贸易占出口总额比重（%）	10.01	9.27	8.79	8.90	9.21	9.48	8.77	8.81
	货物贸易占出口总额比重（%）	89.99	90.73	91.21	91.10	90.79	90.52	91.23	91.19
日本	服务贸易占出口总额比重（%）	15.12	14.99	16.31	18.98	20.73	21.65	21.34	20.84
	货物贸易占出口总额比重（%）	84.88	85.01	83.69	81.02	79.27	78.35	78.66	79.16
韩国	服务贸易占出口总额比重（%）	13.36	14.59	14.32	15.43	15.22	15.63	13.39	13.67
	货物贸易占出口总额比重（%）	86.64	85.41	85.68	84.57	84.78	84.37	86.61	86.33

数据来源：ITC提供的 International trade statistics, http：//www.intracen.org/itc/market-info-tools/trade-statistics/.

（二）中日韩服务贸易结构比较

中日韩服务贸易结构较为类似，运输服务、旅游服务以及其他商业服务是主要的服务贸易行业，在中日韩的三大类服务贸易中,其他商业服务的贸易比重都比较大，排在前三位。如图6-1、图6-2和图6-3所示，中日韩三大类服务贸易的发展趋势存在差别。

1.中国服务贸易发展概况

从图6-1可以看出，中国的电信、计算机和信息服务占比逐年上升，甚至超过了位居第二的运输服务。运输服务和其他商业服务有下降的趋势。

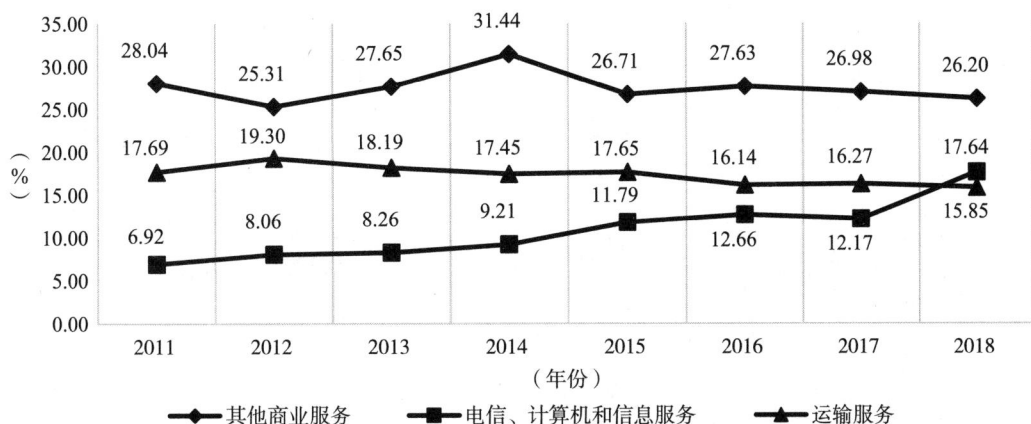

图6-1 中国排名前三位的服务贸易行业比例变化

数据来源：作者根据ITC提供的International trade statistics数据计算得出，http://www.intracen. org/itc/market-info-tools/trade-statistics/.

2.日本服务贸易发展概况

从图6-2可以看出，日本的知识产权使用费所占比重最大，排在第三位的旅游服务一直呈现上升趋势，并且增长幅度很大。

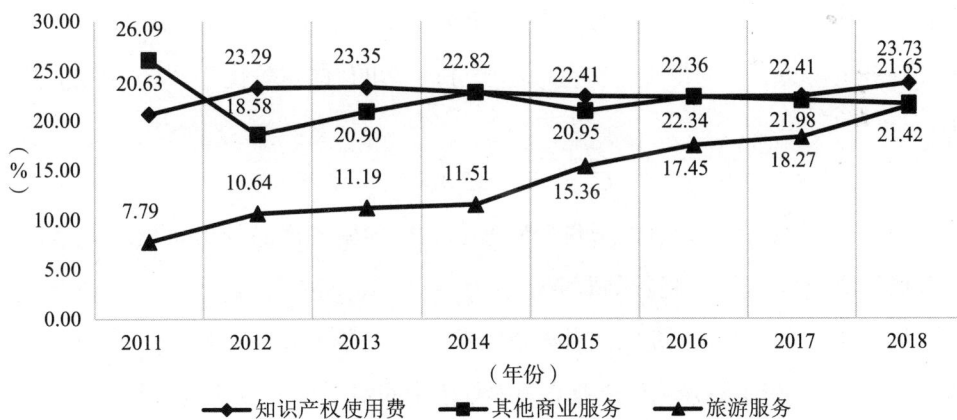

图6-2 日本排名前三位的服务贸易行业比例变化

数据来源：作者根据ITC提供的International trade statistics数据计算得出，http://www.intracen. org/itc/market-info-tools/trade-statistics/.

从图6-3可以看出，韩国国内的运输服务虽然逐年下降，但是依然是服务贸易行业占比最大的。紧接着是其他商业服务，从2011年以来一直呈现上升趋势，排在第三位的则是旅游服务。

3.韩国服务贸易发展概况

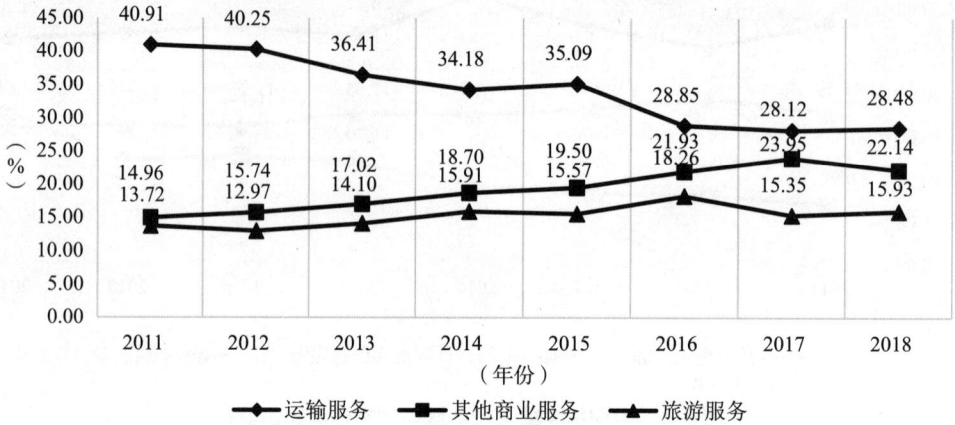

图6-3　韩国排名前三位的服务贸易行业比例变化

数据来源：作者根据ITC提供的International trade statistics数据计算得出，http：//www.intracen.org/itc/market-info-tools/trade-statistics/.

（三）中日韩服务贸易竞争力指数比较

1.贸易竞争力指数

贸易竞争力（TC）指数也称为净出口比率，通过比较一国某项服务贸易净出口额占该项服务贸易总额中的份额来衡量一国服务产品出口的竞争优势，TC指数的基本公式为：

$$TC_{ij} = (X_{ij} - M_{ij}) / (X_{ij} + M_{ij})$$

式中，TC_{ij}表示贸易竞争力指数，X_{ij}表示j国i项服务产品的出口额，M_{ij}表示j国i项服务产品的出口额。TC指数的取值范围为[–1，1]，指数越接近于1竞争力越大，等于1时表示该产业只出口不进口；指数越接近于–1竞争力越弱，等于–1时表示该产业只进口不出口；等于0时表示该产业竞争力处于中间水平。

从服务贸易整体竞争力来看，由表6-8可以看出，2011—2018年中日韩服务贸易的TC指数均为负值，中国服务贸易TC指数8年均值为–0.2744，日本服务贸易的TC指数8年均值为–0.0710，韩国服务贸易的TC指数为–0.0726。这说明中日韩三国服务贸易均长期处于逆差状态，且总体竞争力不强，但三者竞争力的发展趋势却不同。从2011到2018年，中国服务贸易TC指数从–0.1043下降到–0.3261，说明中国服务贸易国际竞争力在逐渐降低。中国平均竞争力水平在–0.2744，与日韩有一定差距。日本和韩国的服务贸易TC指数在–0.07左右基本保持稳定，服务贸易竞争力变化不大，但是日本的服务贸易竞争力自2014年以来在不断上升，而韩国的服务贸易竞争力水平在不断下降。

表6-8　中日韩服务贸易细分结构TC指数

年份		2011	2012	2013	2014	2015	2016	2017	2018	均值
服务贸易整体	中国	−0.1043	−0.1651	−0.2299	−0.3278	−0.3316	−0.3666	−0.3443	−0.3261	−0.2744
	日本	−0.1101	−0.1485	−0.1164	−0.0804	−0.0467	−0.0287	−0.0171	−0.0205	−0.0710
	韩国	−0.0633	−0.0246	−0.0304	−0.0161	−0.0709	−0.0855	−0.1646	−0.1252	−0.0726
运输服务	中国	−0.3868	−0.3763	−0.4295	−0.4309	−0.3772	−0.4087	−0.4294	−0.4382	−0.4096
	日本	−0.0853	−0.1263	−0.0851	−0.0735	−0.0738	−0.0915	−0.0800	−0.1406	−0.0945
	韩国	0.4936	0.5335	0.5465	0.5545	0.5343	0.5329	0.4906	0.5051	0.5239
旅游服务	中国	−0.1993	−0.3418	−0.4267	−0.6754	−0.6949	−0.7092	−0.7357	−0.7505	−0.5667
	日本	−0.4255	−0.3134	−0.1814	−0.0110	0.2199	0.2480	0.3040	0.3425	0.0229
	韩国	0.3023	0.3374	0.2714	0.2459	0.1515	0.0025	−0.1086	−0.0575	0.1431
其他商业服务	中国	0.0678	0.0928	0.0948	0.2568	0.1926	0.1428	0.1790	0.1930	0.1525
	日本	−0.0961	−0.2780	−0.2644	−0.2250	−0.2831	−0.2287	−0.2211	−0.2457	−0.2303
	韩国	0.5536	0.5575	0.5695	0.5688	0.5424	0.5304	0.4473	0.4921	0.5327
电信、计算机和信息服务	中国	0.4684	0.4948	0.3832	0.3048	0.3932	0.3568	0.1830	0.3288	0.3641
	日本	−0.4521	−0.4195	−0.4019	−0.5679	−0.6087	−0.5759	−0.4745	−0.5448	−0.5057
	韩国	0.8196	0.8571	0.8350	0.8104	0.6276	0.6239	0.4927	0.6008	0.7084
知识产权使用费	中国	−0.9038	−0.8889	−0.9191	−0.9419	−0.9061	−0.9071	−0.7143	−0.7297	−0.8639
	日本	0.2053	0.2316	0.2784	0.2836	0.3631	0.3197	0.3236	0.3600	0.2957
	韩国	0.2544	0.2183	0.1959	0.2568	0.2041	0.2953	0.1840	0.2403	0.2311
金融服务	中国	0.0642	−0.0104	−0.0736	−0.0432	−0.0623	0.2246	0.3911	0.2428	0.0916
	日本	0.1026	0.1805	0.1161	0.1639	0.2641	0.3121	0.2173	0.2248	0.1976
	韩国	0.3696	0.2637	0.3573	0.4908	0.5665	0.5872	0.5962	0.6046	0.4795
保险和养老金服务	中国	−0.7348	−0.7217	−0.6936	−0.6615	−0.2773	−0.5132	−0.4402	−0.4140	−0.5571
	日本	−0.6083	−1.1131	−0.9489	−0.5337	−0.5043	−0.4639	−0.4824	−0.4914	−0.6433
	韩国	0.2703	0.2173	0.1379	0.2138	0.1174	−0.0264	0.1686	0.3383	0.1797
建筑服务	中国	0.5959	0.5438	0.4654	0.5184	0.2404	0.2111	0.4727	0.5111	0.4448
	日本	0.1743	0.1980	0.1259	0.0389	0.1324	0.1137	0.1120	0.0530	0.1185
	韩国	0.5636	0.6578	0.5689	0.6749	0.7607	0.8069	0.8508	0.8261	0.7137
加工贸易服务	中国	0.9858	0.9907	0.9932	0.9893	0.9844	0.9832	0.9805	0.9702	0.9847
	日本	−0.9125	−0.8949	−0.8288	−0.8889	−0.9007	−0.7428	−0.7601	−0.7284	−0.8321
	韩国	−0.7548	−0.7173	−0.6007	−0.4876	−0.4252	−0.3754	−0.3509	−0.3304	−0.5053

数据来源：作者根据ITC提供的International trade statistics数据计算得出，http://www.intracen.org/itc/market-info-tools/trade-statistics/.

从服务贸易行业结构来看，由表6-9可知，中国只有在加工贸易服务行业具有极大竞争优势，在建筑服务、计算机和信息服务以及加工贸易服务具有较大竞争优势，在知识产权使用费具有极大竞争劣势。与中国相反的是，日本在知识产权使用费方面具有较大竞争优势，在加工贸易服务方面具有极大竞争劣势。值得注意的是，中国传统的优势服务贸易项目旅游服务逐渐转变为具有较大劣势的产业，旅游服务贸易一般被认为是节约资源、环保型的贸易形式，而现在其竞争优势正逐年减弱。反观日本的旅游服务TC指数不断增加，国际竞争力不断上升。

表6-9　中日韩服务贸易细分结构TC指数分类

	TC指数	贸易竞争力程度	中国	日本	韩国
顺差国	TC ≥ 0.6	极大优势	加工贸易服务		建筑服务，电信、计算机和信息服务
	0.3 ≤ TC<0.6	较大优势	建筑服务，电信、计算机和信息服务	知识产权使用服务费、旅游服务	其他商业服务、运输服务、金融服务
	0<TC ≤ 0.3	微弱优势	金融服务、其他商业服务	金融服务、建筑服务	保险服务和养老金服务、知识产权使用费
逆差国	−0.3 ≤ TC<0	微弱劣势	保险服务	其他商业服务、运输服务	旅游服务
	−0.6<TC ≤ 0.3	较大劣势	运输服务、旅游服务	电信、计算机和信息服务、保险服务和养老金服务	加工贸易服务
	TC ≤ −0.6	极大劣势	知识产权使用费	加工贸易服务	

资料来源：通过表6-8整理。

近年来，中国的计算机和信息服务近年来发展势头较好，TC指数上升幅度较大，这主要是由于近年来中国IT和软件服务外包业的飞速发展。日本的电信计算机和信息服务，保险服务产品虽然处于逆差状态，但基本定位在高端环节，以满足国内市场高端客户需求为主，创造的经济价值较高。韩国有竞争优势的产业与中国类似，如建筑服务，韩国建筑服务的TC指数一直为正且呈现上升的增长趋势，具有较强的竞争优势。与中国不同的是，韩国的运输服务占其国内服务贸易比重较大，发展相对成熟。

2.相对竞争力指数

为了进一步对比中日韩服务贸易竞争力水平的差异，进一步计算国家之间的相对竞争力指数RTC。RTC指数是TC指数的变换公式，计算公式为：

$$RTC_{ab}=(\ TC_a+1\ )/(\ TC_b+1\ )$$

其中，TC_a表示a国的竞争力指数；TC_b表示b国的竞争力指数，RTC_{ab}取值范围为（0，+∞），当其值接近1时，说明两国该产业的国际竞争力接近；当其值大于0小于1时，说明b国该产业国际竞争力较a国大；当其值大于1时，说明a国该产业国际竞争力较b国大。

RTC_{ab}显示了a、b两国的相对竞争力，如果RTC_{ab}或$RRCA_{ab}$数值大于1，表明a国相对于b国在该行业上具有竞争力或竞争优势；如果RTC_{ab}或$RRCA_{ab}$数值小于1，表明a国相对于b国在该行业上不具有竞争力或竞争优势；数值等于1则表明两国竞争力与竞争优势相当。此外，RTC_{ab}或$RRCA_{ab}$数值与1的偏离程度表示其优势或劣势程度，例如，在中日两国的金融服务和知识产权使用费方面，中日两国金融服务RTC_{ab}为0.9115，中日两国知识产权使用费的RTC_{ab}为0.1051，数值的大小说明：相对于日本，中国在金融服务和知识产权使用费上都具有竞争力上的劣势，但程度有所差别，具体来说，中国在知识产权服务费上的劣势更明显（见表6-10）。

表6-10　中日、中韩服务贸易相对竞争力指数 RTC

年份		2011	2012	2013	2014	2015	2016	2017	2018	均值
服务贸易整体	中日	1.0065	0.9805	0.8716	0.7309	0.7012	0.6521	0.6671	0.6881	0.7810
	中韩	0.9563	0.8559	0.7942	0.6832	0.7194	0.6926	0.7849	0.7704	0.7823
运输服务	中日	0.6704	0.7139	0.6236	0.6142	0.6725	0.6509	0.6202	0.6537	0.6520
	中韩	0.4105	0.4067	0.3689	0.3661	0.4059	0.3858	0.3828	0.3733	0.3874
旅游服务	中日	1.3937	0.9587	0.7003	0.3282	0.2501	0.2330	0.2027	0.1858	0.4236
	中韩	0.6148	0.4922	0.4509	0.2605	0.2649	0.2901	0.2965	0.2647	0.3791
其他商业服务	中日	1.1814	1.5136	1.4883	1.6216	1.6635	1.4816	1.5136	1.5817	1.4972
	中韩	0.6873	0.7017	0.6975	0.8011	0.7732	0.7467	0.8146	0.7996	0.7519
电信、计算机和信息服务	中日	2.6803	2.5752	2.3127	3.0197	3.5602	3.1991	2.2514	2.9192	2.7596
	中韩	0.8070	0.8049	0.7538	0.7207	0.8560	0.8355	0.7925	0.8301	0.7985
知识产权使用费	中日	0.0798	0.0902	0.0633	0.0452	0.0689	0.0704	0.2158	0.1988	0.1051
	中韩	0.0767	0.0912	0.0677	0.0462	0.0780	0.0717	0.2413	0.2179	0.1106
金融服务	中日	0.9652	0.8383	0.8301	0.8221	0.7418	0.9334	1.1428	1.0147	0.9115
	中韩	0.7771	0.7831	0.6825	0.6418	0.5986	0.7715	0.8715	0.7745	0.7379

年份		2011	2012	2013	2014	2015	2016	2017	2018	均值
保险和养老金服务	中日	0.6771	-2.4599	5.9930	0.7259	1.4581	0.9080	1.0815	1.1522	1.2416
	中韩	0.2088	0.2286	0.2692	0.2789	0.6468	0.4999	0.4790	0.4379	0.3755
建筑服务	中日	1.3590	1.2886	1.3015	1.4615	1.0954	1.0874	1.3244	1.4351	1.2917
	中韩	1.0206	0.9312	0.9340	0.9066	0.7045	0.6702	0.7957	0.8275	0.8431
加工贸易服务	中日	22.6841	18.9479	11.6455	17.9063	19.9760	7.7113	8.2551	7.2550	11.8236
	中韩	8.0978	7.0415	4.9918	3.8821	3.4523	3.1750	3.0513	2.9424	4.0117

数据来源：作者根据ITC提供的International trade statistics数据计算得出，http://www.intracen.org/itc/market-info-tools/trade-statistics/.

（四）中日韩服务贸易竞争优势指数比较

1.显性比较优势指数

显性比较优势指数（RCA），又称"相对出口绩效指数"，是指一个国家某项服务产品的出口额占服务贸易出口总额的份额与世界该类服务产品占世界服务产品出口总份额之比，RCA指数的公式如下：

$$RCA_{ij} = (X_{ij}/X_{tj})/(X_{iw}/X_{tw})$$

其中，RCA_{ij}为j国i项服务产品的显示比较优势；X_{ij}是j国i服务产品的出口额；X_{tj}为j国家服务贸易的总出口额；X_{iw}是世界i项服务产品的总出口额；X_{tw}是世界服务贸易总出口额。通常认为,该比值大于2.5,表明该项服务国际竞争力极强；该指数值大于1.25而小于2.5,表明该项服务国际竞争力较强；该指数值大于0.8而小于1.25,表明该项服务国际竞争力一般；该指数值小于0.8,表明该项服务国际竞争力较弱。

由表6-11可知，中日韩在建筑服务方面都具有极强的比较优势，其中韩国比较优势最强。但是在保险服务和金融服务方面，三国的RCA指数均小于0.8，不具有比较优势。中国的金融服务是三国之中最弱的，与日韩有一定差距。通过RCA指数的比较分析，发现中日韩之间不同服务行业都具有不同的比较优势，日本服务贸易比较优势极强的是知识产权使用费,中国服务贸易竞争优势极强的是加工贸易服务，韩国际竞争力优势较强的是运输服务，在三国之中的竞争优势最强。

表 6-11 中日韩服务贸易 RCA 指数

年份		2011	2012	2013	2014	2015	2016	2017	2018	均值
运输服务	中国	0.9286	1.0019	0.9837	0.9184	0.9748	0.9422	0.938	0.9228	0.9513
	日本	1.5533	1.6274	1.5823	1.2721	1.2017	1.0525	1.0549	0.8771	1.2777
	韩国	2.1471	2.089	1.9695	1.7987	1.9378	1.6836	1.6216	1.6581	1.8632
旅游服务	中国	1.0091	1.029	1.0225	0.8334	0.8421	0.8623	0.6913	0.6106	0.8625
	日本	0.326	0.4414	0.4584	0.4773	0.6289	0.7097	0.7426	0.8846	0.5836
	韩国	0.5745	0.5378	0.5777	0.6597	0.6374	0.7427	0.6237	0.6578	0.6264
其他商业服务	中国	1.3669	0.9298	1.0338	1.0569	0.9764	1.0078	1.002	1.0237	1.0497
	日本	1.469	1.2667	1.368	1.4559	1.2447	1.2455	1.23	1.2386	1.3148
	韩国	0.7838	0.7877	0.8423	0.8662	0.9087	0.9884	1.0917	1.0468	0.9145
通信、计算机和信息服务	中国	0.9124	1.0066	1.009	1.0287	1.2499	1.3104	1.2488	1.7159	1.1852
	日本	0.1834	0.2118	0.2447	0.2175	0.2119	0.2271	0.2781	0.2314	0.2257
	韩国	0.1913	0.1831	0.254	0.2984	0.3798	0.4055	0.5042	0.4868	0.3379
知识产权使用费	中国	0.0636	0.0897	0.0748	0.0467	0.0724	0.0795	0.2962	0.3017	0.1281
	日本	3.5494	4.0347	4.0792	3.4561	3.272	3.1879	3.1787	3.435	3.5241
	韩国	0.8325	0.6531	0.7289	0.6979	0.9259	0.9946	1.1574	1.1381	0.8911
建筑服务	中国	3.6963	2.9792	2.6583	3.3647	3.8781	3.2985	5.5532	5.5532	3.8727
	日本	3.6722	4.1488	3.6891	3.316	3.3511	2.9022	2.9241	2.675	3.3348
	韩国	8.5939	9.3353	10.1358	8.2917	6.3739	6.7604	5.6868	6.5291	7.7134
金融服务	中国	0.0488	0.1106	0.1746	0.2346	0.12	0.1767	0.1894	0.1574	0.1515
	日本	0.3369	0.4008	0.3827	0.5065	0.7117	0.7762	0.6584	0.7211	0.5618
	韩国	0.2279	0.2098	0.1416	0.1449	0.1884	0.2164	0.2965	0.3538	0.2224
加工贸易服务	中国	7.1275	7.0771	6.3477	5.2108	5.1449	4.797	4.3361	3.5552	5.4495
	日本	0.1576	0.1962	0.3132	0.0948	0.0795	0.2339	0.2199	0.2271	0.1903
	韩国	1.2994	1.3739	1.6017	1.4492	1.4571	1.3799	1.3722	1.2724	1.4007
保险服务	中国	0.6178	0.6437	0.7275	0.7805	0.9026	0.767	0.7241	0.7869	0.7438
	日本	0.4845	-0.1125	0.0494	0.3559	0.3851	0.4618	0.4806	0.5387	0.3304
	韩国	0.2347	0.1843	0.2328	0.2674	0.2989	0.278	0.4413	0.3201	0.2822

数据来源：作者根据ITC提供的International trade statistics数据计算得出，http://www.intracen.org/itc/market-info-tools/trade-statistics/.

表6-12　中日韩服务贸易细分贸易结构显性比较优势划分

国际竞争优势	极强 （RCA>2.5）	较强 （1.25<RCA<2.5）	一般 （0.8<RCA<1.25）	较弱 （RCA<0.8）
中国	建筑服务、加工贸易服务		通信、计算机和信息服务，其他商业服务、旅游服务，运输服务	知识产权使用费、金融服务、保险服务
日本	知识产权使用费、建筑服务	运输服务、其他商业服务		旅游服务，金融服务，保险服务，通信、计算机和信息服务，加工贸易服务
韩国	建筑服务	运输服务、其他商业服务、加工贸易服务	知识产权使用费	金融服务，保险服务，通信、计算机和信息服务，旅游服务

资料来源：通过表6-11整理可得。

（2）相对显性比较优势指数

为了进一步对比中日韩三国竞争优势的强弱，需要进一步计算RRCA指数，它反映了两个国家某一行业贸易出口水平的相对优势，计算公式为：

$$RRCA_{ab} = RCA_a / RCA_b$$

式中，$RRCA_{ab}$表示a、b两国的相对显性比较优势指数，RCA_a表示a国的显性比较优势指数；RCA_b表示b国的显性比较优势指数。

由表6-13分析可知，中日RRCA指数在运输服务、知识产权服务费、其他商业服务和金融服务上小于1，说明中国与日本相比在这些服务行业上不具有竞争优势；中日RRCA指数在旅游、计算机和信息服务、保险服务、建筑服务以及加工贸易服务上大于1，说明中国与日本相比在这些服务行业上具有竞争优势。与韩国相比，中国在旅游服务、其他商业服务、计算机与信息服务、加工贸易服务以及保险服务商具有竞争优势；在运输服务、建筑服务、知识产权服务费以及金融服务上不具有竞争优势。

表6-13　中日、中韩服务贸易相对显性比较优势指数 RRCA

年份		2011年	2012年	2013年	2014年	2015年	2016年	2017年	2018年	均值
运输服务	中日	0.5978	0.6156	0.6217	0.7220	0.8112	0.8952	0.8892	1.0521	0.7446
	中韩	0.4325	0.4796	0.4995	0.5106	0.5030	0.5596	0.5784	0.5565	0.5106
旅游服务	中日	3.0954	2.3312	2.2306	1.7461	1.3390	1.2150	0.9309	0.6903	1.4779
	中韩	1.7565	1.9134	1.7699	1.2633	1.3211	1.1610	1.1084	0.9282	1.3769

续　表

年份		2011年	2012年	2013年	2014年	2015年	2016年	2017年	2018年	均值
其他商业服务	中日	0.9305	0.7340	0.7557	0.7259	0.7844	0.8092	0.8146	0.8265	0.7983
	中韩	1.7439	1.1804	1.2274	1.2202	1.0745	1.0196	0.9178	0.9779	1.1479
通信、计算机和信息服务	中日	4.9749	4.7526	4.1234	4.7297	5.8985	5.7701	4.4905	7.4153	5.2504
	中韩	4.7695	5.4975	3.9724	3.4474	3.2909	3.2316	2.4768	3.5249	3.5077
知识产权使用费	中日	0.0179	0.0222	0.0183	0.0135	0.0221	0.0249	0.0932	0.0878	0.0363
	中韩	0.0764	0.1373	0.1026	0.0669	0.0782	0.0799	0.2559	0.2651	0.1437
建筑服务	中日	1.0066	0.7181	0.7206	1.0147	1.1573	1.1366	1.8991	2.0760	1.1613
	中韩	0.4301	0.3191	0.2623	0.4058	0.6084	0.4879	0.9765	0.8505	0.5021
金融服务	中日	0.1449	0.2759	0.4562	0.4632	0.1686	0.2276	0.2877	0.2183	0.2697
	中韩	0.2141	0.5272	1.2331	1.6190	0.6369	0.8165	0.6388	0.4449	0.6812
加工贸易服务	中日	45.2253	36.0708	20.2672	54.9662	64.7157	20.5088	19.7185	15.6548	28.6403
	中韩	5.4852	5.1511	3.9631	3.5956	3.5309	3.4763	3.1600	2.7941	3.8905
保险服务	中日	1.2751	−5.7218	14.7267	2.1930	2.3438	1.6609	1.5067	1.4607	2.2508
	中韩	2.6323	3.4927	3.1250	2.9188	3.0197	2.7590	1.6408	2.4583	2.6357

数据来源：作者根据ITC提供的International trade statistics数据计算得出，http：//www.intracen. org/itc/market-info-tools/trade-statistics/.

（五）中日韩服务贸易竞争性与互补性分析

为了研究中日与中韩哪些服务行业的竞争力与竞争优势是互补的，哪些服务行业是存在竞争关系的，通过服务贸易竞争力互补指数和竞争优势互补指数的正负可以判断。

竞争力互补指数α公式为：

$$\alpha = TC_a \times TC_b$$

其中，α表示 a、b 两国贸易竞争力互补指数；TC_a表示a国的贸易竞争力指数；TC_b表示b国的贸易竞争力指数。当α值大于0时，说明a、b两国某行业的贸易竞争力不具有互补性；当α值小于0时，说明a、b两国该行业的贸易竞争力具有互补性。

竞争优势互补指数β公式为：

$$\beta = (RCA_a - 1) \times (RCA_b - 1)$$

其中，β表示 a、b 两国的显性比较优势互补指数；RCA_a表示a国的显性比较优势指数；RCA_b表示b国的显性比较优势指数。这一指标反映了两个国家某一产品的出口贸易互补情况，β大于0表明a、b两国在某行业显性优势上不具有互补性，β小于0表明a、b两国在该行业显性优势上具有互补性。

从表6-14可以看出，从中日服务贸易竞争力与竞争优势平均互补指数来看：两国在旅游服务，通信、计算机和信息服务，金融服务和知识产权使用费上具有竞争力互补性；中国和日本在运输服务、计算机与信息服务以及专利特权使用费上在竞争优势上具有互补性。从中韩服务贸易竞争力与竞争优势平均互补指数来看：两国在运输、旅游、保险和专利和特权使用费上具有竞争力互补性；中国和韩国在运输服务与通信、计算机和信息服务以及其他商业服务上具有竞争优势互补性。针对中日、中韩竞争力及竞争优势具有互补性的行业，中日、中韩应加大合作力度，相互扶植、共同进步。当然相互竞争的行业也不是一味的恶性竞争，同样需要加强合作，借鉴学习。继续发挥各自的比较优势，实现服务经济的动态互补，优化各自产业结构。

表6-14　中日、中韩服务贸易竞争力与竞争优势平均互补指数

行业		运输服务	旅游服务	建筑服务	通信、计算机和信息服务	保险服务	金融服务	知识产权使用费	其他商业服务
中日	α	正	负	正	负	正	正	负	负
	β	负	正	正	负	正	正	负	正
中韩	α	负	负	正	正	负	正	负	正
	β	负	正	正	负	正	正	正	负

资料来源：根据前表计算整理可得。

（六）中日韩三国服务贸易出口政策倾向分析

根据表6-10、表6-13给出的中日、中韩RTC_{cj}与$RRCA_{ck}$值，计算其差值，可以得到政策均衡度。若该差值小于0，说明中国在净出口能力和比较优势上的政策力度超过日本和韩国，倾向于鼓励出口，甚至可能出现中国的净出口超出了现有的比较优势这种状况，即国家过度强调出口或控制进口，造成贸易政策的不均衡、不匹配；如果该差值大于0，意味着中国在净出口能力和比较优势上小于日本和韩国，倾向于抑制出口，可能存在过度抑制出口或鼓励进口的贸易政策不均衡、不匹配。通过服务贸易出口偏离度可以判定中日、中韩两国服务贸易的出口政策倾向。

计算结果如表6-15所示：以中国为分析主体，与日本相比，中国在运输服务、旅游服务，通信、计算机和信息服务，加工贸易服务和保险服务上的政策均衡度为负值，说明相对于日本，中国在这些行业的出口政策倾向于鼓励出口，而日本在其他商业服

务、知识产权使用费以及金融服务等行业的出口政策倾向于鼓励出口。与韩国相比，中国在运输服务、旅游服务、其他商业服务、知识产权使用费、保险服务上的政策均衡度为负值。这说明相对于韩国，中国在这些行业的出口政策倾向于鼓励出口，韩国则是在建筑服务、金融服务以及加工贸易服务上倾向于鼓励出口。通过以上分析可以发现中国在不具有相对竞争力的行业上出口也较大，这完全符合该时期中国的"出口导向型"战略出口政策。但是随着近年来中国经济发展方式的转变和以服务业为主导的相关产业的渐进式培育、选择和发展，服务经济的发展政策也必须做出相应的调整，不能一味地强调出口，要区分对待不同服务行业，选择好一定时期的主导产业。

表 6-15　中日、中韩服务贸易 RTC_{ab}、$RRCA_{ab}$ 及出口偏离度

服务业		RTC_{ab}	竞争力	$RRCA_{ab}$	比较优势	政策均衡度	出口偏离度
运输服务	中日	0.6520	劣势	0.7446	劣势	−0.0925	+
	中韩	0.3874	劣势	0.5106	劣势	−0.1232	+
旅游服务	中日	0.4236	劣势	1.4779	优势	−1.0543	+
	中韩	0.3791	劣势	1.3769	优势	−0.9979	+
其他商业服务	中日	1.4972	优势	0.7983	劣势	0.6988	−
	中韩	0.7519	劣势	1.1479	优势	−0.3959	+
通信、计算机和信息服务	中日	2.7596	优势	5.2504	优势	−2.4908	+
	中韩	0.7985	劣势	3.5077	优势	−2.7092	+
知识产权使用费	中日	0.1051	劣势	0.0363	劣势	0.0687	−
	中韩	0.1106	劣势	0.1437	劣势	−0.0332	+
建筑服务	中日	1.2917	优势	1.1613	优势	0.1304	−
	中韩	0.8431	劣势	0.5021	劣势	0.3410	−
金融服务	中日	0.9115	劣势	0.2697	劣势	0.6418	−
	中韩	0.7379	劣势	0.6812	劣势	0.0566	−
加工贸易服务	中日	11.8236	优势	28.6403	优势	−16.8168	+
	中韩	4.0117	优势	3.8905	优势	0.1212	−
保险服务	中日	1.2416	优势	2.2508	优势	−1.0092	+
	中韩	0.3755	优势	2.6357	优势	−2.2602	+

资料来源：根据前表计算整理可得。

三、结论

通过比较中日韩三国服务贸易的发展规模、贸易结构、贸易竞争力指数和显性比较优势指数，以及对中日韩服务贸易竞争性和互补性的分析，最终研究发现中日韩在服务贸易出口政策上的倾向。可以得出如下结论：

第一，中日韩服务贸易竞争力存在行业差异。与日本相比，中国服务贸易具有竞争力和竞争优势的行业有通信、计算机和信息服务，建筑服务，加工贸易服务和保险服务。与韩国相比，中国服务贸易竞争力和竞争优势的行业有加工贸易服务和保险服务。总的来看，中国服务贸易竞争力主要依赖传统的劳动密集型行业，日韩的服务贸易竞争力主要依赖于技术密集型行业。

第二，中日韩服务贸易竞争性和互补性同时存在。中国和日本在计算机和信息服务、知识产权使用费上有竞争力和竞争优势的互补性，在建筑服务、保险服务和金融服务上有较强的竞争性。中国与韩国在运输服务上具有竞争力和竞争优势的互补性，在建筑服务和金融服务上有较强的竞争性。中日韩应该根据各自服务贸易的竞争性和互补性的特点，加强互补性行业的合作。

第三，中日韩服务贸易出口政策倾向不一致。与日本相比，中国在运输服务、旅游服务、计算机和信息服务、加工贸易服务和保险服务上鼓励出口；与韩国相比，中国在运输服务、旅游服务、其他商业服务、计算机和信息服务、保险服务以及知识产权使用费上鼓励出口。中国在不具有竞争优势的行业盲目的鼓励出口的政策不利于经济的可持续发展。中国的服务贸易战略应该着眼于长远布局，并培育一批真正拥有强大竞争力的行业。

第三节　生产者服务贸易与全球价值链的"区块化"

一、引言

20世纪90年代初以来，随着信息技术发展与全球化进程加快，全球价值链（GVC）分工模式成为国际分工的常态（Baldwin，2013）。全球价值链借助信息技术发展及互联网运用，大幅度地降低了产品和服务不同生产环节之间流转的成本，并解除了生产环节必须聚集于同一地点的限制，使得生产各环节按照不同国家的比较优势在全球范围内得到合理配置。由此，中间品贸易得到极大发展，在跨国贸易中占比达到70%以上。并且随着世界各国融入全球价值链的进一步深化，全球价值链逐渐由早期的"北北"合作转变为如今"北北""北南"合作并存的模式（Baldwin 和 Lopez-Gonzalez,2013）。根据统计数据显示，1991年至今全球主要工业国家，即G7国家中间品贸易占比已由52%下降至30%。

伴随着全球价值链深入发展进程，生产者服务作为中间投入品或最终消费品的贸易在全球范围内也得到同步快速的增长。自21世纪初开始，国际直接投资增量的90%和存量的60%发生在服务业（UNCTAD，2004），发达国家服务业的GDP平均占比达到70%以上，发展中国家同一指标也超过50%。世界经济的服务化趋势日益明显，服务贸易对全球价值链产生了重要的"粘合剂"作用（程大中，2004）。

从2008年金融危机爆发以来，全球贸易衰退尤其是中间品贸易占比下降、国际直接投资规模与资本流动减速对全球价值链的演化产生了重大的冲击和干扰。在这一新的历史背景下，全球价值链的地理空间分布发生了怎样的变异？服务贸易在其间产生了怎样的作用？具体驱动这些变化和作用的变量因素有哪些？从这些变量因素作用的方向和强度出发，全球价值链与服务贸易及其相互关系下一步演化的趋势如何？它对我国产业发展、技术创新与对外贸易及双向投资有何影响？可能的政策启示是什么？本文试图对以上问题进行分析探讨。

二、文献综述与本文可能的创新

根据文献检索，在2008年金融危机前，国内外的研究成果主要集中于价值链的全球化分解及其联系机制分析。金融危机以来相关的理论文献和经验观察证明，近年来全球价值链存在着"区块化"的演化特征与趋势。本节对金融危机以来的相关代表性研究成果分述如下：

在理论与经验研究方面，Grossman 和 Rossi-Hansberg（2008）提出当我们分析在不同国家之间的生产分割（production fragmentation）时，不仅需要考察产业间生产的分配，更重要的是考察生产过程在不同国家间的分配。通过将生产过程分解为前后关联的"任务"（tasks），Grossman（2003）指出在生产分割过程中，地理因素通过影响后置"任务"获得前置"任务"产品成本影响生产分割决策的影响机制。这一影响机制的存在意味着同一区域内的生产分割相对更具优势，即价值链在区域内将获得成本优势。

Baldwin 和 Lopez-Gonzalez（2013）基于贸易数据，以美国、德国、日本、中国为核心分析世界主要工业国家间的中间品贸易，得出经验结论认为，世界中间品贸易存在以各区域内主要工业国家为核心的特征。东亚、西欧、北美三个区域内中间品贸易占据世界中间品贸易的绝大部分，这意味着全球价值链更多的是一种区域上的概念。国内学者基于 WIOD 等全球范围的投入产出数据库，研究了中国制造业在全球价值链中扮演的角色（樊茂清和黄薇，2014；鞠建东和余心玎，2014；程大中，2015），他们通过分析中国制造业在全球价值链中的上下游状况，考察了中国在价值链中的上升路径。而盛斌和陈帅（2015）则提出全球价值链的生产环节分布是以要素禀赋为基础的，从而指出全球价值链具有集聚化和离散化的特征。林桂军，邓世专（2011）以中国为基点，指出中国作为全球第一大货物贸易国家，已经成为"亚洲工厂"核心。由此证明，近年来全球价值链有向着"区域化"或"区块化"方向演化的趋势。

在实证研究方面，主要分作两个大的方向。其一为基于区域内投入产出表，考察区域内国家增加值（value-added）的视角。Koopman、Wang 和 Wei（2008），Pula 和 Peltonen（2011），Wang、Powers 和 Wei（2009）基于亚洲投入产出表考察了亚洲区域内价值链的增加值来源，研究发现亚洲区域内各国较之前更为开放、更加深度地参与了全球价值链分工，且全球价值链中区域内部分相较于区域外更为显著；其二为通过考察一国进出口增加值审视价值链是否具有一定的区域化特征。Koopman，Wang 和 Wei（2008）基于中国投入产出表考察其进出口增加值情况，发现45%的增加值均出口至以中国、日本为核心的周边区域国家。因此，这两类实证研究成果均指出价值链具有区域性或区域化的特征，且以区域内主要工业国家为核心。

然而，已有文献缺乏对全球价值链演化形态影响因素的探讨，对于生产者服务贸易在其间的作用则更是极少关注。2008 年的金融危机前，国际学术界曾大量涉及对生产者服务在价值链演化中的作用的研究，例如 Jones 和 Kierzkowski（2005），通过所建立的"JK"模型描述了由不同生产区段和服务链构成完整生产过程的结构，说明在全球价值链发展过程中生产者服务作为分散在不同生产区段连接环节的角色原理；Van Marrewijk（1996）在垄断竞争假设下，描述了生产者服务与规模经济的关系，阐述了生产者服务自身具有的规模报酬递增的特征，表明了生产者服务的增加值功能。金融危机发生以来，一些学者针对服务贸易增长快于货物贸易增长的现实，基于世界投入产出表（WIOD）测算不同国家制成品出口贸易中的服务含量，发现许多国家制造业出口中的服务含量超过制成品含量（Stehrer，2012）；或基于 OECD-WTO 的增加值贸易（TiVA）数据库对服务贸易和全球服务价值链进行定量分析发现，2008年每单位美元制成品出口中所含服务的平均水平，发达国家和发展中国家分别达到33%与26%（Lanz和Maurer，2015）。国内学者的最新研究还表明，根据增加值计算的结果，我国服务贸易行业整体上拥有比制造业更高的国内增加值率（张亚斌和肖慕艺，2015）。

综上所述，我们得出两个基本的判断：①生产者服务对于全球价值链的演化变异具有关键性作用；②生产者服务能够有效提高制成品出口中的附加值比率。本文主要着眼于刻画金融危机以来全球价值链发生的"区块化"最新特征与趋势，并从生产者服务贸易发展视角分析其影响或作用，探讨生产者服务自身具有的规模经济、空间特征及其与全球价值链演化形态的关联机制。

三、全球价值链"区块化"的特征、趋势及其测度

（一）全球价值链"区块化"特征与趋势：基于WIOD的分析

在研究全球价值链的形态时，依据WIOD原始数据计算不同年份世界中间品贸易在世界范围内的分布，可以概括出全球中间品贸易分布的三个基本特征：①世界中间品贸易非常集中，从全球视角来看，只有少数国家具有在规模上显著的中间品贸易。②世界中间品贸易主要集中于东亚、欧洲以及北美三大区域内。③在每一区域内，都有核心国家的存在，这类核心国家与其余周边国家的中间品贸易构成了区域内中间品贸易的主体。以中间品贸易为基础的全球价值链，其结构并不是统一的，而是多个区域价值链共同组成的价值链体系。在这个体系中，制造业、服务业发达的核心国家（中国、日本、美国、德国）具有举足轻重的地位。

更进一步，由于核心国家在区域内中间品贸易中的主导地位，为了进一步说明全球价值链的"区块化"现象，本部分选用贸易结合度（TI_{it}）指标探究各国与各主要区域之间的中间品贸易是否存在偏向。通过比较一个国家与不同区域间的中间品贸易结合度，说明了各国的中间品贸易均偏向于其所属区域。这种偏向的存在意味着，各国融入全球价值链的过程实质上是融入其所属区域区域价值链体系的过程。而所有国家均具有这一特征的事实证明了全球价值链"区块化"的存在。该指标计算方法如下：

$$TI_a = (\frac{EX_{ab}}{EX_a})/(\frac{IM_b}{IM_{all}})$$

其中，EX_{ab}、EX_a分别表示a国对b区域出口和a国总出口额；IM_b、IM_{all}分别表示b

区域总进口和世界总进口额，其比值衡量 b 区域进口能力。贸易结合度指标衡量 a 国与 b 区域贸易的相互依存关系，指标数值越大，说明其相互依存程度越高，进而说明价值链的"区块化"程度越高。此处计算了 44 个国家历年贸易依存度数据，部分结果如表 6-16 所示。

表 6-16　贸易结合度矩阵

	年份	东亚	欧洲	北美
中国	2000	1.75	0.42	0.71
	2005	1.83	0.45	0.86
	2010	1.39	0.55	0.88
	2014	1.40	0.48	0.98
日本	2000	3.58	0.35	1.03
	2005	4.54	0.30	0.90
	2010	4.37	0.27	0.82
	2014	4.53	0.27	1.09
德国	2000	0.37	2.09	0.53
	2005	0.40	1.95	0.50
	2010	0.44	2.05	0.54
	2014	0.44	2.14	0.59
美国	2000	0.81	0.69	4.73
	2005	0.69	0.69	5.70
	2010	0.63	0.69	5.49
	2014	0.56	0.78	5.77

数据来源：WIOD 世界投入产出表，http://www.wiod.org/home.

比较各国与各区域的贸易结合度指标可知，各国与各区域中间品贸易的相互依存程度存在极大差异。其中，中国、日本等亚洲国家偏向与亚洲区域内其余国家进行中间品贸易，而德国等欧洲国家、美国等北美国家则分别偏向与欧洲内其余国家和北美其余国家进行中间贸易。各国均偏向于区域内中间品贸易的事实说明，在各区域内部存在构成世界中间品贸易主体的贸易网络，全球价值链确实存在"区块化"的现象。值得注意的是，在 2008—2010 年间，由于发生了全球性的经济危机，各核心国家与其所属区域贸易结合度均发生短暂的下滑。中国的下滑幅度最大，这可能是由中国经济对出口加工贸易的依赖程度较高所致。

（二）全球价值链"区块化"程度的测度

本节着重研究生产者服务贸易含量对全球价值链"区块化"的影响，不言而喻，衡量全球价值链"区块化"程度的指标即为被解释变量（记为REGION）。在上一部分，我们运用贸易结合度的指标，比较各国自身与不同区域贸易结合的程度，证明不同国家中间品贸易在全球价值链中存在的偏向性，进一步说明全球价值链"区块化"的存在。然而，这一指标只能用于衡量单一国家单一年份是否具有贸易的偏向性，而无法衡量不同国家在不同年份中间品贸易偏向程度的变化，无法作为计量方程中的被解释变量。因此，我们借用贸易集中度的概念，构建中间品贸易的区域集中度指标，衡量全球价值链的"区块化"程度。用$REGION_{ijt}$表示i国行业j在第t期的贸易区域集中度，则有：

$$REGION_{ijt} = \left[\left(\frac{asien_{ijt}}{all_{ijt}} \right)^2 + \left(\frac{eu_{ijt}}{all_{ijt}} \right)^2 + \left(\frac{us_{ijt}}{all_{ijt}} \right)^2 \right]^{1/2}$$

其中，$asien_{ijt}$、eu_{ijt}、us_{ijt}分别表示i国j行业在第t期分别与亚洲、欧洲、北美国家的中间品贸易量，all_{ijt}表示i国j行业在第t期与其他国家的总贸易量。在全球价值链存在"区块化"趋势的前提下，各国必然更加倾向于与其所属区域进行中间品贸易，而"区块化"的程度越高，这种偏向性将更加明显。上述指标衡量了中间品贸易在亚洲、欧洲、北美三个区域间的贸易集中程度，指标下限表示中间品贸易在全球均匀分布，不存在集中于所属区域的现象，而上限表示中间品贸易完全存在于区域内部，不分散于其余区域；$REGION_{ijt}$数值越高，表示该行业的中间品贸易更加偏向于其所属区域。在全球价值链存在"区块化"现象的前提下，这一指标衡量了i国行业j相对于其余区域的价值链体系，更加偏向于其所属区域的程度。中间品贸易的区域集中度越高，则中间品贸易偏向其所属区域的程度越高，这说明价值链中区域内的中间品贸易占有更大比重，从而进一步说明全球价值链"区块化"程度的攀高。此此采用2000—2014年WIOD作为数据来源，测算44个国家中54行业的贸易区域集中度指标，以此衡量全球价值链的"区块化"程度。限于篇幅，表6-17中仅列出各核心国家农业、机械制造、金融三个具有代表性行业的部分年份数据。

表 6-17　中间品贸易区域集中度（部分）

国家	年份	农业	机械制造	金融
中国	2000	0.57	0.54	0.84
	2005	0.62	0.56	0.92
	2010	0.65	0.55	0.93
	2014	0.71	0.57	0.95
日本	2000	0.56	0.56	0.78
	2005	0.58	0.58	0.83
	2010	0.60	0.60	0.92
	2014	0.62	0.61	0.96
德国	2000	0.63	0.71	0.50
	2005	0.61	0.72	0.54
	2010	0.63	0.73	0.60
	2014	0.64	0.73	0.65
美国	2000	0.57	0.56	0.59
	2005	0.58	0.59	0.61
	2010	0.61	0.56	0.66
	2014	0.59	0.57	0.70

数据来源：WIOD世界投入产出表，http://www.wiod.org/home.

观察各国各行业中间品贸易区域集中度变化可知，世界各国各行业中间品贸易区域集中程度均呈现稳定上升的趋势。历年来各国各行业区域集中度指标提升程度在0.03～0.18之间。其中，尤其是服务业集中度指标提升程度最高，在0.11～0.18之间。这意味着全球价值链在2000—2014年间一直保持着向"区块化"方向演化的趋势，且服务业在"区块化"进程中扮演了"引领者"的角色。此外，比较农林牧渔、制造业、服务业的区域集中度可知，服务业的中间品贸易区域集中度远高于其余行业。这也从侧面印证了生产者服务对全球价值链"区块化"的影响。

四、生产者服务贸易影响全球价值链"区块化"的理论逻辑

生产者服务贸易如何影响全球价值链的"区块化"？显然，在本文中，如果我们将中间品贸易的区域集中度作为度量全球价值链"区块化"的指标的话，那么，上述问题就意味着，在中间品投入中，生产者服务贸易含量的提高对各国各行业中间品贸易的集中程度产生了显著的提升作用，从而决定了全球价值链向着"区块化"发展的方

向。结合现有研究文献，我们认为，生产者服务含量对全球价值链"区块化"的影响至少在以下3个方面可能存在影响渠道和作用机制。

第一，生产者服务自身性质的影响。与货物贸易不同，生产者服务具有无形性、不可储存性、生产和消费的不可分割性等特殊性质。伴随着当前社会分工的细化和生产环节在不同国家间的分割，服务环节呈现出逐渐从制造业环节中分离的趋势，从而使全球价值链的形态更多受到作为中间投入品的生产者服务性质的影响。其主要的影响机制在于，生产者服务的不可储存性、对时间和空间高度统一的要求，意味着生产者服务在空间上应当更加集聚，而生产者服务作为重要的中间投入品为每一个制造环节提供服务的地位将进一步驱使整个生产链条在空间上更为集聚。这意味着全球价值链不应当是均一的而应在不同区域呈现集中的趋势。

第二，服务链参与全球价值链的影响。实质上，当我们审视全球价值链的形态变异时，更应当将全球价值链视为不同生产区段在全球不同国家分割后，通过中间品贸易联结形成的全球生产网络。在这一点上，Grossman和Rossi-Hansberg（2008）提供了一个较好的视角。而联结不同生产区段不仅要求前一生产区段生产的中间产品能够顺利接入下游生产区段，还要求生产、技术、金融财务信息在不同区段上保持一致。这意味着由独立出来的服务部门组成的服务链将作为联结全球价值链的重要组成部分影响价值链的形态。而由于生产者服务部门本身具有的规模经济的特点，其更加倾向于集中化、专业化的生产模式。服务链在长度上相对较短，在空间上更加集中于资本、知识等要素密集的区域。更进一步的，生产者服务贸易占比越大，其参与的价值链也将相对更加集中。

第三，生产者服务贸易自我循环加强能力的影响。伴随着服务业从制造环节中独立的趋势，现代服务贸易本身产生了巨大的变革。从早期服务业以劳工输出、运输服务等货物贸易附属性服务为主的贸易结构开始，已逐步转变为以电子、通信、金融和信息技术部门为主的现代服务贸易结构。相对于运输等行业对制造业部门的依存性质，现代服务业已可单纯依靠自身形成完整的产业链体系。尤其是金融、房地产等行业，其自身完全可通过大规模的资本运作形成完整的自循环体系，逐步自我加强联系并发展产业链。因此，相比此前单纯以制造业为核心的全球价值链，现代全球价值链包含了大量服务行业为主导的部分。由于服务部门自我循环、自我加强能力以及其本身的空间特征，服务部门主导的价值链将聚集于资本密集的国家周边。这意味着生产性服务贸易不仅仅通过影响制造业主导价值链体系影响全球价值链形态，由其自身形成的价值链也是全球价值链的重要组成部分。

根据现有文献，我们认为，生产者服务贸易可以通过自身性质、作为"粘合剂"参与全球价值链以及服务链的自我循环加强影响世界中间品贸易在地理上的集中程度，进而影响全球价值链"区块化"的发展趋势。据估计，当前欧美发达国家制造业的生产者服务含量或服务化比率已经高达50%甚至更高，新兴经济体在这一指标上也已超过20%。随着产品中生产者服务含量的逐步提高，生产者服务在全球价值链形态演化中的重要性逐步增强。这意味着，生产者服务将通过上述机制，推动全球价值链形态向"区块化"的方向演化，且这种推动力正逐步增强。综上所述，我们可得出以下判断，生产者服务已然成为全球价值链"区块化"进程中不可忽视的重要影响因素。

五、计量方程与实证检验

（一）模型构建

生产者服务贸易可以通过自身性质、服务链、自我循环加强能力等渠道影响全球价值链的"区块化"程度，但其最终是否能决定性地推动价值链"区块化"的进程，还取决于各国本身的要素禀赋和其余知识、技术、信息传递渠道的作用。尤其是在当前的全球化生产网络中，生产者服务贸易并不是价值链形态唯一的决定因素。大规模的中间品货物贸易、各国之间以FDI驱动的国际产能合作以及错综复杂的诸边FTA都深刻地影响了全球价值链的真实形态。

因此，为识别生产者服务贸易对全球价值链"区块化"的影响，本文构建如下计量模型：

$$Y_{ijt} = \alpha + \beta SERVICE_{ijt} + \varphi SERVICE_{ijt} * HCAP_{jt} + \gamma SERVICE_{ijt} * CAP_{jt} + \delta X_{ijt} + \varepsilon_{it}$$

其中，下标i代表行业，j代表国家，t代表年份；因变量为Y_{ijt}，代表中间品贸易区域集中度（REGION），衡量中间品贸易偏向于某一区域的程度；SERVICE代表生产者服务贸易在生产投入中的含量，以行业生产者服务贸易占总投入的比值表示；GEOGRAPH代表地理特征，衡量一国在地理上相对更加靠近某一区域核心的程度；HCAP、CAP分别表示某一国家人力资本存量与固定资本存量，代表国家要素禀赋的影响。其他控制变量包括：国家的地理特征（GEOGRAPH），是否属于欧盟、NAFTA的虚拟变量（EU、NAFTA），是否为区域内核心国家（core），外国直接投资（FDIINWARD），经济发展水平（GDP）。

生产者服务贸易占比计算公式为：

$$SERVICE_{ijt} = \frac{SERVICEINPUT_{ijt}}{INPUT_{ijt}}$$

其中，$SERVICEINPUT_{ijt}$表示i国行业j第t期的生产者服务贸易含量；$INPUT_{ijt}$表示总投入。该指标使用WIOD数据库计算得到。

关于其他变量，人力资本存量（HCAP）、固定资本存量（CAP）分别用依据宾夕法尼亚大学世界表（Penn World Table）计算的人力资本总量指标和各国固定资本存量表示。根据服务贸易理论，人力资本存量较高的国家自身具有较强的生产者服务供给能力，而较强的生产者服务将导致价值链的"区块化"。因此，预期人力资本存量（HCAP）系数为正；而与此同时，国内生产者服务供给能力的加强会降低国内生产者对外国生产者服务的需求，进而削弱生产者服务贸易的影响，因此，本文认为人力资本存量与生产者服务贸易之间存在替代关系，预期两者交互项（SERVICE*HCAP）系数应当为负；国家地理特征（GEOGRAPH），用核心国家距离与距离加总比值的算术平均数表示，根据引力模型，国家之间的距离将会显著影响贸易额，进一步推论，地理距离的不同将会导致一国贸易相对集中于距离较近的国家或区域，这种差异越大，集中的趋势越明显，因此预期地理特征的符号为正；一国是否属于欧盟、NAFTA虚拟变量（EU、NAFTA），属于则取值为1，不属于则取值为0；多边FTA的签订将会促使关税、非关税壁垒相对于协定外降低，促进中间品贸易的集中，因此预期符号为正；是否属于区域核心国家虚拟变量（core），属于核心国家取值为1，反之则取值为0，全球价值链的"区块化"是以中、日、美、德四个在区域内的发展程度较高的工业国家为核心形成的体系，相对于其余周边国家，核心国家中间品贸易中应当具有较低的集中度，该项系数预期为负；外国直接投资（FDIINWARD），用各国历年外国直接投资额表示，外国直接投资越高，由其驱动的技术、信息交流越密切，越依赖于人员的快速流动，外国直接投资驱动的中间品贸易集中程度越高，因此，预期其系数为正；经济发展水平（GDP），用各国历年实际GDP总量表示，其系数应为正。

（二）数据说明

本文的样本期为2000—2014年，中间品的贸易集中度、投入中生产者服务贸易占比均由作者根据WIOD测算；对外直接投资，各国固定资本存量，各国实际GDP总量均来自UNCTAD数据库；人均人力资本存量则来自Penn World Table, Version 9.0。本书行业以WIOD使用的NACE分类。为使本文结论更加稳健，本文不仅对56个行业的总样本进行分析，还对制造业、服务业分别进行回归以得出更具针对性的结论。在本文中，将C1—C3划分为第一产业，C4—C27划分为制造业，C28—C56划分为服务业。

（三）实证结果和分析

本书采用不同变量的多种组合对生产者服务贸易与全球价值链"区块化"的影响进行考察，以全面反映生产者服务贸易增长影响全球价值链"区块化"的机制。

1.基准回归分析

在总样本初步回归中，本书首先检验回归中各变量方差膨胀因子的膨胀系数（VIF）值，这些值均位于1.03～2.92之间，平均数为1.68，这说明变量中不存在多重共线性问题，相关检验结果见表6-18。此外，自变量均通过单位根检验，面板数据F检验结果说明面板回归优于混合回归，Hausman检验结果说明固定效应优于随机效应（见表6-19）。同时，为兼顾时间效应，本文采用双向固定效应作为基准回归模型。从总样本回归结果中看出，无论是否加入其余控制变量，核心变量生产者服务贸易占比系数均为正，这初步说明生产者服务贸易增长有助于推进全球价值链的"区块化"。

表6-18 各自变量方差膨胀因子的 VIF 值

变量	SERVICE	HCAP	CAP	GEOGRAPH	EU	NAFTA	FDIINWARD	GDP	CORE
VIF	1.04	1.59	2.21	2.24	2.86	1.53	1.05	1.08	1.98

由于生产者服务贸易对不同行业的区域集中度可能产生不同的影响，为了回归结果的稳健性，本文依据NACE分类将总样本分为制造业和服务业两组，并分别进行回归。在服务业分组中，再加入其他控制变量后，核心变量系数产生一定波动，但始终为正，且在1%的水平上是显著的。这说明在服务业中，生产者服务贸易的增长对全球价值链的"区块化"始终保持着正向促进作用。在制造业分组中，控制其他变量滞后，核心变量系数显著为正，且在最终完整模型中，通过1%水平显著性检验。在所有分组中，控制变量系数都通过5%水平显著性水平，且其系数均符合预期。

在最终完整回归中（见表6-19），为使最终回归结果更具稳健性，此处还考察了模型的异方差和内生性问题。根据White检验结果，p值为0.00，说明原方程存在异方差问题，[1]应当使用异方差稳健型估计。根据已有文献，全球价值链"区块化"和生产者服务贸易可能存在双向因果关系。通过Hausman检验内生性问题得到检验结果为p值为0.00，在1%水平上拒绝"所有变量不存在内生性"原假设，说明原方程中存在内生变

---

[1]此处由于篇幅所限省略了White检验的展示。

量。解决内生性问题，可采用将内生变量或其于控制变量一阶、二阶滞后项作为工具变量的方法。依照此方法，本文采用生产者服务贸易占比（SERVICE）一阶、二阶滞后项和对外直接投资（FDIOUTWARD）一阶滞后项作为工具变量，采用两步工具变量法（2SLS）进行回归解决内生性问题。回归结果如表6-19所示。表6-19报告了总样本双向固定效应回归结果以及总样本、制造业、服务业2SLS回归结果。在考虑了内生性和异方差之后，在所有分组中，服务贸易占比系数均在1%水平上显著。

表 6-19　2SLS 回归结果

	（1）	（2）	（3）	（4）	（5）	（6）	（7）
	总样本 FE	总样本 2SLS	总样本 2SLS	制造业 2SLS	制造业 2SLS	服务业 2SLS	服务业 2SLS
SERVICE	0.045*** （3.04）	0.572*** （7.25）	0.705*** （8.02）	1.638*** （4.20）	1.904*** （3.92）	0.471*** （4.42）	0.517*** （4.72）
HCAP	0.023*** （4.29）	0.296*** （6.94）	0.346*** （7.66）	0.370*** （4.76）	0.402*** （4.35）	0.212*** （3.52）	0.228*** （3.80）
CAP	−0.015*** （−27.50）	−0.012*** （−11.34）	−0.003*** （−1.88）	−0.01*** （−6.25）	−0.002 （−0.53）	−0.017*** （−19.72）	−0.009*** （−4.14）
GEOGRAPH	0.753*** （24.79）	0.289*** （3.53）	0.224*** （2.67）	0.264*** （1.90）	0.245*** （23.61）	0.642*** （12.24）	0.630*** （12.01）
EU	0.152*** （82.75）	0.157*** （57.76）	0.161*** （54.87）	0.151*** （28.84）	0.156*** （23.61）	0.159*** （66.02）	0.161*** （64.01）
NAFTA	0.071*** （35.74）	0.060*** （22.18）	0.059*** （21.62）	0.070*** （16.78）	0.067*** （14.14）	0.048*** （15.34）	0.049*** （15.90）
CORE	−0.051*** （−22.33）	−0.054*** （−18.98）	−0.054*** （−18.53）	−0.086*** （−16.39）	−0.089*** （−17.18）	−0.023*** （−8.39）	−0.025*** （−8.71）
FDIINWARD	0.002*** （4.72）	0.002*** （4.04）	0.002*** （3.75）	0.001 （1.20）	0.001 （0.95）	0.003*** （5.15）	0.003*** （5.06）
GDP	0.001*** （2.14）	0.002*** （3.61）	0.002*** （4.01）	0.003*** （2.94）	0.003*** （2.81）	0.001 （0.71）	0.001 （0.70）
SERVICE*HCAP	−0.113*** （−8.89）	−0.594*** （−8.35）	−0.683*** （−8.98）	−1.644*** （−4.63）	−1.843*** （−4.27）	−0.484*** （−5.01）	−0.503*** （−5.31）
SERVICE*CAP	−0.005*** （−5.29）		−0.021*** （−8.52）		−0.047*** （−3.12）		−0.013*** （−4.30）
Centered R^2	0.5239	0.4916	0.4835	0.4276	0.4260	0.6222	0.6223
F	1474.28 （0.00）	2623.82 （0.00）	2384.79 （0.00）	1018.81 （0.00）	969.20 （0.00）	2229.11 （0.00）	2096.46 （0.00）
LM		328.019	307.96	160.68	146.711	128.355	115.308

续　表

	（1）	（2）	（3）	（4）	（5）	（6）	（7）
	总样本	总样本	总样本	制造业	制造业	服务业	服务业
	FE	2SLS	2SLS	2SLS	2SLS	2SLS	2SLS
Cragg-Donald F		117.168	76.298	61.825	42.904	85.904	61.754
		（9.53）	（9.53）	（9.53）	（9.53）	（9.53）	（9.53）
Hansen J		3.003	3.956	4.745	5.758	2.906	4.602
		（0.223）	（0.266）	（0.093）	（0.056）	（0.234）	（0.203）
时间固定效应	是	是	是	是	是	是	是
观察值	33568	28391	29391	14377	14377	14014	14014
行业数	54	54	54	27	27	27	27

注：系数值括号里为t值；模型中的内生变量为SERVICE，工具变量为SERVICE的1、2阶滞后项及对外直接投资FDIOUT的1阶滞后项。Cragg-Donald Wald F统计值方括号里的值为弱工具变量检验的5%水平标准值；*、**和***分别表示10%、5%和1%的统计显著水平。

这说明生产者服务贸易对全球价值链"区块化"具有稳定的正向影响。此外，在（2）、（3）列中，本文考察各国要素禀赋与服务贸易占比的交互作用，逐步加入生产者服务贸易占比与人力资本存量、固定资本存量交互项。这两项交互项系数均为负值，且在1%水平下显著。这说明生产者服务贸易会导致全球价值链"区块化"程度的提升，但各国人力资本存量、资本存量会在生产者服务贸易对价值链"区块化"的偏效应中产生负面影响，即生产者服务贸易与人力资本存量、固定资本存量之间存在替代作用。在制造业和服务业的分组回归中，交互项均为负且在1%水平上显著，证明这种替代效应是稳定的。关于其余控制变量，在所有分组中，地理特征均显著为正，且通过1%水平显著性检验，说明各国所处地理位置将显著影响其融入价值链的偏向性；是否属于多边FTA变量系数为正，说明区域内关税、非关税壁垒的降低有利于价值链的集中。此外，在制造业分组中，外国直接投资变量不显著而GDP在1%水平上显著，服务业分组中则恰好相反。可能的原因是服务业和制造业运用要素来源有所不同。所有分组中内生性检验说明，本文采用工具变量具有可靠性和有效性，使用的2SLS模型结果是稳健可靠的。

2.对制造业不同技术含量行业分组的回归分析

根据基准回归结果，生产者服务贸易占比对全球价值链"区块化"的影响在服务业和制造业中均显著为正。但实际上，在制造业中，各行业技术水平相距甚远，不同技术水平行业中服务作为中间品投入的作用有极大差别，且在不同区域内，不同行业中生产者服务贸易的影响差别极大。因此，有必要区分出不同技术水平行业中生产者服务贸易对价值链"区块化"的影响，并考察其在不同区域内对价值链"区块化"的影响。本文将制造业22个行业按照技术水平高低分为三组，其中，低技术行业包括：C5、C6、C7、C8、C9、C22、C23；中等技术行业包括：C10、C13、C14、C15、C16；高技术行业包括：C11、C12、C17、C18、C19、C20、C21、C22、C23、C24、C25、C26。本文在计量模型中使用SERVICE_LOW、SERVICE_MID、SERVICE_HIGH代表不同分组生产者服务贸易占比，其余控制变量保持与基准回归相同。

　　表6-20（1）（2）（5）（6）四列说明，在低技术水平和高技术水平行业中，生产者服务贸易对价值链"区块化"的影响与基准回归模型相同，均在1%水平显著为正，这说明在这些行业的中间品贸易受到生产中作为中间品的服务投入的影响，而呈现相对更加集中的形态，进而影响全球价值链的"区块化"。而在中技术行业中，生产者服务贸易系数为正且不显著。此外，在资本存量与生产者服务贸易投入的交互作用中，低技术行业和高技术行业系数均为负，但低技术行业系数不显著，这说明资本存量对生产者服务贸易的替代效应只在高技术水平行业中存在，而低技术水平行业中生产者服务贸易只与人力资本存量存在相互替代关系。

　　依据第三部分中对不同区域内中间品贸易集中趋势的分析，我们将不同技术水平制造业以及服务业中间品贸易与不同区域一一对应。横向比较后可知，生产者服务贸易对价值链"区块化"的影响能力是以低技术水平制造业、高技术水平制造业、服务业的顺序逐级递减的。而与不同区域对应，这一事实正说明生产者服务贸易的提高对以中日为核心的亚洲区域内价值链"区块化"具有最强的影响，其次为以德国为核心的德国，影响最小的区域为以美国为核心的北美。

表6-20　制造业分技术水平回归

	（1）低技术行业	（2）低技术行业	（3）中技术行业	（4）中技术行业	（5）高技术行业	（6）高技术行业
SERVICE_LOW	2.977*** （4.48）	3.034*** （4.04）				
SERVICE_MID			3.619 （1.19）	7.087*** （1.73）		
SERVICE_HIGH					1.225*** （2.67）	1.604*** （2.94）
HCAP	0.492*** （5.13）	0.501*** （4.58）	0.590 （1.62）	1.030*** （2.06）	0.337*** （3.05）	0.384*** （3.10）

续　表

	（1） 低技术行业	（2） 低技术行业	（3） 中技术行业	（4） 中技术行业	（5） 高技术行业	（6） 高技术行业
CAP	−0.012*** （−8.10）	−0.008* （−1.71）	−0.016*** （−2.79）	0.037* （1.80）	−0.008*** （−3.18）	0.003 （0.55）
GEOGRAPH	0.488*** （3.38）	0.460*** （2.82）	0.043 （0.12）	−0.584 （−1.06）	−0.145 （−0.60）	−0.156 （−0.62）
EU	0.182*** （23.09）	0.185*** （19.84）	0.136*** （10.97）	0.192*** （7.36）	0.166*** （20.09）	0.172*** （18.20）
NAFTA	0.073*** （10.93）	0.071*** （10.68）	0.085*** （6.49）	0.058*** （2.98）	0.055*** （9.76）	0.049*** （7.48）
CORE	−0.087*** （−8.88）	−0.087*** （−8.78）	−0.080*** （−6.97）	−0.085*** （−6.22）	−0.036*** （−4.60）	−0.038*** （−4.60）
FDIINWARD	0.002 （1.20）	0.002 （1.14）	0.001 （0.03）	−0.002 （−0.91）	−0.001 （−0.41）	−0.001 （−0.67）
GDP	0.002 （1.04）	0.001 （0.92）	0.010** （2.38）	0.013*** （2.56）	0.001 （0.20）	0.001 （0.09）
SERVICE_LOW*HCAP	−2.849*** （−4.70）	−2.876*** （−4.30）				
SERVICE_LOW*CAP		−0.028 （−1.30）				
SERVICE_MID*HCAP			−3.749 （−1.38）	−6.581* （−1.83）		
SERVICE_MID*CAP				−0.376*** （−3.61）		
SERVICE_HIGH*HCAP					−1.314*** （−3.16）	−1.606*** （−3.32）
SERVICE_HIGH*CAP						−0.065*** （−4.04）
Centered R^2	0.6164	0.6160	0.3999	0.3141	0.3828	0.3807
F	545.68 （0.00）	516.72 （0.00）	211.36 （0.00）	173.48 （0.00）	421.39 （0.00）	396.65 （0.00）
LM	57.724	54.143	18.885	12.882	68.234	67.417
Cragg-Donald F	29.608	21.397	7.007	8.173	25.273	15.509
Hansen J	4.298 （0.117）	4.720 （0.094）	3.664 （0.160）	4.255（0.235）	2.059 （0.357）	5.749 （0.125）
时间固定效应	是	是	是	是	是	是
观察值	3679	3679	2699	2699	6279	6279

	（1）	（2）	（3）	（4）	（5）	（6）
	低技术行业	低技术行业	中技术行业	中技术行业	高技术行业	高技术行业
行业数	7	7	5	5	12	12

注：系数值括号里为t值；模型中的内生变量为SERVICE，工具变量为SERVICE的1、2阶滞后项及对外直接投资FDIOUT的1阶滞后项。Cragg-Donald Wald F统计值方括号里的值为弱工具变量检验的5%水平标准值；*、**和***分别表示10%、5%和1%的统计显著水平。

在其他控制变量中，值得注意的是地理特征变量只在低技术水平行业分组中显著为正。可能的原因是低技术水平行业贸易附加值较低，较容易受到地理距离导致的运输成本变化的影响，从而使其贸易更容易集中于地理距离较近的区域。另外，GDP系数只在中技术水平行业中显著为正，这可能是这些行业交易受到经济规模效应的影响。

六、结论及政策建议

本节在说明全球价值链"区块化"事实存在的基础上，运用行业层面贸易区域集中度指标，通过测量2000—2014年43个国家中间品贸易偏向程度，描述全球价值链的"区块化"程度。以贸易区域集中度作为全球价值链"区块化"的衡量指标，分别从总体层面、服务制造业分组、制造业技术水平分组三个层面，实证研究了生产者服务贸易对全球价值链"区块化"的影响。计量检验结果表明：

第一，从总体层面看，生产者服务贸易对全球价值链"区块化"具有显著的促进作用，换言之，随着服务业的发展，全球价值链的"区块化"特征将会更加显著。

第二，从服务行业与制造业分组回归结果看，生产者服务贸易对不同行业"区块化"程度的影响存在差异性。具体而言，生产者服务贸易对制造业的促进作用显著高于对服务行业"区块化"的促进作用。这可能因为服务行业本身具有较强的空间聚集特征。

第三，进一步区分不同技术水平制造业，生产性服务贸易的影响也有极大不同。生产者服务贸易对低技术水平行业"区块化"影响程度最大，其次为高技术水平行业，而这些影响程度皆高于服务业的影响程度。与各区域主导的行业相对应可知，生产者服务贸易对亚洲区域的影响最大，其次为欧洲，最后为美洲。

第四，从其他影响因素来看，各国人力资本存量与生产者服务贸易在对全球价值链"区块化"的影响存在显著的替代效应，这一特征在所有层面的计量结果中都是成立的；而地理特征只对低技术水平制造业行业以及服务部门具有显著的影响；是否存在关税及非关税壁垒对全球价值链的"区块化"具有正向的促进作用,这可能是因为现有主要诸边FTA均存在于各主要区域内部;FDI流入与GDP对"区块化"的影响是显著为正的,但在各层面上看均不是非常明显。

在中国深度融入全球价值链,积极寻求贸易转型升级,而服务贸易重要性逐渐凸显的背景下,本节的研究结论具有重要的政策含义。本节的研究证明,生产者服务贸易与全球价值链"区块化"之间存在着紧密联系,这意味着在贸易转型升级、服务贸易发展的前提下,我国将面对更具偏向性与层次性的全球价值链体系。在进一步融入全球价值链的过程中,我国政府应当正确认识价值链"区块化"的现实特征及演化趋势,顺应"区块化"进一步发展的要求,加快发展生产者服务业并发挥其产业结构转型升级的动能作用,加强区域内经济合作,巩固我国作为区域价值链核心国家的地位,为我国经济增长和转型升级乃至于长远发展打下坚实的基础。

第七章 中国（上海）自由贸易试验区临港新片区建设与发展

党的十八大以来，我国自贸试验区建设突出制度创新，坚持纵深推进。迄今为止，全国推出的18个自贸试验区覆盖了54个自贸片区，从南到北、自东到西形成了"海陆联动、东西互济、内外协调"的自贸试验区（港）网络化体系，构成了我国开放型经济新体制的重要基础、实践载体和行动平台。理论与经验表明，确立和实施自贸试验区战略是习近平新时代中国特色社会主义思想的理论创新与重大实践成果。自贸试验区开展的一系列制度创新构成了坚持和完善中国特色社会主义制度、发挥"显著优势"，推进国家治理体系和治理能力现代化建设的重要基础环节。

2019年11月初，习总书记在第二届"进博会"期间考察上海自由贸易试验区临港新片区时明确指出，新片区要"差异化试验"，实现"五个重要"功能定位，加快建设"特殊经济功能区"的目标任务。这表明我国自贸区建设进入了提速期和差异化升级阶段，上海自贸新片区被赋予更加重大的使命，向国际"最高标准""最高水平"自贸区提速冲刺的阶段已经到来。

一、以实现"五个重要"为目标，加快特殊经济功能区建设

（一）"五个重要"赋予临港新片区龙头领航地位

总书记提出，要把临港新片区建设成为集聚海内外人才开展国际创新协同的重要基地、统筹发展在岸业务和离岸业务的重要枢纽、企业走出去发展壮大的重要跳板、更好利用两个市场两种资源的重要通道、参与国际经济治理的重要试验田。这既是对新片区功能目标的最新科学定位，也构成了临港新片区建设与制度创新的新内涵与新要求，同时凸显了新片区在全国自贸区建设和创新中的龙头、领航地位。

1.对我国现有自贸试验区制度创新和地位作用的一轮超越

6年来，我国自贸试验区虽取得了大量创新成果和经济效益，但也存在明显的缺陷：①开放格局不够，经济自由度低，人员、服务、资本与信息流动性差；②功能残缺不全，以货物贸易（转口）和低层次招商引资、简单的加工制造为主，服务与金融功能性缺陷突出；③区域隔绝性强，"物理围网"只能适用于货物贸易为主的贸易监管要求；在"互联网"信息革命和数字贸易时代，"物理围网"显然无法满足自贸区在金融创新、服务开放和投资便利化后的区内驻点、区外渗透，内外联动要求，辐射范围与能力有限；④主体缺位明显，以政府职能转变与"放管服"改革为主，市场主体的参与度低，在对外开放的政策拟定、制度创新与第三方评估中，产业压力测试的检验与企业实际获得体验差；⑤由于政府主导型太强，避难就易、避实就虚的选择性试验造成政策、制度"碎片化"和功能"吸管化"；⑥园区模式导致商务成本趋高，"空壳企业"或"僵尸企业"较多；等等。新片区通过"差异化试验"实现"五个重要"功能定位，将能有效地克服上述弊病，达成对现有自贸区制度创新与功能地位作用的全面超越。

2.对全球新一代自贸区的一场赶超

从世界自贸区的实践历史与经验观察，第一代自贸区发源于欧洲，是古老的贸易促进政策工具，德国汉堡自由贸易区曾经是世界上最大最有影响的自贸港区；随着欧洲国家的海外扩张历程，这一模式被扩散到世界各地，形成了中国香港、新加坡等的第二代自贸港区；第三代自贸区出现于第二次世界大战后，发展中国家借鉴自由贸易港的做法设立了一些出口加工区、保税区等经济特区，旨在吸引各国包括本国投资者，带动自主产业发展和本国出口；第四代自贸港区是我国曾经经历过的经济技术开发区、科技园区等各类的自由经济区。20世纪80年代，随着国际贸易快速增长和国际分工模式演变，一些传统的自由贸易区极大地提升了开放度。在以货物贸易和中转为传统功能基础上，发展成为国际贸易中心、国际航运中心、国际金融中心、跨国公司总部中心、全球创新中心及战略性产业集聚地。正是基于这种形势，上海自贸试验区建设伊始便提出了建设"五个中心"的战略，并取得了重大成果。可以说，上海自贸试验区对比全球第五代自贸区虽起步晚，但起点高、步子大，已经在一定程度上实现了对全球自贸区的追赶。但是我们要看到，2008年金融危机以来，全球自贸区的新形态正在加快形成。2010年2月9日，"脱欧"后的英国政府推出了建设10个"创新型自由港"的宏伟计划，并拟于当年内建成，来年正式运营。该计划的核心要点是凭借金融帝国的优势地位，选择交通航运便利、面积较大的海陆空港，通过完善与升级基础设施，创新便利化贸易投资政策，实现国民经济增长。由此可见，在我国实现全方位开放与高质量发展的总体战略中，上海自贸新片区仍然面临着紧迫的全球赶超任务。

3.对全球贸易与投资新规则的一次对接

进入21世纪以来，随着多边贸易体制出现停摆但区域、双边一体化的勃兴，国际经贸合作不仅在范围上发生了由货物贸易向服务贸易、由贸易向投资、由传统经济向数字经济的不断扩大，而且在制度上加快从"边境上"向"边境后"的规则持续深化，围绕贸易自由化与投资便利化、知识产权保护、国企竞争中立、环境与劳工保护、政府采购、中小企业合作与人力资源开发、数字贸易与信息流动等诸多领域展开。上海自贸区缘起于"压力测试"，习总书记提出新片区实现"五个重要"的功能定位，《中国（上海）自由贸易试验区临港新片区总体方案》明确要求实施"差异化试验"、建立"特殊经济功能区"和"特殊综合保税区"，瞄准全球"最高标准""最高水平"的目标进行制度与政策创新，这就指明了新片区加快对接全球新一代贸易投资规则的最终方向。

4.对国家"一带一路"倡议与上海"三大任务"以及提升"进博会"溢出效应的全力牵引

习近平总书记要求把新片区建设成为集聚海内外人才开展国际创新协同的重要基地、统筹发展在岸业务和离岸业务的重要枢纽、企业走出去发展壮大的重要跳板、更好利用两个市场两种资源的重要通道、参与国际经济治理的重要试验田。这是对新片区功能的明确定位和战略布局，也是对国家"一带一路"倡议与上海"三大任务"以及提升"进博会"溢出效应深刻内涵的全面概括，更是对新片区发挥全局战略与任务牵引作用的方向、路径的具体指导。

5.对"逆全球化"浪潮的有力回击

自2008年全球金融危机特别是美国特朗普政府在任期内，世界经济失衡加剧，社会利益矛盾激化。同时，第四次产业技术革命的"双刃剑"作用凸显，造成全球范围内政治秩序紊乱、国际安全失控、多边机构失灵与经贸规则失效，最终导致了全球治理体系的混乱。民粹主义与保护主义甚嚣尘上，"逆全球化"浪潮汹涌，中美经贸摩擦持续升级加上2020年春季以来新冠肺炎疫情在全球蔓延的影响，全球金融"二次危机"与经济再现衰退的风险骤升。当此贸易与投资保护主义势力空前高涨与大国积极奉行"以邻为壑"政策之际，新片区以实现"五个重要"的功能定位推进建设"最高标准""最高水平"的"特殊经济功能区"和"特殊综合保税区"，全面展示了我国"全方位开放"高质量发展"的鲜明态度与坚定气势，成为对"逆全球化"浪潮的有力回击。

总而言之，习近平总书记提出临港新片区实现"五个重要"的功能定位要求，并非单纯为上海自贸试验区扩区做大，也非仅为一城一隅谋求一时发展，而是赋予新片区为全国自贸区推陈创新、率先垂范的全新动能，赋予新片区为全国推进"全方位开放"，为全局实现"高质量发展"开路领航的重要地位。

（二）"差异化试验"驱动制度、功能与产业创新

所谓"差异化试验"，是指新片区的制度和政策创新必须打破现有自贸试验区齐头并进、亦步亦趋的既成思维，解放思想、能冲敢闯；突破"可复制、可推广"的既成套路，推陈出新、移山辟路；借鉴全球最高标准、最高水平自贸区的既有经验，结合中国实际创造典范、引领潮流。把新片区建设成为"全方位开放"与"高质量发展"的重要基地、重要枢纽、重要跳板、重要通道和重要试验田。

我国现有自贸试验区的既成思维是传统的"海关特殊监管区"，通过划定一定地理范围开展货物贸易的转口、中转保税业务。既成套路是简单的招商引资、出口加工，既成手段是"三免两减"税收优惠、廉价的劳动力和土地资源、粗放的环保政策等"洼地"生成红利。因此，尽管自贸试验区在贸易便利化的"大通关""单一窗口"方面有所进展，在投资便利化的"负面清单+准入前国民待遇"领域有所创新，在政府职能转变的事中事后监管上有所改革，在金融与服务开放上有所松动，在法制化、市场化与国际化视域中有所精进，其本质上仍然是传统经济特区或出口加工区的更新翻版，自贸区建设总体上停留在世界第三代自贸区的落后水平形态。

2018年以来，党中央、国务院批量推出新设自贸试验区，习近平总书记、李克强总理等党和国家领导人对自贸区频繁视察、密集批示，体现了中央对加快推进自贸区战略的高度关切。根据"五个重要"的功能定位要求，上海自贸新片区的"差异化试验"内涵应当包括：

1.制度差异化试验

第一，超越现有自贸区制度框架的试验。①在贸易便利化的制度与政策创新方面，升级"单一窗口"。换言之，从自贸区新片区港口内关检、口岸、银行、税务、市场监管的代码共享和单一窗口管理起步，向实现本国重要港口之间、本港口与国外经贸联系密切的港口之间、双边和区域FTA框架协议下的港口之间以及WTO成员方的重要港口之间的"单一窗口"连接管理迈进。②在投资便利化的制度与政策创新方面，升级"负面清单+准入前国民待遇"管理。实施国际通行标准的外商投资"负面清单"与实

现统一规格的国民待遇管理。③在金融与服务自由化方面，试行金融行业的"沙盒监管"模式和相对宽松的"虚拟沙盒""沙盒保护伞"管理，面向一般性贸易业务扩大"自由贸易（FT）账户"额度和针对重点服务业增设"服务自由贸易（FTS）账户"管理。④在事中事后监管领域，大力推进"信息披露管理"和"信用监管"。⑤在法制化建设方面，完善知识产权、金融犯罪、商事民事法规体系。

第二，衔接国际贸易与投资新规则的试验。首先，开展WTO合规检验。将现行的自贸区制度与政策纳入WTO的通行规则框架进行审慎性合规检测，在纠偏改错基础上补缺补漏。其次，参照RCEP与CPTPP规则的原则要求，梳理调整"边境后"管制措施，最大限度地参照其贸易与投资规则实施便利化改革。再次，结合中国国情实际，大力开展以"竞争中立"为市场化导向的国企混改，着手试验以地方立法为保障的政府采购改革和订立符合国际标准的劳工保护规则。最后，在维护国家安全与意识形态、道德体系安全的前提下，推进数据与信息的自由化跨境流动。

第三，参照经济特区管理试验。《总体方案》第五部分明确提出新片区"参照经济特区管理"，加大赋权力度。放眼全球，经济特区种类繁多、形态各异。从我国五个特区的发展经验来看，其制度和政策内涵也有一定的差异。新片区应着重从以下方面进行参照管理：①经全国人大或国务院赋权，提升上海与自贸区的地方立法权限地位；②实现自贸试验区、综合改革试验区、科技产业园区、服务贸易综合保税区等制度、政策叠加优势；③加大自贸区对海关商检、口岸、银行、税务、市场监管部门的行政统一协调权限；④在风险可控的前提下授权新片区管理机构自主开展贴近市场的离岸税制和离岸金融创新业务。

第四，容错试验。新片区的制度与政策创新是一项崭新的试验，《总体方案》明文规定了"容错"条款，设计了容错机制。新片区可根据问题导向、质量导向和效率导向原则，建立研究机构或"智囊团"来研拟方案。在具体的制度和政策出台前，设定审慎的专家咨询和论证程序、企业与社会听证制度。以及订立试点试验纠错裁撤规定。在创新试验与风险防控之间建立平衡机制。

2.功能差异化试验

第一，行政管理差异化试验。新片区应当根据"五个重要"功能设计和《总体方案》要求，布置新片区的行政管理改革试验。按照"集聚海内外人才开展国际创新协同""统筹发展在岸业务和离岸业务""企业走出去发展壮大""更好利用两个市场两种资源""参与国际经济治理"的功能设计，设立"国际创新协同办公室""离岸业务服务与管理办公室""企业对外投资促进办公室""综合业务推进协调办公室"和"国际经济治理论坛"。

第二，空间功能差异化试验。新片区可依据习近平总书记提出的"五个重要"和对上海提出的"四大功能"要求，面向海内外业务发展和合作需要设立"国际创新协同区""离岸业务集聚区""企业对外投资促进区""现代服务业集聚区"。在强化全球资源配置功能、科技创新策源功能、高端产业引领功能、开放枢纽门户功能基础上，形成带动"长三角""长江经济带"乃至全国经济高质量发展的"增长极"与"发展极"。

第三，社会服务差异化试验。新片区可根据需要建立对应的半官方机构、全民间组织与志愿者服务社会团体。

3.产业差异化试验

第一，新兴产业的国际差异化试验。为适应全球第四次产业与技术革命的新趋势并占据差异化的比较优势先机，《总体方案》特别强调先进制造业与现代服务业的优先发展地位。为此，新片区应密切关注大数据与人工智能、新能源和新材料、生物工程等领域全球产业与技术革命新动向，从打造国际"研发链"目的着眼，推动高端人才签证与居留权制度改革，构筑重要基地；从扩展全球产业链要求着手，创造在岸业务和离岸业务的所在地节点，形成重要枢纽；从促进企业"走出去"发展壮大、嵌入全球价值链高端需要着力，搭建重要跳板；从占据国内外两个市场、两种资源"供应链"有利位置着意，开辟重要通道；从培育基于产业竞争力和经济总量优势的国际话语权着手，成为参与国际经济治理的重要试验田。

第二，传统产业转型升级的国内差异化试验。作为发展中大国，我国制造业与服务业的技术含量偏低，自贸区新片区担负着传统产业转型升级"示范区"的功能。在新兴产业的带动下，新片区传统产业通过配套"补链"、参与"扩链"和服务"造链"，将获得良好的转型升级效益。

第三，产城融合的差异化试验。《总体方案》提出要通过产城融合发展，将新片区建设成为社会主义现代化新城。李克强总理指出，新片区建设不仅要对标中国香港与新加坡，还要对标东京。从世界范围内观察，以超大城市为核心的大都市、大湾区的建设，产城融合实现相得益彰的振兴发展是一条普遍的规律。依靠新片区制度、政策创新促进新兴产业的国际差异化比较优势，推动传统产业转型升级，就可带动自贸新片区、上海大都市与"长三角"大湾区的共同繁荣。

二、临港新片区产业结构转型升级动能塑造与布局方向

为了落实党的十九届四中全会与习近平总书记在第二届国际进口博览会期间考察上海时发表的"五个重要"讲话精神，临港新片区围绕"特殊经济功能区"与"特殊综合保税区"开展"差异化实验"的制度创新，加快开放型经济新体系建设，统筹发展在岸与离岸业务，充分利用两个市场两种资源，扩大"引进来"与"走出去"双向FDI有机融合，更好发挥上海在全国产业结构转型升级动能塑造进程中的先行先试作用。新片区通过多项对标国际的制度创新与探索，实现更深层次、更广领域和更大力度对外开放的产业经济体系，成为提升企业国际市场竞争力、加快长三角高质量一体化的重要引擎与动力源泉。

（一）临港新片区产业结构转型升级动能塑造

临港新片区通过改造传统产业、发展新兴产业、深化改革、创新驱动、扩大开放和制度创新等六个层面塑造产业结构转型升级新动能。

1. 改造传统产业形成新动能

临港新片区以发展装备制造业基地为核心，一直聚焦改造提升传统产能，形成新能源装备、船舶关键件、海洋工程装备、汽车整车及零部件、大型物流及工程机械、民用航空设备及关键零部件和节能环保等制造产业为主的格局。一方面，对上海电气等传统企业加强技术改造与技术创新，打造"上海智造"品牌和以高端装备制造为核心的先进制造战略高地。另一方面，通过引进中船动力研究院、中船瓦锡兰发动机、中车水下机器人、科大讯飞人工智能等重大产业项目，重塑产业链、价值链、创新链，激发区域创新活力、发展潜力和转型动力。临港新片区电动汽车行业在原有每年200亿元产值基础上，积极开发氢能源汽车，并引进全国第一家独资特斯拉上海超级工厂。同时，新片区还成功完成第一台商用发动机核心机装配业务，改变集成电路行业300mm硅片完全依赖进口的局面。另外，积极发展生产性服务业，提升服务业与制造业融合进程加快传统产业优化升级，形成支撑产业发展的新动能。

2. 发展新兴产业培育新动能

目前临港新区新兴产业发展迅速，互联网工厂、个性化定制等新业态、新模式不断涌现。但总体体量较小，对经济增长所起带动作用尚存不足，需要以新技术、新产业、新业态、新模式为核心，以知识、技术、信息、数据等新生产要素为支撑，以新一代信息技术、跨境电商、离岸业务、新能源新材料、现代海洋、医疗健康为重点，

发挥新型贸易、投资、研发、产业、服务等新经济形态引领创造作用，推动互联网+、大数据、人工智能等与实体经济深度融合，提升制造业服务化水平，打造战略性新兴产业集群与生产性服务业集聚区，吸引跨国公司地区总部或者功能总部入驻。新片区出台支持人工智能技术与相关产业深入融合、推动新产业、新业态发展的具体奖励措施，并对引领产业发展或颠覆性突破项目给予资金支持（最高2000万元，特别重大项目可以连续支持3年）。金融机构按照市场化原则为临港新片区内企业开展新型国际贸易提供高效便利的金融服务，支持新型国际贸易发展，拓展跨境金融服务功能，加快发展飞机、船舶等融资租赁业务，鼓励发展环境污染责任保险等绿色金融业务。

3. 深化改革激发新动能

临港新片区进一步创新要素市场配置机制。实施人员从业自由，放宽现代服务业高端人才从业限制，实施12项国内科技创新人才引进新政，在居住证积分、缩短"居转户"年限和紧缺急需人才直接落户三个政策实现突破创新，加大对紧缺急需技能人才的扶持力度；实施具有国际竞争力的税收制度，对产业关键领域的核心环节，实施在特定情况下按原有税率的减15%的新税率来征收企业所得税，对境外人才个税税负差额进行补贴；构建最便利的国际营商环境，以一体化信息管理服务平台为核心的风险防控体系，运用人工智能、区块链、5G、大数据先进技术手段，聚焦"重点领域监管""特殊领域监管"，推进各类数据互联互通共享与监管互动机制，聚焦跨境资金流动、跨境数据流动等重点风险领域加强信息化管理。

4. 创新驱动增强新动能

临港新片区致力于激发各市场主体科技创新活力，不断提升自主创新能力。①吸引高端创新型企业，针对集成电路、人工智能、生物医药与航空航天四大主导产业研发设计针对性出台一系列多层次、全方位的科技创新补助政策。对承担并完成核心技术突破任务的单位给予50%研发费用资助，其中集成电路行业按照实际发生额50%给予电子设计自动化软件（EDA）购买年度资助（最高200万元）和EDA研发费用资助（最高3000万元），对高端芯片研发按照实际支付费用50%给予IP购买年度资助（最高800万元），对开展工程样片测试验证及相关认证单位按照实际发生费用50%给予年度资助（最高不超过200万元），对适用多项目晶圆流片（MPW）进行研发企业按照直接费用给予年度资助（最高300万元），对首次完成全掩膜工程产品流片企业给予流片企业费用最高50%的年度资助（最高2000万元），对销售自主研发设计的芯片，或自主研发生产的集成电路关键核心设备和材料的，按照销售金额一定比例给予奖励（单款芯片产品年度奖励不超过500万元，设备和材料一次性奖励最高1000万元）。②在人工智能领域，对应用到5G等信息设备进行研发生产的，对信息运营服务费用给予10%比例、最高10万元年度补贴，对重点领域创新资源库、产教融合项目、人工智能领域顶级活动提供奖励或者补贴。支持建设研发外包与服务中心，按实际服务额给予10%资助（最高500万元）。③在生物医药领域，对取得新药临床、药品生产和上市批件许可的，每项批件许可最高给予300万元资助，已上市药品再开发新增适应症的最高资助200万元（同一企业年度最高1000万元），支持建设研发外包与服务中心，按实际服务额给予10%资助（最高500万元）。④在航空航天领域，也采取了相应的政策激励核心技术和产品攻关。

5.扩大开放挖潜新动能

临港新片区为践行习近平总书记"五个重要"讲话精神，为上海强化全球资源配置、科技创新策源、高端产业引领、开放枢纽门户等四大功能提供助力，有助于上海从单纯的转口贸易、来料加工的加工港口转变成为离岸贸易与金融为核心，以重点产业为支撑带动长三角新一轮改革开放，更好地激发市场主体参与国际市场的活力。积极发挥"一带一路"桥头堡作用，构建对外投融资中心，通过双向FDI及贸易与投资相互促进发展，不仅能够解决沿线国家和地区面临的全球价值链"中低端锁定"风险，也能够有效发挥沿线国家和地区的资源禀赋和产业结构差异化优势，通过实施产能合作、自贸协定等，带动铁路、电力和通信等优势行业的相关技术和标准"走出去"，提升企业的全球资源配置能力，推动产业跨境转移与优化升级。

临港新片区在构建对外开放高地方面，加紧实施投资经营、货物进出、资金流动、运输开放、人员执业、信息联通六大开放政策，提升营商环境：①投资自由。重点产业领域加大开放力度，通过商事主体登记确认制、民商事争议解决机制等保障投资经营，实施具有国际竞争力的税收制度和全面风险管理制度；②贸易自由。鼓励洋山特殊综合保税区、新型国际贸易、跨境电商、服务贸易发展，在试验区内，统筹统一各类账户，使得账户能够统筹进行管理，账户内可以自由兑换，极大方便市场主体。③资金自由。支持开展跨境金融活动，试点自由贸易账户本外币一体化，支持境外投资者设立金融机构。新片区探索自由贸易账户本外币一体化功能试点，探索新片区内资本自由流入流出和自由兑换为区内企业和非居民提供跨境发债、跨境投资并购和跨境资金集中运营等跨境金融服务，支持符合条件的金融机构开展跨境证券投资、跨境保险资产管理业务。④运输自由。提升拓展全球枢纽港功能，支持国际船舶登记、起运港退税、国际航运服务进一步扩大开放。临港新片区将实施高度开放的国际运输管理，提升拓展全球枢纽港功能和建设高能级全球航运枢纽，这将极大完善上海国际航运中心的建设。⑤从业自由。通过特殊的人才引进机制，建设成为高端人才的重要汇聚地，有力地支撑上海国际科创中心建设；⑥信息自由。推动数据资源开放共享与信息便捷联通，加强互联网基础设施建设，促进跨境数据安全流动，加强知识产权和数据保护，率先探索建设全球数据港。

6.产业政策创新集聚新动能

临港新片区对标CPTPP、USMCA等国际最高水平贸易协定和新加坡、中国香港、迪拜、日本等高水平自贸园区，构建最前沿的制度创新体系，制度创新打造特殊经济功能区"上海样本"。新片区发布"1+4"产业政策，包含支持先进制造业、战略性新兴产业和科创融合在内的十六项核心支持政策，重点支持新一代信息技术、高端装备制造、智能网联汽车、新材料、新能源、节能环保等战略性新兴产业领域的重大项目，集聚发展集成电路、人工智能、生物医药和航空航天四大重点产业共四十条支持措施。产业政策优惠幅度大、涵盖环节多，支持性措施涉及企业落户、采购、研发、销售、资质认证、并购重组、外部环境建设、人才发展等多个环节，体现出专业化、全方位与精准化的产业规划，积极发挥引领作用。

临港新片区制定的促进产业发展若干整体性政策，涉及关键核心技术与产品突破、产业能力建设与提升、自主创新能力与产业创新环境建设等四个层面。其中，在关键核心技术与产品突破支持方面，涉及关键核心技术研发项目、重大技术装备或核心部件、区内非关联研发、制造产品及服务采购年度补贴；在产业能力建设及提升领域，包括战略新兴产业项目、企业智能化、技改项目、企业节能减排补贴和特殊重大项目建设支持；在自主创新能力建设方面，包括高新技术企业认定奖励、科技"小巨人"补助、主导或参与国际、国内标准制定奖励和知识产权示范企业或优势企业认定奖励；在产业创新环境建设领域，则包括了功能性平台、研发机构等创新载体、行业协会联盟建设和创新资源集聚及创新创业活动支持（孵化器与创新创业大赛等）。

（二）临港新片区产业结构布局优化总体方向

上海自贸试验区临港新片区聚焦高端智能装备、海洋装备、智能汽车重点产业，紧紧结合上海"五个中心"建设和产业高质量发展的内在需求，聚焦当前在跨境研发，集成电路、人工智能、生物医药、新能源和智能网联汽车、装备制造等高端制造，国内及国外转口贸易，纯离岸和准离岸贸易，保税、高端制造衍生服务和其他知识密集型等高端服务，离岸数据、高附加值数字内容和产品生产、跨境电商等数字贸易等产业领域进行重点突破，精准推进相关制度创新举措落实。同时，进一步深化完善产业发展引导、创新要素集聚、服务环境营造三方面产业配套，以及人才引进、人才奖励、人才培育、人才保障、人才服务配套的"双特"政策支持临港新片区新一轮发展。推动浦东机场与"一带一路"国家（地区）扩大包括第五航权在内的航权安排，吸引相关国家（地区）航空公司开辟经停航线。

1.产业发展总体布局与分类规划

第一，产业布局发展总体思路。临港新片区准确把握科技进步与世界经济发展趋势，选准主导产业，加快产业结构调整，构建现代化产业体系，打造全球高端资源要素配置的核心功能，成为中国深度融入经济全球化的重要载体，进一步提升长三角高质量一体化建设进程中跨国公司地区总部与全球知名创新型企业的数量，提升第三产业与高附加值产业比重，通过差异化发展、扩大整体对外开放水平，带动区内企业价值链升级。

新片区通过建立前沿产业、创新协调与高端服务三个功能区，进行产业合理规划布局，将产业发展方向、产业布局与有关资源进行集成，为引进重大项目进行指引，引导社会资本向新片区集中。加大产业发展的动态监测，为区域产业发展提供更精准的决策支撑；加强区域层面产业统筹布局，推动区域产业有序发展、错位竞争，聚焦主导产业打造高密集度经济发展区域；重点发展承担国家战略使命产业，立足"卡脖子"技术或新兴产业的关键技术环节进行产业创新，以全球视野来布局产业发展，积极参与全球合作竞争，抢占全球新兴产业技术高地。由此，新片区可望立足产业链，聚焦四大重点产业，逐步延伸七大前沿产业和五大现代服务业。推动创新链深化融合，着力打造一批世界级前沿产业集群。

第二，开展重点产业布局。临港新片区包括前沿产业区、国际创新协同区、生命科技产业区、综合先行区、特殊综合保税区、现代服务业开放区、浦东机场南侧区域和小洋山岛区域。其中，前沿产业区重点集成电路、智能新能源汽车、高端装备制造、绿色再制造、航空航天、新一代信息技术产业；现代服务业开放区重点发展跨境金融服务、新型国际贸易、国际医疗服务产业；国际创新协同区则侧重发展人工智能、智能新能源汽车、集成电路、新一代信息技术、海洋科技创新和国际医疗服务产业。

第三，加快构建"2+3+4"产业体系。产业体系中的"2"是指大力培育人工智能和机器人两大先导产业，抢占智能制造技术全球制高点，提升临港地区产业国际竞争力;"3"是加快发展高端智能装备、海洋装备、智能汽车三大支柱产业,确保临港地区制造业总产值目标顺利实现;"4"是积极探索软件及信息服务、集成电路及专用装备、航空航天、节能环保四大新兴产业。着眼上海科技创新中心的建设全局,对接张江综合性国家科学中心和其他科技创新集聚区的成果产业化和产业链升级的需求,2025年建成国际智能制造中心,加快从"制造"迈向"智造"的产业升级步伐。

2.构建世界级产业集群

临港新片区全力构建前沿产业集群,能引导企业在区域中形成集聚,形成上下游产业链的协同以及创新链的协同,有利于打造有影响力的世界级产业集群。

首先,通过精准招商、持续引进和培育高能级项目,成为全球贸易资源分配的战略支点。同时,为企业提供良好的产业生态环境,着力构建具有国际市场影响力和竞争力的产业链、价值链和创新链,形成制造业的产业集群优势。

其次,聚焦人工智能、集成电路、航空航天、生物医药等重点领域的核心技术环节,形成"中国芯""创新药""蓝天梦""未来车""数据港"和"智能造"等具有国际竞争力的产业集群,加快成长为制造业高质量发展的推动器。

最后,统筹培育以总部经济、智能经济、蓝色经济、离岸经济、创意经济和健康经济为代表的新片区经济形态。

具体而言,临港新片区应支持引进和培育一批在国内外航空航天产业占有一定市场份额的骨干企业和中小微企业,加快民用航空"一谷一园"等项目落地,加速集聚基础研究、技术开发、产品研制、实验验证等配套机构和产业项目,形成产业集聚和协同发展效应,推动总装交付、生产配套、运营维护等航空航天全产业链发展;做大产业规模能级,推动盛美半导体、上飞装备、君实二期、聚力成半导体等制造实体项目建立,以及装备区检验检测园、信通院等研发项目开工,创建以关键核心技术为突破口的前沿产业集群。集成电路综合性产业基地,即投资22亿美元的集成电路企业格科微电子(香港)有限公司,将开展12英寸CIS集成电路特色工艺研发与产业化项目,涉及设计、制造、封装、测试、材料、装备等全产业链生产。一方面延伸企业自身产业链,提高市场竞争力;另一方面也有助于临港新片区完善集成电路产业生态,拉动新片区集成电路材料、装备、芯片制造等领域产业集聚,推动产业规模提升。

3.统筹发展在岸与离岸业务,提升全球资源配置枢纽功能

通过吸引跨国公司总部入驻,重点发展金融与贸易等离岸业务。新片区在统筹在岸业务和离岸业务的枢纽功能方面有积极进展,可进一步推进金融制度创新、打造良

好营商环境，包括更加开放、更加便利、更加自由的金融政策环境。加快构建与国际通行规则接轨，且具有时代特征和中国特色的开放型经济体系，并在跨境金融创新、海关监管、离岸研发、制造、贸易等业务的开展上和离岸业务税收安排上取得更大突破。

通过制度创新，开展跨境金融和离岸金融试点业务。探索金融机构在依法合规、风险可控、商业可持续的前提下，为新片区内企业和非居民提供跨境发债、跨境投资并购和跨境资金集中运营等服务。在临港新片区内试点开展办理贸易融资、资产跨境转让业务，促进人民币跨境贸易融资业务发展，包括国内信用证福费廷资产跨境转让业务，打通临港新片区境内贸易融资与资产跨境转让的通道。允许企业从贸易项下和资本项下的主要科目获取境外人民币并自由进入临港新片区。这有助于激励企业在中国香港、新加坡等人民币离岸市场通过发行股票、债券、资产证券化产品等方式获取融资并调回境内使用。探索取消外商直接投资人民币资本金专用账户，探索开展本外币合一跨境资金池试点。支持符合条件的跨国企业集团在境内、境外成员之间集中开展本币、外币资金余缺调剂和归集业务，资金按实需兑换，对跨境资金流动实行双向宏观审慎管理。加快离岸业务发展，推动跨境资金收付便利化，拓展离岸金融服务范围，全力推动新片区的业务创新，支持区内企业和机构开展航运融资结算业务与跨境船舶租赁，给予相关企业更多先行先试、创新发展的机会。

积极布局探索适应离岸贸易的制度安排。实现订单流、货物流和资金流"三流"分离。跨国公司从一国采购原材料，运往另一国制造加工，货物将不经过中国口岸运抵第三国。临港新片区保留订单处理与资金结算中心，以及航运物流和融资保险等业务，且成为信息汇集地与税收缴纳地。但为了吸引跨国公司在新片区建立结算总部，新片区需要进一步研究适应境外投资和离岸业务发展的税收政策。

进一步优化产业创新生态与进口料件全程保税监管模式。支持跨国公司设立离岸研发和制造中心，推动核心芯片、特色工艺、关键装备和基础材料等重点领域发展。新片区通过积极谋划离岸科创型与智媒体企业孵化基地，找到通往国际市场的快捷入口，将离岸孵化基地建成全球跨境技术贸易中心，并在全球范围内吸引大量和技术转移、技术贸易有关的机构落地。同时推动智媒体技术的转移和孵化，将临港区建设成为国际上的顶尖技术的诞生到孵化，再到交易转让实现市场化的中心枢纽。

4.前瞻性发展新产业、新业态与新模式

深耕海洋产业，占据海洋经济新高地。新片区按照"总部驻地＋研发基地＋生产基地"的新型城市产业园区开发模式，打造"科技＋人才＋信息＋金融＋环境＋生态"多

要素有机融合的创新体制，形成高端海洋资源要素配置产业区、高端海洋科技转化示范区。同时，临港海洋高新园区还将聚焦智能装备及人工智能在大航海领域的应用，推进智能航运体系建设，与优秀高校、企事业单位合作，搭建"产、学、研、用"平台，推出多领域交叉合作项目。

发展贸易新业态，推动贸易重点功能平台建设。推动跨国公司地区总部、贸易型总部、民营企业总部等功能机构集聚及服务贸易示范基地建设；加快国家外贸转型升级基地建设；完善数字贸易交易促进平台。推进跨境电商示范区建设，通过数字贸易发展促进跨境电商产业升级，鼓励跨境电商模式创新，进一步扩大保税进口业务规模，拓展跨境电商一般出口模式，探索跨境电商海外仓前置等业务新模式，支持跨境电商在区内建立国际配送平台和海外仓。鼓励金融机构为区内企业开展新型国际贸易提供高效便利金融服务，提升跨国公司地区总部的全球供应链管理能力。

探索大宗商品保税仓买卖业务，建立贸易与金融一体化的新型国际贸易模式。充分利用新片区金融创新政策，积极助力新片区发展新型国际贸易，为企业真实、合法的转口、转卖交易提供高效、便捷的金融服务，满足客户跨境结算便利化需求。在临港新片区依托上海票据交易所试点开展境内贸易融资资产跨境转让，积极发展人民币跨境贸易融资业务，降低企业融资成本，拓展离岸人民币的金融服务功能。

加快洋山港特殊综合保税区建设。延续和完善洋山港综保区既有功能业态，拓展和集聚保税研发、保税制造、保税维修、中转集拼等新业态、新动能，全力推动洋山特殊综合保税区封关验收和政策落地。建立洋山特殊综合保税区公共信息服务平台，推进智能化监管设施建设。深化区域功能拓展。引进一批高端加工制造企业，推动洋山加工制造业发展；大力发展保税研发业务，拓展洋山医疗设备研发产业功能；扩大船用发动机跨港维修试点业务范围和规模，推进跨境维修规模化运作；培育高端航运产业，完善洋山国际中转集拼服务平台功能，试点海运中转集拼货代模式，拓展航空物流功能，扩大航空国际中转集拼业务试点范围，加快航空货站建设。吸引航运融资、航运保险等机构集聚，鼓励上海期货交易所等功能型机构在洋山特殊综合保税区开展航运指数衍生品、大宗商品交易等创新业务。

第八章 结论与政策建议

第一节 结论

本书的研究表明：

第一，廉价劳动力一直以来都是中国加工贸易所具有的比较优势，但近年来不断上涨的劳动力成本迫使中国加工贸易加快转型。基于新新贸易理论模型，本研究从劳动力要素成本变动入手，通过计算加工贸易增长的集约边际和扩展边际发现，劳动力成本主要影响中国加工贸易出口增长的集约边际，对扩展边际虽有影响程度甚小，中高技术出口产品二元边际受劳动力成本的影响低于中低技术出口产品。

第二，企业加成率是衡量企业市场势力和出口竞争力的重要指标。本研究从成本加成视角剖析了中国企业获取出口DVAR的微观机制，将企业层面的加成率拆分为出口产品价格与全要素生产率两部分并纳入了实证模型，验证了产品价格和全要素生产率影响出口DVAR的边际效应。经验研究证实了加成率显著推动了出口DVAR的提升，同时也揭示了加成率不仅通过提升产品定价能力抬高了出口产品价格，进而对出口DVAR产生正向影响（"产品价格效应"），还通过生产效率的改进降低了企业边际成本，进而对出口DVAR产生促进作用（"边际成本效应"），且"边际成本效应"要大于"产品价格效应"。

第三，本研究利用对珠三角制造业工人进行实地调查的数据分析了农民工和城市户口工人之间的工资差异问题。扩展的明瑟方程和布林德–瓦哈卡分解的结果表明，导致工资差异的原因主要包括：工人的个体特征差异，如教育程度、工作经验；以及来自不同户口性质的影响，前者可以解释工资总差异的62%，而后者可以解释38%。低教育水平工人是难以获得高收入的，因此，增加农民工收入的一个重要手段是提高他们的教育水平。

第四，通过结合全球价值链位置和出口增加值的相关研究，利用产业上游度和企业出口国内增加值率等中、微观数据指标，从经验研究上对中国制造业是否存在"微笑曲线"及其特征进行了较为详细的讨论。研究结果发现：随着我国经济由高速增长阶段转向高质量发展阶段，中国制造业转型升级面临内部挑战与外部环境改变的双重压力，中国制造业产业上游度持续增加，"上游化"趋势明显表明，中国制造业参与国际分工的程度正不断加深，价值链长度正不断延伸；中国制造业企业的出口国内增加值率持续攀升，出口增值能力不断提高。其中，一般贸易企业的出口国内增加值率在样本期内变动不大，而加工贸易企业是左右中国制造业企业出口国内增加值率"升"和"降"的主要动因；中国制造业在总体层面上不存在产业"微笑曲线"，"微笑曲线"更多是存在于加工贸易企业中。进一步研究后发现，随着产业"上游化"进程的推进，一般贸易企业出口增值能力的扁平化趋势明显，劳动密集型产业和资本密集产业的加工贸易企业呈现明显的"微笑曲线"特征，而知识密集型产业的加工贸易企业则呈现出截然相反的"武藏曲线"特征。

第五，进入 21 世纪以来，随着人口红利的消减，中国的劳动力成本持续上升（蔡昉，2010）。而中国的加工贸易，作为全球分工布局一个重要环节，赖以生存和快速发展的正是充裕的廉价劳动力。但随着用工成本的上升，加工贸易发展的成本优势正逐渐消失，同时东南亚的廉价劳动力也开始吸引部分产业转移。在内外两方面的压力下，中国出口的加工贸易占比持续下降。其中企业和 GB4 位码行业的加工贸易占比以及加工贸易企业数量占比均持续下降。这意味着，加工贸易正在持续退出中国出口。而依据张杰等（2013）和 Kee 和 Tang（2016）的结论，加工贸易由于其"两头在外"的特性，DVAR 总是相对较低的。

本书的研究表明：首先，城市最低工资的上升会正面促进 DVAR 的上升；其次，城市最低工资通过引致加工贸易退出促进了 DVAR 上升，这一效应不仅表现在企业内部的贸易方式调整，还表现在行业内加工贸易企业的退出。最后，拓展性的研究还表明，最低工资上升对高生产率企业、外资企业和资本相对密集企业 DVAR 的正面促进作用更强。由此得出以下结论：

第一，城市最低工资的上升会正面促进 DVAR 的上升。城市最低工资通过引致加工贸易退出促进了 DVAR 上升，这一效应不仅表现在企业内部的贸易方式调整，还表现在行业内加工贸易企业的退出。研究还表明，最低工资上升对高生产率企业、外资企业和资本相对密集企业 DVAR 的正面促进作用更强。

第二，应避免盲目地追求 DVAR 提升，鼓励进口仍是必要的。在短期内国内中间品不可能出现质量飞跃的情况下，利用高质量的进口中间品仍是提升产品质量、落实品牌战略、提升中国制造国际形象的一条捷径。与此同时，有必要全面了解国内的供应链状况，中间品生产企业普遍面临激烈的国内市场竞争，减轻中间品生产企业的税负可能是有效的支持手段。对于暂时无力替代进口中间品的行业，可通过中外合资的方式推动国内急缺的中间品行业发展。

第三，在当前形势下，加工贸易转型的重点可能不在于对加工贸易的"消灭"，而是在于加工贸易的升级。专业化分工带来效率，改革开放后所取得的一系列成就和我国积极参与国际分工是分不开的，完全不鼓励加工贸易发展可能并非良策。具体而言，随着劳动力成本优势的丧失，传统的加工贸易必然难以为继，直接转型为一般贸易也面临诸多困难，而加工贸易所带来的吸收就业和技术溢出等积极影响却可能逐步流失。因此，对于缺乏充分、必要转型条件的企业，相关部门应构建信息沟通平台，参照外资的需求推荐双方接洽，鼓励中外合作。随着我国人口素质的提升，技能禀赋正在发生改变，这也可能是向国际价值链上游拓展的机会。

第四，应正视劳动力成本上升所带来的严峻挑战。鉴于人口结构转变的渐进性和长期性，无法期待二胎政策短期内能够缓解我国劳动力成本上升的压力。唯有支持教育事业，尤其是针对成人的再教育，推进和鼓励包括社区大学、夜大学、技术类院校等具有针对性的中高等教育机构发展，强调技术应用与技能培养，提升现有劳动力的素质和技能。以更高的劳动生产率去匹配日益上升的劳动力成本，才是解决问题的根本途径。

第二节　中国加工贸易创新发展的政策建议

对于如何加快推动我国加工贸易创新发展，笔者认为要重点强调以下方面的工作和制定好相关领域的政策：

一、科学认识加工贸易的重要战略地位

大多数情形下，人们通常认为加工贸易包括"三来一补"是一国或地区开放经济发展的初期形态，是与一国或地区劳动力严重过剩和经济发展存在明显的"双缺口"（资本、外汇）约束条件相联系的初级经济发展模式。其表现为通过优惠的税收、土地政策和宽松的资源环境约束条件大规模利用外资，实现"两头在外"的经济循环。当一国资本与外汇短缺的情形缓解后，伴随着劳动力、土地和环境资源条件的变化，加工贸易的重要性逐渐降低。这种看法是片面的。

从世界先进国家的历史经验分析，加工贸易是实现资本输出、促进国内产业升级的重要战略手段。由于国际分工固有的梯次型和产业技术生命周期规律作用，发达国家在国内资本过剩、边际产业平均利润率逐渐下降后，会通过资本输出、产业转移、服务外包等方式将加工贸易转移至发展中国家，跨国公司借此实现国际产能的优化布局，有效降低资源供给、劳动力使用和市场销售甚至是技术开发的综合成本，在全球生产网络格局下巩固既有的产业竞争优势。

从新兴工业化国家和地区的历史经验来看，加工贸易是实现要素与产业升级的重要战略途径。由于产业技术的自主开发和升级能力不足，新兴工业化国家和地区善于以加工贸易为基础，利用外部高级技术形态资本的不断流入和本国产业资本的有序流出，实现自身产业基础的更新和技术升级。例如新加坡，早在20世纪90年代便提出打造远东"数码港"的战略，但由于其国内产业技术基础和研发能力的不足，主要的推进机制和政策手段仍然是依靠外部高科技资本、信息产业和服务外包等方式来实现，并因此加快了加工贸易的转型升级。

加工贸易在我国过去30多年经济与社会发展中的战略地位及其历史意义是不容置疑的。从我国现阶段经济发展的现实需要来看，加工贸易同样具有多层次的重要战略意义。首先，我国加工贸易体现的外部刚性需求十分重要。目前，加工贸易约占据我国出口贸易的40%，对应的出口贸易额仍然是十分巨大的。这部分出口的产品主要是适应国际需求，基本上无从由国内需求来替代。因此从根本上说，它体现的是外部刚性需求，也是我国国际市场份额中的基本部分和国际分工中的基础角色。其次，我国加工贸易承载着以非熟练劳动力为主的约5000万家庭的就业，以一家三口计，它关乎1.5亿人的生计，因此加工贸易承载的就业对于经济转型期的社会稳定意义重大。再次，加工贸易是我国利用外资和承接外部技术溢出的主要渠道。由于加工贸易的大规模、持续性发展，使我国成为了在发展中国家中首屈一指的利用外资大国。30多年改

革开放的基本经验证明，利用外资是我国产业承接外来先进技术和管理水平溢出的有效渠道，是我国诸多产业在"干中学"后超越国际水平的重要"孵化器"。复次，加工贸易是我国产业嵌入全球价值链并逐渐实现价值链位置攀升，最终提高工业化水平的有效手段。最后，加工贸易也必将是我国产业资本输出，实现国际先进产能合作的重要途径。根据"十三五"规划建议的"去产能""去库存""降成本"等要求，加工贸易将是我国沿着"一带一路"和其他方向实现资本输出，与国际先进产能合作的基本途径。

二、逐步加强加工贸易及其产业基础的自主性

贸易的"原像"是其背后的产业，加工工业与基础工业（装备制造业）共同组成一国完整的工业体系。从欧美国家贸易与产业发展的经验来看，装备制造业是国家工业化之"根茎"，深植于这些发达国家的本土；而加工制造业则是工业化中的"枝叶"，可自由伸展于对其生长有利的世界各国。因此，装备制造业对应的贸易形态通常为一般贸易，而加工制造业对应的贸易形态则通常为加工贸易。当然，装备制造业的末端环节也可以对应资本输出和加工贸易，而加工制造业的高端可能未必会采用加工贸易的形式。

对于一般的发展中国家来说，加工贸易往往是工业化发展的起点。发展中国家可以依托国外的装备制造业发展和提升自身的加工工业水平，表现为大力进口国外的加工制造设备来进行生产和出口贸易。但这种过程的持续化会造成技术依赖和产业依附，终将使得发展中国家的工业化受制于人，其工业竞争力水平只能长期尾随于发达国家之后。长此以往，发展中国家可能面临陷入"比较优势陷阱"的危险境地。

对于发展中大国而言，加工贸易及其对应的加工制造业也是发展中大国工业体系与国际产业分工合作的连接点。加工贸易及其对应的加工制造业固定设备的国产化比例，或曰动态的加工贸易及其对应的加工制造业固定设备的国产化能力，往往能够衡量一国装备制造业对本国工业的核心装备能力，并映衬出一国加工贸易升级转型的现实能力及长期潜力。换言之，若发展中大国加工贸易及其产业的自我装备能力较强，则意味着该国工业体系的"健康态"。即便整体工业体系暂时处于相对落后水平，也能通过自主研发与加工贸易中有效的"干中学"机制传导相结合，较快实现加工贸易的转型升级和整体工业化水平提升。反之，若发展中大国加工贸易及其产业的自我装备能力较弱，其加工贸易主要和长期依赖于外来装备，则意味着该国工业体系的"病

态"最典型地表现为一国自身加工制造业与装备制造业之间的联系断裂，一国加工贸易及其对应的产业沦为他国装备制造业的下游市场，成为生长在他国工业"根茎"上的"枝叶"。

因此，在不断加快发展加工贸易的过程中，有效而持续地加强加工贸易及其产业基础的自主性是十分关键的。我们建议：

第一，在改革开放中始终保持国民经济骨干产业的完整、有机体系。对于占据加工贸易权重较大的产品，应循着产业链、供应链追踪其价值增值的关键节点加大研发投入，提倡装备制造业企业对加工贸易企业的主动配套，合作开展重点研究和重大攻关，逐步实现技术的"逆向溢出"传导和设备的国产化，掌握国际分工与合作的主动权。

第二，在加工贸易的产业技术改造和设备更新中，在质量、性能可靠的条件下优先招标使用国产化的技术和设备。政府可依据加工贸易企业技术、设备国产化比例实施一定的税收减免、返还；也可考虑出口退税中安排适当的技术、设备国产化退税比例；还可在新产品、新技术开发税收返还部分之外，考虑安排专项的财政贴息和信贷倾斜措施。

第三，在加工贸易中逐步减少对国外加工生产线、流水线或装配线等成套设备的进口依赖。除国内无法提供的关键技术和重要零配件外，尽可能地实现模块化、流水线区段化的国产化替代，避免对国外加工贸易具备国产化能力部分设备的重复引进。

第四，特别值得强调的是，要研究如何加强对外装备制造业的加工贸易合作，即寻求和鼓励国内加工贸易企业承接国外装备制造业企业的外包加工。这是最有效地靠近技术前沿、提高加工贸易附加价值及其自主性的途径。

总而言之，要加强加工贸易及其产业基础的自主性，关键在于保障国民经济骨干产业的完整、有机体系。要避免装备制造业和加工制造业成为相互隔绝的"两张皮"，避免国内的加工贸易及其产业简单地沦为国外产业庞大的下游市场或"枝叶"；要加强加工贸易对国内基础装备产业的技术逆向溢出与加工贸易技术设备的国产化水平。

三、多层次加快加工贸易的创新发展

加快加工贸易的创新发展具有十分丰富的内涵。按照不同的层次划分，可以概括为以下几个方面：

第一，最为基础的层面是，必须加快国内现有的加工贸易企业转型升级。我们的理解是，"转型"和"升级"是不同的两个方面，但又是可以同步、同时达成的两个目标。所谓转型，是指从加工贸易向一般贸易逐步转变，或从简单要素（如土地、劳动力）密集型向复杂（如资本、技术）、综合要素（如制度、组织）密集型转变，或从加工出口贸易型向内贸型、内外贸结合型转变等。所谓升级，则是从简单的加工、装配向"微笑曲线"的两端攀升的过程，即向研发、品牌、渠道、服务等方向的跃升。因此，加工贸易转型升级是其创新发展最为基础的内涵。

第二，作为延伸的层面是，必须加快加工贸易企业的转移发展。针对加工贸易目前面临的劳动力成本攀升、土地和环境资源约束强化、国内某些产业产能过剩等困难，要开展加工贸易企业的分类指导和多方向布局优化，包括面向沿海与内地，面向国内与国外，面向发达国家与发展中国家，面向资源与市场，"引进来"与"走出去"等，进行因地制宜的产能配置转移。因此，有针对性地开展加工贸易区位转移是其创新发展的延伸性内涵。

第三，出于复合的层面考虑，必须加快加工贸易多样化发展模式的创新发展。从经济全球化背景下的中间产品贸易为主贸易形态出发，结合"新新贸易理论"的"三元边际"（集约边际、扩展边际、质量价格边际）和生产率异质性思想，应当加快加工贸易与对外投资（"走出去"）相结合、加工贸易与服务贸易相结合、加工贸易与品牌渠道并购相结合等组合模式的创新。同时，从现代商业模式角度出发，也要鼓励加工贸易企业利用供应链服务、互联网金融、产业链整合、商业流程重组等手段加快创新发展。

第四，从结构的层面分析，必须加快规划好加工贸易的分类、分区段、分模块发展。所谓分类，即如何根据产品和服务特点划分不同类型，分别结合国家的"一带一路"倡议、自贸区（FTA）战略、自贸试验区（FTZ）与各类海关特殊监管区安排、产业园区与高新区等不同政策及产业布局要求，进行具体的加工贸易产业结构布局规划；所谓分区段，即按照加工贸易的"任务"（Task）、"商务流程"（Business Process）要求，进行创新性的时间结构"进、退"处理；所谓分模块，是指根据加工贸易的技术和竞争潜力要求，进行模块化的技术结构"去、留"处理。

第五，从制度创新的层面设计，必须加快加工贸易发展的制度或政策创新。我们的建议是：①结合中美、中欧的双边投资协定（BIT）谈判，按照负面清单、准入前国民待遇模式，重新开列一份加工贸易类外商投资产业指导目录；②根据跨太平洋伙伴关系协定（TPP）、跨大西洋贸易与投资协定（TTIP）和服务贸易协定（TISA）谈判的进展，加快对各类高标准贸易投资规则协议伙伴国的"走出去"布局；同时，想方设法增加这些成员国的对华FDI规模及投资市场依赖性；在利用外资和加工贸易涉及的资本、技术、组织、制度要素循环升级中实现国内技术溢出与产业升级的效应；③积极推进与"一带一路"沿线国家和地区的FTA或FTA升级版谈判，为加工贸易优化布局和推进国际产能合作创造条件；④加强对加工贸易转型升级的技术研发及其设备国产化的支持力度，从财税包括税收返还、出口退税比例挂钩、金融保险等政策层面提供扶持；⑤加强对加工贸易产业与技术向产业链高端逆向溢出传导的政策支持，加强加工贸易产业与国内装备制造业、高新技术产业之间的有机联系；等等。

四、加工贸易产能国际合作中须加以重视的问题

在谈论加工贸易创新发展时，不可避免要论及产能的国际合作问题。除本文前面已经说到的一般性问题外，我们认为有必要补充以下几点：

第一，通过产能改造、技术改良降低产品和服务成本，提高质量与价格竞争力，切实维护好加工贸易既有的外部需求和市场份额。在加工贸易产能国际合作中继续拓展我国的加工贸易进出口市场。

第二，优先考虑加工贸易的国内转移。针对沿海地区加工贸易发展遇到的各类困难问题，可根据国内不同区域要素分布的特点进行规划布局，优先考虑加工贸易从沿海向中、西部的搬迁转移，或形成"前店"（沿海地区）与"后厂"（中、西部地区）的分布格局。

第三，要切实避免产业"成建制"地对外转移。从我国在全球贸易和投资的利益最大化原则出发，应当有效地把握国际分工的有利环节，通过加工贸易某些"任务""流程""区段""模块"的对外转移有效克服产业发展中存在的问题或消减国内过剩的产能。但必须竭力避免整体产业链的对外转移，特别要注重对品牌、渠道和关键技术、龙头企业的有效控制。

第四，注意控制好加工贸易企业对外产能合作中的各类风险，包括政治法律、经济金融、人身安全等各环节上的风险防控。

参考文献

[1] 曹标.中日韩服务贸易结构比较研究[J].亚太经济，2012（4）：88-92.

[2] 程大中.中国参与全球价值链分工的程度及演变趋势——基于跨国投入产出分析[J].经济研究，2015（9）：4-16.

[3] 蔡昉.人口转变、人口红利与刘易斯转折点[J].经济研究，2010（4）.

[4] 蔡昉，王德文，曲玥.中国产业升级的大国雁阵模型分析[J].经济研究，2009（9）.

[5] 陈光辉.中国的地区间收入差距与聚集的经济[J].国民经济杂志，2002，186（3）：41-51.

[6] 陈建军.中国现阶段产业区域转移的实证研究——结合浙江105家企业的问卷调查报告的分析[J].管理世界，2002（6）：64-74.

[7] 陈明森，陈爱贞，赵福战.国际产业转移对我国产业波及传导效应研究——基于开放度视角的投入产出实证分析[J].经济管理，2011，33（6）：29-35.

[8] 陈巧慧，戴庆玲.中国与日韩服务业产业内贸易水平分析[J].国际贸易问题，2014（5）：77-86.

[9] 陈双喜，王磊.中日服务业产业内贸易实证研究[J].国际贸易问题，2010（8）：78-85.

[10] 曹霞，张神勇.我国开展境外加工贸易的投资动力分析[J].国际经贸探索，2001.

[11] 陈映.西部重点开发开放区承接产业转移的产业布局政策探析[J].西南民族大学学报（人文社会科学版），2014，35（6）：113-116.

[12] 戴宏伟.国际产业转移与中国制造业发展[M].人民出版社，2006.

[13] 戴宏伟.产业梯度产业双向转移与中国制造业发展[J].经济理论与经济管理，2006（12）：45-50.

[14] 多淑杰.国际产业转移对我国技术进步影响的实证分析[J].统计与决策，2012（5）：109-112.

[15] 都阳，曲玥.劳动报酬，劳动生产率与劳动力成本优势——对2000—2007年中国制造业企业的经验研究[J].中国工业经济，2009（5）.

[16] 段玉婉，杨翠红.基于不同贸易方式生产异质性的中国地区出口增加值分解[J].世界经济，2018，41（4）：75-98.

[17] 高晗，闫理坦.中日文化创意产业国际竞争力比较分析——基于创意产品及服务贸易变化的新测度[J].现代日本经济，2017（1）：66-80.

[18] 高翔，刘啟仁，黄建忠.要素市场扭曲与中国企业出口国内附加值率事实与机制[J].世界经济，2018（10）.

[19] 高宇.加工贸易转型升级与"中等收入陷阱"跨越[J].云南社会科学，2014（1）：61-64.

[20] 龚震.加工贸易转型升级新探[J].国际贸易，2011（10）：23-27.

[21] 黄斌全，熊启泉.加工贸易与经济增长互动发展的机理——基于中国1981—2008年数据的实证研究[J].国际经贸探索，2010，26（9）：4-9.

[22] 胡兵，张明.中国加工贸易增值率影响因素的实证分析[J].财贸研究，2011（4）：54-60.

[23] 胡浩然.加工贸易转型升级政策效应及其影响机制——基于企业出口水平视角的分析[J].产业经济研究，2019（1）：37-49.

[24] 胡浩然，李坤望.企业出口国内附加值的政策效应：来自加工贸易的证据[J].世界经济，2019，42（7）：145-170.

[25] 黄建忠，胡懿，赵玲.加工贸易转型升级的路径研究——基于劳动力成本上升的视角[J].国际商务研究，2017，38（2）：5-21.

[26] 黄建忠，文娟.探索建设自由贸易港蓝皮书2017[M[.中国经济出版社，2018（3）.

[27] 黄先海，诸竹君，宋学印.中国中间品进口企业"低加成率之谜"[J].管理世界，2016（7）：23-35.

[28] 何有良.贸易壁垒会加剧中国出口企业生存风险吗——以中国企业遭遇反倾销为例[J].国际贸易问题，2018（1）：145-153.

[29] 韩岳峰，张龙.中日服务贸易竞争力、互补分析及政策比较[J].现代日本经济，2013（3）：63-71.

[30] 鞠建东，余心玎.全球价值链上的中国角色——基于中国行业上游度和海关数据的研究[J].南开经济研究，2014（3）：39-52.

[31] 金三林，朱贤强.我国劳动力成本上升的成因及趋势[J].经济纵横，2013（2）.

[32] 劳尔·普雷维什.外围资本主义——危机与改造[M].北京商务印书馆，1990.

[33] 李爱文，肖雅.21世纪以来中日服务贸易的贸易结构及比较优势分析[J].国际贸易，2014（7）：60-69.

[34] 李晨.我国加工贸易转型升级的路径选择[J].产业经济研究，2010（4）：82-90.

[35] 刘晨阳.中日韩FTA服务贸易谈判前景初探：基于三国竞争力的比较[J].国际贸易，2011（3）：47-51.

[36] 李东升."一带一路"倡议下广西南宁加工贸易转型升级路径探析[J].南宁职业技术学院学报，2018，23（3）：72-75.

[37] 罗芳，王丽琪.中日韩服务贸易潜力研究[J].东北亚经济研究，2019（3）.

[38] 林桂军，邓世专.亚洲工厂及关联度分析[J].国际政治经济学，2011（11）：124-160.

[39] 林桂军，黄灿.出口产业向中西部地区转移了吗——基于省际面板数据的经验分析[J].国际贸易问题，2013（12）：3-14.

[40] 刘杰.山东省西部产业结构趋同研究[J].经济地理，2013，33（9）：101-106.

[41] 李军.佛山加工贸易转型升级问题研究[J].佛山科学技术学院学报（社会科学版），2019，37（1）：65-73.

[42] 罗建兵，叶林祥.加工贸易产业梯度转移与区域和谐发展：基于产品内分工的视角[J].财贸研究，2009，20（5）：43-49.

[43] 李建军.产品内分工、产业转移与中国产业结构升级——兼论产业耦合转移背景下中国加工贸易升级[J].理论导刊，2012（3）：86-89.

[44] 刘晶，刘雯雯.我国加工贸易产业梯度转移研究[J].宏观经济研究，2012（9）：60-69.

[45] 刘琳，盛斌.全球价值链和出口的国内技术复杂度——基于中国制造业行业数据的实证检验[J].国际贸易问题，2017（3）：3-13.

[46] 郎丽华，赵红洁.基于比较优势的中国加工贸易重新布局研究[J].学习与探索，2014，000（11）：86-91.

[47] 鹿朋.对中国加工贸易与产业结构提升的探讨[J].经济问题探索，2005.

[48] 林祺，林僖.削减服务贸易壁垒有助于经济增长吗？—基于国际面板数据的研究[J].国际贸易问题，2014（8）.

[49] 刘啟仁，黄建忠.异质出口倾向、学习效应与"低加成率陷阱"[J].经济研究，2015（12）：143-157.

[50] 刘啟仁，黄建忠.产品创新如何影响企业加成率[J].世界经济，2016（11）：28-53.

[51] 刘似臣.中国加工贸易的产业升级效应研究[J].统计研究，2005（2）.

[52] 李思淼.我国加工贸易现状及转型升级问题研究[J].人口与经济，2009（S1）：217-218.

[53] 李胜旗，毛其淋.制造业上游垄断与企业出口国内附加值——来自中国的经验证据[J].中国工业经济，2018（3）.

[54] 李有.加工贸易出口和一般贸易出口吸收发达国家R&D溢出效应的比较研究[J].科技管理研究,2012,32(24):157-160+164.

[55] 吕越,黄艳希,陈勇兵.全球价值链嵌入的生产率效应:影响与机制分析[J].世界经济,2017(7).

[56] 倪红福.全球价值链中产业"微笑曲线"存在吗?——基于增加值平均传递步长方法[J].数量经济技术经济研究,2016(11).

[57] 林毅夫.中国企业为什么要走向非洲[J].中国投资,2014(7).

[58] 李月南,张志坚.进出口贸易与物流发展关系实证研究[J].企业经济,2014(7):152-155.

[59] 林燕平.中国地区收入差距分析:产业、人口、教育[M].日本经济评论社,2001.

[60] 毛其淋,许家云.中国对外直接投资如何影响了企业加成率:事实与机制[J].世界经济,2016(6):77-99.

[61] 马飒.劳动力成本上升削弱了中国出口优势吗——基于不同贸易方式和地区的比较研究[J].财贸研究,2015,26(4):47-56.

[62] 孟雪,陈靓,徐丽青.中韩FTA金融服务开放度分层假设与影响分析[J].世界经济研究,2017(4).

[63] 聂辉华,江艇,杨汝岱.中国工业企业数据库的使用现状和潜在问题[J].世界经济,2012(6):142-158.

[64] 裴长洪,彭磊.加工贸易转型升级:"十一五"时期我国外贸发展的重要课题[J].宏观经济研究,2006(1):6-13.

[65] 裴长洪.正确认识我国加工贸易转型升级[J].国际贸易,2008(4):4-7.

[66] 潘文卿,李跟强.中国制造业国家价值链存在"微笑曲线"吗?——基于供给与需求双重视角[J].管理评论,2018(5).

[67] 潘文卿,李子奈.中国沿海与内陆间经济影响的反馈与溢出效应[J].经济研究,2007(5):68-77.

[68] 潘悦.加工贸易产业升级和技术进步[J].经济研究参考,2003(11):27-56.

[69] 邱斌,尹威.FDI与外包两种生产转移方式下加工贸易进口的决定因素研究——以江苏省为例[J].东南大学学报:哲学社会科学版,2009,11(5):63-70.

[70] 邱小欢,黄建忠.生产者服务发展与贸易结构提升:基于中国的经验分析[J].国际贸易问题,2011(4):75-83.

[71] 乔治.浅析我国加工贸易产业转型和升级的内涵[J].四川经济管理学院学报，2008（3）：38-40.

[72] 盛斌，陈帅.全球价值链如何改变了贸易政策：对产业升级的影响和启示[J].国际经济评论，2015（1）：85-97.

[73] 孙楚仁，田国强，章韬.最低工资与中国企业出口行为[J].经济研究，2013（1）.

[74] 盛丹，刘竹青.汇率变动、加工贸易与中国企业的成本加成率[J].世界经济，2017（1）：3-24.

[75] 盛丹，王永进.中国企业低价出口之谜—基于企业加成率的视角[J].管理世界，2012（5）：8-23.

[76] 单豪杰.中国资本存量K的再估算：1952—2006年[J].数量经济技术经济研究，2008（10）.

[77] 孙杭生.我国加工贸易转型升级问题研究[J].经济问题探索，2009（4）：61-65.

[78] 石俊芳.借鉴东莞成功案例加快加工贸易企业转型升级[C].中国教育发展战略学会教育教学创新专业委员会.2019全国教育教学创新与发展高端论坛论文集（卷八）.中国教育发展战略学会教育教学创新专业委员会：中国教育发展战略学会教育教学创新专业委员会，2019：505-508.

[79] 孙立中.我国加工贸易产业转移的最优匹配决策[D].南京财经大学，2018.

[80] 苏庆义，高凌云.全球价值链分工位置及其演进规律[J].统计研究，2015（12）.

[81] 桑瑞聪，刘志彪.中国产业转移趋势特征和影响因素研究——基于上市公司微观数据的分析[J].财贸研究，2014（6）：59-66.

[82] 孙亚平.非洲承接我国加工贸易产业及其转移的优劣势分析[J].对外经贸，2015（7）.

[83] 邵亚申，丁赟.中日韩服务贸易的互补性和竞争性分析[J].价格月刊，2012（12）：40-43.

[84] 宋周莺，刘卫东.西部地区产业结构优化路径分析[J].中国人口.资源与环境，2013，23（10）：31-37.

[85] 唐蓓蓓，许蔚.浙江省加工贸易转型升级以及对策研究[J].劳动保障世界，2016（30）：37-38.

[86] 覃成林，熊雪如.我国制造业产业转移动态演变及特征分析——基于相对净流量指标的测度[J].产业经济研究，2013（1）：12-21.

[87] 谭洪波.生产者服务业与制造业的空间集聚：基于贸易成本的研究[J].世界经济，2015（3）：171-192.

[88] 唐海燕，张会清.产品内国际分工与发展中国家的价值链提升[J].经济研究，2009（9）.

[89] 涂庆丰，张芳.加工贸易向中西部地区的梯度转移[J].经济导刊，2011（2）：14-15.

[90] 陶涛.金融危机对中国加工贸易转型升级的影响[J].国际经济评论，2009（2）：20-23.

[91] 铁瑛，何欢浪.城市服务业发展、企业出口与加工贸易转型[J].财经研究，2018，44（3）：97-111.

[92] 唐宜红，符大海.经济全球化变局，经贸规则重构与中国对策——"全球贸易治理与中国角色"圆桌论坛综述[J].经济研究，2017，52（5）：203-206.

[93] 唐宜红，张鹏杨.中国企业嵌入全球生产链的位置及其变动机制研究[J].管理世界，2018（5）.

[94] 佟家栋、周燕，二元经济、刘易斯拐点和中国对外贸易发展战略[J].经济理论与经济管理，2011（1）：18-26.

[95] 王爱虎.加工贸易转型升级的产业分析——以东莞市为例木[J].华南理工大学学报（社会科学版），2012，14（1）.

[96] 王怀民.加工贸易、劳动力成本与农民工就业——兼论新劳动法和次贷危机对我国加工贸易出口的影响[J].世界经济研究，2009（1）：15-18，46.

[97] 魏浩.金融危机背景下我国代工企业转型发展与竞争力提升策略研究[J].中国产业安全指南，2009.

[98] 王会欣.我国加工贸易转型升级内涵初探[J].企业导报，2009（3）：6-7.

[99] 王惠珍.我国加工贸易转型升级的策略思考[J].华东经济管理，2005（4）：111-113.

[100] 王岚，李宏艳.中国制造业融入全球价值链路径研究—嵌入位置和增值能力的视角[J].中国工业经济，2015（2）.

[101] 王生辉，张京红.外资主导下的我国加工贸易转型升级问题[J].生产力研究，2014（12）：103-106.

[102] 王直，魏尚进，祝坤福.总贸易核算法：官方贸易统计与全球价值链的度量[J].中国社会科学，2015（9）.

[103] 小岛清.对外贸易论[M].天津南开大学出版社，1991.

[104] 谢建国，谭利利.区域贸易协定对成员国的贸易影响研究[J].国际贸易问题，2014（12）.

[105] 夏天然，陈宪.基于双向固定效应引力模型的服务贸易壁垒度量[J].世界经济研究，2014（10）.

[106] 夏天然，陈宪.国际金融服务贸易壁垒的测度—对83个国家和地区的比较研究

[J].财贸经济，2015（9）.

[107] 薛伟贤，冯宗宪，郭根龙.GATS框架下发展中国家和转轨国家的金融服务贸易自由化[J].世界经济，2000（11）.

[108] 杨长湧.我国劳动力成本趋势及应对策略[J].宏观经济管理，2011（4）.

[109] 袁定喜，聂影.我国加工贸易面临的深层次矛盾及转型升级策略[J].现代经济探讨，2010（3）：40-43.

[110] 尹浩华.我国加工贸易可持续发展的路径选择[J].国际贸易问题，2005（2）：19-21.

[111] 于群，李平.我国加工贸易转型升级策略[J].商场现代化，2008（12）：13-14.

[112] 袁晓莉，王威.中国在中日韩自贸区服务贸易谈判中的策略选择——基于RCA指数视角[J].现代日本经济，2013（4）：15-21.

[113] 姚洋，余淼杰.劳动力、人口和中国出口导向的增长模式[J].金融研究，2009（9）.

[114] 闫云凤.全球价值链位置决定价值获取程度吗？—基于长度和强度的产业"微笑曲线"检验[J].南京财经大学学报，2018（5）.

[115] 袁志刚，饶璨.球化与中国生产服务业发展—基于全球投入产出模型的研究[J].管理世界，2014（3）.

[116] 杨震宁，范黎波，李东红.是"腾笼换鸟"还是做"隐形冠军"——加工贸易企业转型升级路径多案例研究[J].经济管理，2014，36（11）：68-80.

[117] 岳振、刘志彪，"用工荒：转型路线的自动纠偏"，《中国经济时报》2011年2月28日

[118] 张才华.广东省加工贸易转型升级问题探析[J].企业改革与管理，2017（23）：201+211.

[119] 张聪群.基于产业集群的浙江中小企业转型模式研究[J].经济纵横，2009.

[120] 张海.广东加工贸易的非均衡结构分析[J].南方经济，2002.

[121] 张婧.我国加工贸易转型升级的现状剖析及政策启示[J].商业经济，2005（11）：99-101.

[122] 赵谨.全球服务贸易壁垒：主要手段、行业特点与国家分布—基于OECD服务贸易限制指数的分析[J].国际贸易，2017（2）.

[123] 张杰，陈志远，刘元春.中国出口国内附加值的测算与变化机制[J].经济研究，2013（10）：124-137.

[124] 朱兰春.产业转移模式的理论研究综述[J].华商，2008（11）：7+48.

[125] 郑乐怡，夏林兵.浙江省加工贸易实现加速转型升级路径的探讨[J].对外经贸实务，2017（5）：29-32.

[126] 张明志，铁瑛.工资上升对中国企业出口产品质量的影响研究[J].经济学动态，2016（9）：41-56.

[127] 周念利.区域贸易安排的"双边服务贸易效应"经验研究——基于扩展引力模型的面板数据分析[J].财经研究，2012，38（5）：105-113.

[128] 张鹏杨，唐宜红.FDI如何提高我国出口企业国内附加值？——基于全球价值链升级的视角[J].数量经济技术经济研究，2018（7）.

[129] 郑秉文，如何从经济学角度看待"用工荒"，《经济学动态》2010年第3期，73-78.

[130] 庄芮，方领.基于国际竞争力比较的中日韩服务贸易谈判问题探析[J].国际贸易问题，2013（9）：74-81.

[131] 翟士军，黄汉民.人口红利、工资刚性与加工贸易增值强度[J].国际贸易问题，2015（11）：39-50.

[132] 朱卫新，韩岳峰.日本服务贸易模式与中日服务贸易互补性分析[J].现代日本经济，2009（2）：51-55.

[133] 郑小梅.福建省加工贸易面临的挑战及转型升级路径[J].长春大学学报，2017，27（9）：8-12.

[134] 张亚斌，肖慕艺.贸易增加值口径下的中国服务贸易出口技术复杂度测算及国际比较[J].商业研究，2015（5）：113-121.

[135] 臧云岩.关于我国境外加工贸易区位的选择——从土耳其"东南安纳托利亚工程"谈起[J].国际贸易问题，2000（7）：32-34.

[136] 胡秋阳.中国における地域間産業連関構造[J].産業連関，2006，14（2）：17-29.

[137] 藤川清史.全球化经济的投入产出分析[M].创文社，1999.

[138] 中兼和津次.中国的区域差距和结构[J].亚洲经济，1996，37（2）：2-34.

[139] 广东统计年鉴，2014.

[140] 广东统计年鉴，2013.

[141] 深圳统计年鉴，2014.

[142] 深圳统计年鉴，2013.

[143] 东莞统计年鉴，2014.

[144] 东莞统计年鉴，2013.

[145]《国务院关于在中国（海南）自由贸易试验区暂时调整实施有关行政法规规定的通知》（国函〔2020〕88号）.

[146]《中国（上海）自由贸易试验区临港新片区总体方案》（国发〔2019〕15号）.

[147] 中共中央、国务院《海南自由贸易港建设总体方案》.

[148] Ackerberg, D.A., Caves, K. and Frazer, G. Identification Properties of Recent Production Function Estimators[J]. Econometrica,2015,83（6）: 2411-2451.

[149] Ahn, J.A., K.K. handelwal. and Shang-Jin Wei. The Role of Intermediaries in Facilitating Trade[J].Journal of International Economics,2011,84（1）: 73-85.

[150] Antras, P., Chor. D. and Fally. T. Measuring the upstreamness of production and trade flows[J]. American Economic Review,2012,102（3）: 412-416.

[151] Blinder, A. S. Wage Discrimination: Reduced Form and Structural Estimates[J]. Journal of Human Resources,1973（8）: 436-455.

[152] Baggs, J., E. Beaulieu. and L. Fung. Firm Survival, Performance and the Exchange Rate[J]. Canadian Journal of Economics,2009（42）: 393-421.

[153] Brandt L., Van Biesebroeck J. and Zhang Y. Creative accounting or creative destruction? Firm-level productivity growth in Chinese manufacturing[J]. Journal of Development Economics,2012,97（2）: 339-351.

[154] Benz, S. Services trade costs: Tariff equivalents of services trade restrictions using gravity estimation[R]. OECD Trade Policy Papers,2017（200）.

[155] Correia de Brito, A., C. Kauffmann and J. Pelkmans. The contribution of mutual recognition to international regulatory co-operation[R]. OECD Regulatory Policy Working Papers,2016（2）.

[156] Chor，D., Manova, K. and Yu Z. The Global Production Line Position of Chinese Firms[R]. Working Paper,2014.

[157] Cai F., Du Y., and Zhao C. Regional Labor market integration since China's WTO entry: evidence from household-level data. in Garnaut, R., and Song, L.,（eds.）. China: linking markets for growth,2007: 133-150.

[158] Cai F. Reforming the Education System to Promote Human Capital. Report on China's population and labor[M]. Social Sciences Academic Press（China）,2009（10）.

[159] Cantwell, J. Tolentino, P.E.E. Technological accumulation and Third World multinationals[N]. Discussion Paper in International Investment and Business Studies, University of Reading,1990-5（139）: 24.

[160] Dietzenbacher, E., Romero, I. and Bosma, N. S. Using Average Propagation Lengths to Identify Production Chains in the Andalusian Economy[J]. Estudios De Economia Aplicada,2005,23：405-422.

[161] De Loecker. J., F. Warzynski. Markups and Firm-level Export Status[J]. American Economic Review,2012,102（6）：2437-2471.

[162] Deng Q. Income Difference Between Urban Residents and Rural Migrants With Oaxaca-Blinder Decomposition Model[J]. Journal of Population Economics（Institute of Population and Labor Economics）,2007（2）：8-16.

[163] Edmond. C., V. Midrigan. and D. Y. Xu. Competition, Markups and the Gains from International Trade[J]. American Economic Review,2015,105（10）：3183-3221.

[164] Epifani. P., Cancin. C. Trade Markup Heterogeneity and Misallocations[J]. Journal of International Economics,2011,83（1）：1-13.

[165] Fang Cai, Dewen Wang and Yang Du. Regional disparity and economic growth in China：The impact of labor market distortions[J]. China Economic Review,2002（13）：197-212.

[166] Francoise Lemoine, DenizUnal-Kesenci. China in the International Segmentation of Production Processes. CEP Working Paper,2002（2）.

[167] Feng, L., Li, Z.Y. and D.L. Swenson. The Connection between Imported Intermediate Inputs and Exports：Evidence from Chinese Firms[J]. Journal of International Economics,2016,101：86-101.

[168] Feenstra, R. C., Hanson, G, H. Intermediaries in Entrepot Trade：Hong Kong Re-Exports of Chinese Goods[J]. Journal of Economics & Management Strategy,2010,13（1）：3-35.

[169] Feenstra, R., Li Z. and Yu M. Exports and credit constraints under incomplete information：theory and application to China[J]. Review of Economics and Statistics,2014,96（4）：729-744.

[170] Fally, T. On the fragmentation of production in the US[R]. University of Colorado,mimeo,2011.

[171] Gereffi, G. International trade and industrial upgrading in the apparel commodity chain[J]. Journal of International Economics,2000（1）：37-70.

[172] Grossman, G. M., Helpman, E. Outsourcing Versus FDI in Industry Equilibrium[J]. Journal of the European Economic Association,2003.

[173] Geloso Grosso, M. et al. Services Trade Restrictiveness Index（STRI）: Scoring and Weighting Methodology[R]. OECD Trade Policy Papers,2015（177）.

[174] Grubel, H.G., Lloyd, P.J. The Theory and Measurement of International Trade in Differentiated Products[J]. Wiley, New York,1975.

[175] Gene M Grossman, Esteban Rossi-Hansberg. Trading Tasks: A Simple Theory of Off shoring[J]. The American Economic Review,2008,98（5）: 1978-1997.

[176] Hummels, D., J.I. shii and K.Yi. The Nature and Growth of Vertical Specialization in World Trade[J]. Journal of International Economics,2001,54（1）: 75-96.

[177] H. K. Nordås. Services Trade Restrictiveness Index（STRI）: The Trade Effect of Regulatory Differences[R]. OECD Trade Policy Papers,2016（189）.

[178] Haijun Liu. Transformation and Upgrading of Processing Trade in Guangdong under the New Normal Situation: Status Quo, Problems and Opportunities and Strategic Implications[J]. American Journal of Industrial and Business Management,2017,7（5）.

[179] Ito, T., Vezina, P. Production fragmentation, upstreamness, and value-added: evidence from Aisa 1990-2005[R]. Institute of Developing Economies, Japan External Trade Organization（JETRO）,2015.

[180] Janch, Herbert. Export Processing Zones and the Quest for Sustainable Development: A Southern Mriean Perspective[J]. Environment and Urbanization,2002（1）: 101-113.

[181] Jayb Barney. Gaining and Sustaining Competitive Advantage America: South-Western College Publishing,1996（8）.

[182] Jacek Cukrowski, Ernest Aksen. Perfect competition and intro-industry trade[J]. Economics Letters, 2003（9）.

[183] Ju D., Yu. X. Productivity, profitability, production and export structures along the value chain in China[J]. Journal of Comparative Economics,2015,43（1）: 33-54.

[184] Kee, H. L., Tang, H. Domestic value added in exports: theory and firm evidence from China[J]. The American Economic Review,2016,106（6）: 1402-1436.

[185] Kojima, K. Giant Multinational Corporations: Merits and Defects[J]. Hitotsubashi Journal of Economics,1978,18（2）: 1-17.

[186] Klimenko, M., Competition, matching, and geographical clustering at early stages of the industry life cycle[J]. Journal of Economics and Business,2004（3）：177 -195.

[187] Kabir, M., Salim, R. and Al-Mawali, N. The gravity model and trade flows：Recent developments in econometric modeling and empirical evidence[J]. Economic Analysis and Policy, 2017.

[188] Kugler, M., Verhoogen. E. Prices, Plant Size and Product Quality[J]. Review of Economic Studies,2012,79（1）：307-339.

[189] Krugman, P. The narrow moving band, the Dutch disease, and the competitive consequences of Mrs. Thatcher：Notes on trade in the presence of dynamic scale economies[J]. Journal of Development Economics,2006,27（1）：41-55.

[190] Koopman, R., Powers, W., Wang Z., et al. Give Credit Where Credit Is Due：Tracing Value Added in Global Production Chains[R]. National Bureau of Economic Research,2010.

[191] Koopman, R., Wang, Z., Wei, S. J. Estimating domestic content in exports when processing trade is pervasive[J]. Journal of Development Economics,2012,99（1）：178-189.

[192] Lecraw, D.J. Outward Direct Investment by Indonesian Firms：Motivation and Effects[J]. Journal of International Business Studies,1993,24（3）：589-600.

[193] Levinsohn, J., Petrin, A. Estimating Production Functions Using Inputs to Control for Unobservable[J]. Review of Economic Studies,2003,70（2）：317-341.

[194] Liu Mengxin, Zhang Junsen. Sectoral Gender Wage Differentials and Discrimination in the Transitional Chinese Economy[J].Journal of Population Economics,2000（13）：331-352.

[195] Mattoo, A. Financial Services and the WTO：Liberalization Commitments of the Developing and Transition Economics[J]. The World Economy,2000,23（3）：351-386.

[196] Ma H., Kunfu Z., Wang, Z. Domestic Content in China's Exports and its Distribution by Firm Ownership[J]. Journal of Comparative Economics,2015（43）：3-18.

[197] Mincer, J. Investment in Human Capital and Personal Income Distribution[J].Journal of Political Economy,1958,66（4）：281-302.

[198] Mincer, J. Schooling, Experience, and Earnings[M]. New York：National Bureau of

Economic Research. NBER Press: 1974.

[199] Melitz, M., Ottaviano, G. Market Size, Trade and Productivity[J]. Review of Economic Studies,2008（75）:295-316.

[200] Melitz, M. J. The Impact of Trade on Intra-Industry Re-Allocation and Aggregate Industrial Productivity[J]. Econometrica,2003,71（6）:1695-1725.

[201] Marcel, P., Timmer, et al. Slicing Up Global Value Chains[J]. Journal of Economic Perspectives,2014,28（2）:99-118.

[202] Miller, R.E., Temurshoev, U. Output Upstreamness and Input Downstreamness of Industries/countries in World Production[J]. International Regional Science Review,2017,40（5）:443-475.

[203] Martin, S. Advanced Industrial Economics[R]. Blackwell Publishers,2002.

[204] Miroudot, S., De Backer and K. Mapping Global Value Chains[R]. Working Paper（forthcoming）,2013.

[205] Meng X., Zhang J. The Two-Tier Labor Market in Urban China[J]. Journal of Comparative Economics,2001（29）:485-504.

[206] Ming Y., Meng B. and Wei, S. J. Measuring Smile Curves in Global Value Chains[R]. IDE Discussion Paper,2015（530）.

[207] Olley, G.S., A. Pakes. The Dynimics of Productivity in the Telecommunications Equipment Industry[J]. Econometrica,1996,64（6）:1263-1297.

[208] Oaxaca, R. Male-Female Wage Differentials in Urban Labor Markets[J]. International Economic Reviewm,1973,14（3）:693-709.

[209] Ozawa, T. Foreign Direct Investment and Structural Transformation: Japanasa Recycler of Market and Industry[J]. Business and Contemporary World,1993,5（2）:129-150.

[210] Ozawa, T., Castello, S. Toward an "International Business" Paradigm of Endogenous Growth: Multinationals and Government as Co-Endogenisers[J]. International Journal of the Economics of Business,2001,8（2）:21 -228.

[211] Pennings, E., Sleuwaegen, L. International relocation: firm and industry determinants[J]. Economics Letters,2000（67）:179-186.

[212] Porter, M.E. Competitive Advantage: Creating and Sustaining Superior Performance[J]. New York: The Free Press,1985.

[213] Richard Baldwin. Trade and Industrialization after Globalization's Second Unbundling: How Building and Joining a Supply Chain Are Different and Why It Matters [C]. Chicago: University of Chicago Press,2013: 169-212.

[214] Richard Baldwin, James Harrigan. Zeros, Quality, and Space: Trade Theory and Trade Evidence[J]. American Economic Journal: Microeconomics,2011,3（2）: 60-88.

[215] Richard Baldwin, Javier Lopez-Gonzalez. Supply-Chain Trade: A Portrait of Global Patterns and Several Testable Hypotheses [R]. Cambridge: NBER Working Paper,2013.

[216] Rouzet, D., F. Spinelli. Services Trade Restrictiveness, Mark-Ups and Competition[R]. OECD Trade Policy Papers, 2016（194）.

[217] Robert Koopman, Zhi Wang and Shang Jin Wei. How Much of Chinese Exports is Really Made in China? Assessing Domestic Value-Added[R]. Cambridge: national bureau of economic research,2011.

[218] Robert Koopman, Zhi Wang and Shang Jin Wei. Tracing Value-Added and Double Counting in Gross Exports[J]. The American Economic Review,2014,104（2）: 459-494.

[219] Rainer Lanz, Andreas Maurer. Services and Global Value Chains: Servicification of Manufacturing and Services Networks[J]. Journal of International Commerce, Economics and Policy,2015,3（6）.

[220] Research Office of the State Council. Research Paper about Rural Migrant Workers[M]. China Yanshi Press: 2006-04.

[221] Robert Stehrer. Trade in Value Added and the Value Added in Trade [R]. WIOD Working Paper,2012.

[222] Sammarra, A, Belussi, F. Evolution and Relocation in Fashion-led Italian Districts: Evidence from two Case-Studies[J]. Entrepreneurship and Regional Development,2006,18（6）: 543-562.

[223] Sayan S. Heckscher-Ohlin revisited: implications of differential population dynamics for trade within an overlapping generations framework. Journal of Economic Dynamics and Control, 2005,29（9）: 1471-1493.

[224] Stephanie Barrientos, Gary Gereffi and Arianna Rossi. Economic and social upgrading in global production networks: A new paradigm for a changing world[J]. International Labor Review,2011,150（3）: 319-340.

[225] Stock, J., Vishny, M. Testing for Weak Instruments in linear IV Regression[C]. NBER Working Paper,2002（284）.

[226] Sun Lin, EzakiMitsuo. Regional Disparity and Total Factor Productivity（TFP）in China[J]. Forum of International Development Studies,1999（14）：75-90.

[227] Samuel, Y.S. Chan. Processing Trade in China—Profits Tax Implications on Hong Kong Manufacturers[J].International Tax Journal,2011,37（2）：35-47.

[228] S. Y. Tong, Y. Zheng. China's Trade Acceleration and the Deepening of an East Asian Regional Production Network[J]. China and World Economy,2008,16（1）：66-81.

[229] Tempest Rone. Barbie and the World Economy[J], Los Angeles Times[N],1996-22.

[230] Tan, Z. A. Product cycle theory and telecommunications industry-foreign direct investment, government policy, and indigenous manufacturing in China[J]. Telecommunications Policy,2002（26）：17-30.

[231] Upward, R., Wang Z. and Zheng J. Weighing China's export basket：The domestic content and technology intensity of Chinese exports[J]. Journal of Comparative Economics,2013,41（2）：527-543.

[232] Vernon, R. International Investment and International Trade in the Product Cycle[J]. Quarterly Journal of Economics,1996（80）：190-207.

[233] Wells, L.T. Third World Multinationals-The Rise of Foreign Direct Investment from Developing Countries[J]. Cambridge, Mass.：MITPress,1983.

[234] Wenwen Liu. Research on Gradient Transfer of China's Processing Trades Industries[J]. Journal of Financial Risk Management,2015,4（3）.

[235] Xu B., Lu J. Foreign Direct Investment, Processing Trade and the Sophistication of China-Exports[J]. China Economic Review,2009,20（3）：425-439.

[236] Xiao ding Ru. The Characteristics and Trend of China's Processing Trade Development in Recent Years[J]. The Chinese Economy,2007,40（4）：70-78.

[237] Xing Y., Detert, N. How the iPhone widens the United States trade deficit with the People's Republic of China[J]. ADBI Working Paper,2010（257）.

[238] Young Alwyn. The razor's edge：Distortions and Incremental reform in the PRC[J]. Quarterly Journal of Economics, 2000：1091-1135.

[239] Zhang S., and Guo F. The Wage Determination for Urban Residents and Migrant

Workers in Chinese Labor Market[J]. Journal of Quantitative Economic Research （Center for Quantitative Economics of Jilin University）,2010（4）.

[240] Yao X., Lai P. The Wage Differential between Urban and Rural Workers Due to the Difference in Hukou Status in China[J]. Economic Research Journal,2004（7）:82-90.

[241] Yao Y. Social Exclusion and Economic Discrimination: The Status of Migrations in China's Coastal Rural Area. China Center for Economic Research. Peking University,2001.